# PHILOSOPHIE DE LA CORRIDA

DU MÊME AUTEUR

*Pourquoi y a-t-il quelque chose plutôt que rien?*, avec le groupe MENS, Paris, PUF/Éditions Rue d'Ulm, 2007

*Dire le monde*, Paris, PUF, « Quadrige », 2004.

*Socrate*, Paris, PUF, « Philosophies », 2000.

*L'Être, l'homme, le disciple : figures philosophiques empruntées aux Anciens*, Paris, PUF, « Quadrige », 2000.

*Aristote et la politique*, Paris, PUF, « Philosophies », 1997

Francis Wolff

# Philosophie de la corrida



Fayard

Ce livre est publié dans
l'*Histoire de la pensée*,
une collection d'essais chez Fayard

Un dessin original de Mathieu Sodore est reproduit page 221.

ISBN : 978-2-213-63374-9

*À Jean-Pierre Hédoin,*
*le meilleur d'entre nous.*

## Avant-propos

# Philosopher sur la corrida ?

Il s'agit d'abord d'une tentative de traduction : à défaut de pouvoir se guérir de ses passions, un philosophe doit s'efforcer de les dire dans l'idiome de la raison. Il s'agit donc aussi, pour l'auteur de ces lignes, de s'acquitter d'une dette : rendre à la corrida un peu de l'expérience singulière qu'elle offre et des mille bonheurs qu'elle lui donne en les transposant dans une langue étrangère universellement accessible, celle des concepts et des arguments. Il s'agit en somme de faire d'un objet d'amour un objet de pensée.

Comme toute grande œuvre humaine, la corrida engendre d'autres œuvres : œuvres d'art, d'autres arts. Peinture, sculpture, musique, cinéma, tous se sont rendus à ses rendez-vous. Mais elle engendre aussi des discours. La corrida a ses théoriciens, auteurs de « tauromachies », dont la plus vénérable est la fameuse *Tauromaquia o el arte de torear de pié y a caballo* (1796) de Pepe Hillo. Elle a ses historiens. Elle a ses critiques. Elle a ses lexicographes et ses encyclopédistes. Elle a ses romanciers, ses poètes, ses conteurs. Elle a évidemment ses sociologues et ses psychologues. Elle a ses anthropologues. Mais si l'on retient les noms de quelques philosophes qu'elle a intéressés, si l'on connaît des philosophes qu'elle passionne, on en connaît peu qui se soient aventurés à philosopher sur elle [1].

L'entreprise paraît incongrue. Quel sens peut-il y avoir à « philosopher » sur un art, mineur s'il en est, ou sur un jeu, si sérieux fût-il ? Non qu'il y ait des thèmes inconvenants ou des sujets trop futiles pour la philosophie. La corrida n'est d'ailleurs ni inconvenante ni futile, elle serait même plutôt édifiante et grave. Elle donne à ceux qui l'aiment et la comprennent des émotions, des joies, aussi profondes et raffinées que les arts les plus esthétiquement corrects. C'est plutôt qu'on ne sait par quel bout la philosophie pourrait prendre la corrida. On ne sait pas même ce qu'elle est, jeu, rite, art, spectacle, sport ou autre, ou tout cela à la fois. Il y a une philosophie du jeu, une philosophie de l'art, on peut philosopher sur les rites, les spectacles ou les sports, mais il ne peut y avoir d'Idées sur ce qui ne relève d'aucune catégorie. Aussi bien, que les non-philosophes se rassurent, que ceux que le mot même de « philosophie » effraie (ou ennuie) se tranquillisent, il n'est pas à prendre ici au pied de la lettre : les pages qui suivent ne constituent pas un traité en bonne et due forme sur l'« essence de la corrida », on n'y trouvera

1. Notables exceptions : le bel essai de Victor Gomez-Pín, *La escuela más sobria de vida. Tauromaquia como exigencia ética*, Madrid, Espasa Calpe, 2002 ; et d'Alain Renaut, les convaincantes défenses de la corrida au nom des valeurs humanistes, par exemple dans « L'esprit de la corrida », *La Règle du jeu*, Paris, Grasset, 1992.

nulle argumentation serrée, de principes à conséquences, sur son « fondement ultime ». Et profitons de cette soulageante nouvelle pour rassurer aussi les non-*aficionados* : ils pourront eux aussi tout comprendre. La philosophie partageant avec la corrida la fatale image d'être un lieu réservé aux initiés et protégé par un jargon abscons, on peut avertir les profanes en ces deux matières qu'on s'est efforcé d'éviter la fausse technicité et le sabir qui n'ont coutume de servir, ici comme ailleurs, que de signes tout extérieurs de distinction[1]. Il est possible de s'intéresser à ce que nous appelons la « philosophie de la corrida » sans avoir jamais lu de livre de philosophie ni se rappeler ses leçons de terminale, sans avoir jamais vu de corrida ni taquiné la moindre vachette.

Quoi qu'elle soit, la corrida se prête à l'analyse conceptuelle lorsqu'elle touche aux valeurs. On ne sait pas bien ce qu'elle est mais on dispute pour savoir ce qu'elle vaut. Le doute sur sa « nature » et les différentes positions

---

1. Je ne pouvais, sans vider le propos de son sens ou le réduire à quelques abstractions, le priver de toute illustration précise : à d'infimes exceptions près (quelques célèbres corridas « historiques »), je n'ai utilisé que des souvenirs personnels puisés dans les quelque 1200 corridas auxquelles il m'a été donné d'assister depuis 1969 ; je rapporte alors, comme pour tout autre art de la performance, successivement les lieu, date et nom des artistes, soit le nom du torero et celui du taureau – ou du moins de son élevage. Je ne pouvais non plus, sans édulcorer le propos ou lui ôter sa pertinence, éliminer toute référence à des phases, actions, passes, gestes déterminés, ni donc me dispenser de recourir à un minimum de vocabulaire technique. Je me suis efforcé de définir ces termes, signalés par un *, dans le texte et d'en rappeler les définitions en fin de volume.

que cette perplexité engendre doivent être rappelés en « prologue » à toute autre analyse. On s'est plu à l'écrire sous la forme d'un dialogue « socratique », car Socrate se refusait toujours à répondre aux questions de valeur sans avoir examiné préalablement les questions de définition – et celles-ci s'avèrent souvent indécidables (n'est-ce pas le cas de l'Inclassable corrida ?). Le reste du livre est donc consacré à la question des valeurs.

Il y en a de deux sortes : éthiques et esthétiques. La corrida est un combat de mort entre un homme – des hommes – et un taureau « sauvage ». Ce n'est pas une définition, à peine une description – inexacte, incomplète, discutable. Mais elle engage une première interrogation : est-il moralement défendable de mettre ainsi à mort des animaux ? À cette interrogation posée de l'extérieur de la corrida, on ne peut pas répondre sans questionner nos devoirs vis-à-vis des animaux en général et sans demander à la corrida elle-même, de l'intérieur, ce qu'elle nous enseigne sur ces devoirs : car elle est porteuse d'une vraie morale « animalière » par les valeurs dont elle investit le taureau et par les normes de son combat. Cela conduit à s'interroger sur le sens de cette loi étrange et nécessaire qui veut que le taureau de combat meure : est-ce la fin d'un sacrifice rituel ? est-ce le terme d'une épopée héroïque ?

Un autre versant du problème éthique posé par la corrida ne concerne plus l'animal mais l'homme. Or, justement, les valeurs dont le torero est investi paraissent symétriques à celles du taureau, puisque ce sont les unes et les autres les vertus héroïques du combattant :

« être torero », c'est bien une façon d'*être*, de « styliser son existence » (Michel Foucault), de s'identifier à sa fonction ; c'est une certaine manière de s'exposer sans le montrer, de dominer les événements en se maîtrisant soi-même et de promettre une victoire sur l'imprévisible. Deux toreros singuliers, Paco Ojeda et José Tomás, illustrent de la façon la plus radicale, et la plus opposée, cette éthique de la liberté par le combat. Sébastien Castella est-il l'héritier de ces deux maîtres de la « résistance » ?

Mais la corrida n'est pas seulement une lutte à mort, ou sa mise en spectacle – ce qu'elle est demeurée jusqu'à la fin du XIXe siècle. Depuis le début du XXe siècle et ce qu'on a pu appeler la révolution formelle de Juan Belmonte, elle est devenue une sorte d'art. Aux valeurs éthiques font donc pendants des valeurs esthétiques. En fait, ce qui est un « art », ce n'est sans doute pas la corrida elle-même, c'est ce qu'on appelle le *toreo**, c'est-à-dire l'action du torero qui leurre les taureaux lorsque, équipé d'une simple cape ou d'une muleta, il en provoque et esquive les charges successives. Le *toreo* obéit en effet aux règles les plus classiques des beaux-arts (peinture, musique, littérature) et répond à l'exigence fondamentale de tout art humain : mettre en forme une matière. Le *toreo* est l'art de donner forme humaine – familière – à un matériau brut – ou du moins étranger : la charge du taureau. Équilibre des lignes et des volumes en tension opposée, comme dans l'œuvre plastique, accord des événements consonants ou disjoints, comme dans l'œuvre musicale, noces du hasard et de la nécessité, comme dans toute performance unique. Cet art vise la valeur esthétique par excellence des arts classiques de la représentation, la plus bouleversante et la plus désuète des valeurs : la beauté. Beauté paradoxale, sur fond de sublime, harmonie conquise sur la tension, la démesure et le chaos, pour un art qui n'en est pas vraiment un puisqu'il est hanté par la présentation brute du réel et de la mort.

Et puis, que reste-t-il de tout cela ? Des concepts esthétiques, des arguments éthiques, peut-être... Ou peut-être seulement l'écho intraduisible d'une expérience singulière, une certaine alchimie des plaisirs et des jours[1].

---

1. Ce livre est inédit, mais certains chapitres proviennent à divers degrés d'études déjà publiées. Une version différente du Prologue a fait l'objet d'une publication en espagnol dans la défunte revue *Taurologia*, n° 2, Madrid, hiver 1990. Une version différente du chapitre 1 a été publiée sous le titre « Le statut de l'animal dans la corrida », *Cahiers philosophiques*, n° 10, CNDP, 2005. Certains des matériaux du chapitre 2 sont issus d'une contribution en espagnol à la *Revista de los Estudios Taurinos*, n° 16, Sevilla, 2003 ; d'autres, de deux articles bilingues de *Clarín Taurino*, Bilbao, août 1996 et 2000. Quelques éléments du chapitre 3 ont servi à une communication au Congreso Internacional de Sevilla, 2001, reprise dans Antonio García-Baquero González et Pedro Romero de Solís (edit.), *Fiestas de toros y sociedad*, Universidad de Sevilla, 2003 ; d'autres ont été utilisés dans une communication au colloque « Éthique et esthétique de la corrida » (École normale supérieure, Paris, décembre 2005). Une version différente du chapitre 4 a été publiée dans *Clarín Taurino*, Bilbao, août 2003. Une petite partie des matériaux du chapitre 6 a été utilisée dans un article en espagnol de *Taurologia*, n° 1, automne 1989. Une version bilingue sensiblement différente du chapitre 7 a été publiée dans la revue *Clarín Taurino*, août 2005, dont je salue ici le directeur Alfonso-Carlos Saíz de Valdivielso pour la qualité de son travail d'éditeur et de promoteur de la corrida.

# Prologue

## Qu'est-ce que la corrida ? (Socrate et les taureaux)

*Pour parler pertinemment de quoi que ce soit, il faudrait pouvoir le définir. C'est du moins ce qu'on répète depuis les* Dialogues *de Platon : le premier devoir de qui veut faire le philosophe, c'est de déterminer ce dont il parle ; il faut dire « ce que c'est » avant de chercher à dire « comment c'est » (bien ou mal, beau ou laid) et afin de pouvoir dire « pourquoi c'est » (bouleversant, scandaleux, magnifique...). Or, on ne peut guère dire de quel genre la corrida relève. On cherche vainement la rubrique où en lire le compte rendu dans les journaux (sport ? culture ? beaux-arts ? société ?), on ne sait guère de quel ministère son administration dépend (agriculture ? Intérieur ? Jeunesse et Sports ? Culture ?), on ignore dans quelle classe d'activités la ranger (rite ? jeu ? sport ? art ? spectacle ?). Serait-ce une sorte de drame inclassable, l'ornithorynque des pratiques humaines, un défi à l'ordre établi entre jeu et sérieux, entre profane et sacré, entre représentation et réalité, entre tragédie vraie et performance plastique ?*

*Personnages* : Socrate, philosophe, et, par ordre d'entrée : Empirion, Genesis, Doctos, Agon, Athlos, Callimaque, Hysterion et Sacerdos, *aficionados*.

Une rumeur confuse montait au loin dans l'atmosphère tiède. La fête reprenait possession de la ville. Quelques mesures d'un *paso doble* se glissaient jusqu'au fond du café. Qui s'en souciait ? La conversation s'animait. Il s'agissait de déterminer si le « troisième taureau » était « brave* » ou non. Athlos l'avait jugé tel, ce qui mettait Doctos en fureur : « Tu confondras toujours bravoure et puissance », accusait-il. « Ce n'est pas parce qu'il a renversé deux fois le picador que... » Athlos, d'un geste aussi large que sa carrure pouvait le faire craindre, en avait renversé son verre de jerez : « Tu préfères sans doute les chèvres qu'on nous a servies hier... » L'argument, court, était sans réplique. L'attention générale se centra donc sur la conversation parallèle d'Empirion et de Callimaque. Ils n'en étaient qu'au deuxième taureau. Il s'agissait d'évaluer la première série de véroniques du torero madrilène. « Spectaculaire... », « effectiste... », « sans profondeur... », statuait Callimaque. Empirion feuilletait fébrilement son carnet pour y chercher matière à répartie, mais ne trouvait dans ses notes qu'une enfilade de constats d'huissier (nombre de piques, de passes naturelles, de passes à droite, etc.) sans rien de tangible qui permît de trancher la controverse esthétique. Hysterion profita de cette accalmie pour désigner au serveur les verres vides d'un air entendu. Cependant une intervention d'Agon fit monter d'un coup la discussion de trois degrés de généralité. Ces mêmes passes de réception revenaient sur le tapis. « Dominatrices… », affirmait Doctos. « Grossières », rétorquait Callimaque. « Efficaces », disait l'un, « lourdes », répondait l'autre. L'heure était donc venue de la *disputatio* entre l'Art et la Technique. L'issue du combat était incertaine mais les batailles s'annonçaient prévisibles : la troupe jouait tous les soirs depuis quatre jours dans la même arrière-salle et chacun connaissait le rôle des autres aussi bien que le sien. Aujourd'hui pourtant tout pouvait basculer : Socrate était là. Il n'avait encore rien dit. On le prit à partie. Il était prié de trancher : « D'une manière générale, résuma Genesis, que t'en semble Socrate ? Le torero doit-il viser d'abord la beauté ou la domination ? » Le silence se fit, le maître allait parler. Il n'avait certes pas assisté à la corrida (au fait, avait-il déjà pénétré dans une arène ?) ; mais, ça, il devait le savoir.

« Mes amis, croyez que j'aimerais ajouter mon opinion aux vôtres. Mais cela m'est rigoureusement impossible. » On était déçu. « Car pour pouvoir résoudre votre problème et savoir si le *toreo** doit plutôt chercher à produire de la beauté par ses gestes ou à démontrer par ses actes sa domination de l'animal, encore faudrait-il savoir ce qu'est la corrida. » On soupira. « Or je dois vous avouer que je l'ignore. » On se récria. « Et j'ajouterais même que je n'ai jamais rencontré quelqu'un qui le sût. » On respira : c'était tout simplement l'ironie coutumière de Socrate. « C'est pourquoi, continuait-il, c'est à moi qu'il revient d'abord d'interroger et c'est à vous de me répondre, chers amis *aficionados*, vous qui, dit-on, n'ignorez rien du combat des taureaux. Lequel d'entre vous, plus savant que les autres, accepterait de combler mon ignorance ? » Et chacun de présenter ses titres. Tel avait vu mourir plus de dix mille taureaux, tel avait lu tous les livres, tel avait vu de ses yeux combattre Juan Belmonte. « Alors, vous répondrez tous facilement à ma question : qu'est-ce donc que la corrida ? »

C'est Empirion qui rompit le silence. « Socrate, rien n'est plus simple. » Il se mit donc à l'expliquer. « Qu'on soit à Séville, Madrid, Bilbao, Nîmes, Dax ou Mexico, une corrida, c'est – voici la réponse à ta question, Socrate – le combat et la mise à mort de plusieurs taureaux "sauvages" (généralement six) élevés à cette fin. Qu'est-ce à dire ? » s'interrogeait Empirion, puisque personne ne lui demandait rien. « Le déroulement de chaque combat est rigoureusement déterminé : la fougue de l'animal une fois tempérée et canalisée par une série de passes de cape, des cavaliers (les "picadors") entrent en scène et le piquent dans le haut du garrot au moyen d'un fer encastré dans un long manche de bois, afin de lui faire baisser la tête et de mettre sa "bravoure*" à l'épreuve ; ces corps à corps du taureau contre le groupe équestre sont souvent entrecoupés de séries de passes de cape, les *quites**, élégants ou audacieux. Puis d'autres auxiliaires du matador, les "banderilleros" (trois par matador, mais deux par taureau), s'avancent et, esquivant la charge de la bête, lui plantent des paires de bâtons dans le garrot ; puis c'est le duel final, la culmination de la corrida, lorsque le matador, seul cette fois, armé d'un simple chiffon d'étoffe rouge monté sur un bâton, la muleta, tente de construire son œuvre (la *faena**), au moyen de passes enchaînées aussi risquées que brillantes, face à un taureau de plus en plus épuisé, mais de plus en plus dangereux, car il ne cesse d'apprendre au cours du combat. Enfin, moins d'une dizaine de minutes plus tard, le matador se profile pour le geste suprême de la mise à mort qui doit toujours être donnée à…

– Et pourquoi pas la largeur de la piste, la longueur des banderilles, ou le poids des taureaux ? s'insurgea Genesis. Ton compte rendu pointilliste n'explique rien. »

Socrate approuva : « C'est comme si, fit-il observer à Empirion, tu t'efforçais de faire entendre la construction d'une symphonie en énumérant : il y a un *ré* puis deux *sol* dièses, puis encore un *ré*…

– Évidemment, triomphait Genesis. D'ailleurs, pour comprendre ce qu'est la corrida, il ne sert à rien de la décrire. Il faut en saisir l'origine, ordonna-t-il. Doit-on la voir dans le culte archaïque de Mithra, dans la légende d'Hercule, ou dans l'exploit mythique de Thésée ? » (On bâillait.) « Je préfère quant à moi en voir le fondement au début du XVIIIe siècle, dans la révolution, oui, je pèse mes mots, la révolution, d'un Francisco Romero qui rompit avec les "prouesses" chevaleresques des princes ibères consistant à mettre à mort, du haut de leur cheval, un taureau sauvage. » (On commençait à bavarder.) « Pionnier dans l'art de tuer à pied armé d'une épée et d'un simple morceau d'étoffe, substituant l'élégance du geste à la brutalité des effets, il signait l'acte de naissance de la corrida, qui, revenue au peuple, gagna pourtant en noblesse, comme nous l'apprennent les meilleurs historiens. Petit à petit, des élevages de taureaux de combat se constituèrent pour sélectionner le sang "brave" ; le spectacle se codifia et s'épura ; des professionnels de la vaillance l'illustrèrent, des théoriciens le conceptualisèrent, des poètes le chantèrent… »

Le chahut menaçait d'éclater. Socrate fit taire les braillards mais interrompit le cours magistral.

« Vos réponses à l'un et à l'autre ne peuvent me satisfaire, dit-il. Car si je me demande avec vous ce qu'est la corrida, ce n'est pas dans le seul but de combler mon ignorance. C'est, je vous le rappelle, pour déterminer ce qu'on doit y viser : l'art ou la technique. En d'autres termes, pour savoir ce qu'est un maître accompli dans cette pratique, encore faut-il en connaître la finalité. Problème que, à son tour, on ne saurait résoudre sans avoir au préalable résolu la question de son essence. Or, ni ta description, Empirion, si informée qu'elle soit, ni ton appel à l'histoire, Genesis, si savant qu'il me paraisse, ne peuvent nous éclairer. Mais je vois que Doctos comprend ce que je veux dire. »

Doctos essuyait en effet ses lunettes, signe manifeste qu'il désirait parler.

« C'est une définition que tu attends de nous, Socrate, et je vais te la donner. La corrida, c'est tout simplement la mise à mort publique et loyale de taureaux sauvages, succédant à un combat réglé. »

Cette fois-ci le silence se fit et il était admiratif. Doctos savoura ces regards tournés vers lui et reprit.

« Le sens profond de la corrida est là. Une lutte, dont l'issue est certaine, mais dont l'exécution est toujours incertaine ; un combat où il faut tromper l'adversaire, certes, car c'est l'arme de l'intelligence, ce que les Grecs appelaient la *mètis*, mais avec loyauté, et c'est là son éthique. Mais surtout, il s'agit de tromper ce taureau-ci et non un autre, il faut savoir accorder sa propre action aux conditions singulières de son opposant, différent par hypothèse de tous les autres, puisque c'est un être mortel qui ne combat qu'une seule fois. C'est un être vivant, avec son caractère singulier – qu'il faut savoir déceler – et sa conduite imprévisible – qu'il faut pourtant pouvoir prévoir. À chaque taureau son combat, dit le vieil adage. Sa charge est-elle droite, est-elle longue, est-elle violente ? Son cou est-il mobile ? Son coup de corne, le donne-t-il vers l'avant ? vers le haut ? sur le côté ? Quelle est sa résistance ? Son discernement, sa combativité ? Pourquoi lance-t-il les pattes en avant ? Comment met-il la tête dans le leurre ? Quelle est sa corne maîtresse ? A-t-il un terrain favori ? Voilà les questions qui se posent à l'homme qui, d'instinct, d'habitude ou de raison, doit les résoudre. Et sa manière d'y répondre, c'est la "conduite" de la charge du taureau, la plus précise, la plus longue, la plus engagée possible. Et j'ajoute que les questions que pose l'adversaire sont toujours nouvelles. Car il évolue à chaque instant du combat : Pourquoi tend-il désormais à revenir aux barrières ? Pourquoi raccourcit-il sa charge ? Passe-t-il à la défensive ? A-t-il repéré l'homme derrière l'étoffe fuyante ? Ne vaut-il pas mieux désormais appeler la corne gauche ? changer de terrain ? abréger le duel ? » (Doctos s'enflammait.) « Le meilleur torero est celui qui pense avec l'animal, qui pense pour l'animal. Il doit s'adapter pour mieux le dominer, car l'intelligence est plasticité. Tel est d'ailleurs le maître-mot de la corrida : la domination. » (Le voilà qui détachait les syllabes : *do-mi-na-tion.*) « Il faut que l'homme contraigne la nature du taureau à agir contre elle-même, mette de l'ordre et de la mesure dans une charge qui n'est d'emblée qu'un moyen de défense chaotique. Regarde les grands toreros d'hier, un Viti, par exemple, maître dans l'art de forcer l'adversaire au combat ; regarde comment un Paquirri était capable de tenir un terrain comme un général d'Empire, comment un Rincón sait dévoiler la valeur de son antagoniste en en exprimant toute la puissance, comment un Ponce, cette après-midi même, a pu "s'inventer un taureau" en lui allongeant progressivement sa charge et en lui enseignant à se prêter au jeu des leurres. » (Empirion se replongeait dans ses notes pour vérifier les dires de Doctos.) « Il faut dompter, canaliser cette charge, aller jusqu'à corriger ses défauts. Apprendre au taureau rebelle à charger, rallonger le "voyage" du taureau court, ralentir le taureau trop ardent, corriger le coup de corne intempestif du taureau brouillon, mais aussi empêcher le taureau trop malin d'apprendre trop vite. Bref, *dominer*. Voilà, Socrate, ce qu'est la corrida. »

Callimaque lança un « pfuit ! » dédaigneux, mais Socrate parut satisfait. « Il me semble, Doctos, que je commence enfin à savoir ce qu'est la corrida. Pourtant, il y a des éléments de ta définition que j'aimerais voir précisés ; il y a en elle quelque chose qui me gêne. » Doctos ne semblait pas troublé.

« C'est comme si tu m'avais défini l'agriculture par le labourage !

– Que veux-tu dire ? s'inquiéta Doctos.

– Je veux dire que l'habileté du maçon sert le bien-être de l'habitat ; la compétence du cordonnier satisfait le confort du marcheur ; et tu m'accorderas que c'est pour l'alimentation des hommes que l'agriculture a domestiqué les plantes et les animaux.

– Oui, et alors ? » L'agacement pointait.

« Alors, d'une manière générale, une technique se définit par son but. Et je voudrais tout simplement savoir au service de quelle fin le torero met sa technique de domination. À moins que tu ne penses que la corrida consiste à dominer le taureau... pour le dominer ? »

Doctos était ébranlé : « Je ne comprends pas bien ta question, Socrate.

– C'est pourtant toujours la même depuis le début. Mais je vais tâcher de la formuler autrement. La corrida, pour être l'application précise des règles et des normes dont tu parlais, n'est pourtant pas une religion, tu en conviens ? » Il en convenait. « Elle a beau requérir toutes les compétences et s'appuyer sur toutes les connaissances dont tu parlais, elle n'est pourtant pas une science, tu en conviens ? » Il en convenait. « Alors, dis-moi dans quelle catégorie des pratiques humaines tu la ranges. »

C'est Agon qui répondit. « Mais tes questions sont piégées, Socrate. Tu veux définir la corrida par son but ; or, elle n'en a pas, justement ; et c'est justement cela qui la définit. » (L'argutie fit pouffer Athlos.)

Cependant les rôles s'inversaient « Que veux-tu dire ? demanda Socrate.

– Je veux dire que la corrida est un *jeu*, telle est même son “essence”, pour parler ton langage. Et les jeux constituent justement cette catégorie des pratiques humaines gratuites, au sens où elles n'ont d'autre but qu'elles-mêmes. Dans toutes les sociétés, selon les idiosyncrasies de chaque peuple et la spécificité de leurs milieux, les hommes jouent avec les animaux sauvages, sans but, pour le simple plaisir de démontrer leur courage, leur force ou leur habileté. Écoute-moi bien, Socrate : dans toutes les contrées du monde où il y a eu des taureaux sauvages, il a existé des combats de taureaux. C'est une constante anthropologique. S'affronter au taureau, image naturelle du combattant et symbole permanent de la puissance, c'est le rêve éternel de l'homme. Pourquoi ? Pour rien, justement. Les diverses tauromachies sont des divertissements normés mais ce sont avant tout des défis gratuits : en France, la course camarguaise (dite course “à la cocarde”, avec ses razeteurs de haut vol et ses taureaux légendaires dont les statues, sur les places des villages de Provence, rappellent les exploits), la course landaise, moins ludique, plus athlétique, avec ses sauteurs et ses écarteurs ; au Portugal, la corrida à cheval et les *forcados* qui arrêtent le taureau à mains nues ; en Espagne, les *recortadores* de Valencia, les coureurs d'*encierro** de Pampelune, les *acoso et derribo** dans les régions d'élevage, qui rappellent les pratiques chevaleresques. Et puis, ailleurs, les *rodeos* mexicains ou américains, les *corralejas* colombiennes, les *coleadas* vénézuéliennes, les combats de taureaux au Japon, en Corée, et même en Inde et à Goa, on n'en finirait pas de…

– D'ailleurs, sans remonter aux représentations pariétales des anciennes cultures magdaléniennes, on voit dans l'art populaire minoen ou sur les murs des palais crétois des voltiges… » voulut préciser Genesis, mais une voix coupa court : « Ah, non, pas lui !

– Reviens plutôt à ma question, exigea Socrate d'Agon. Un jeu, dis-tu ? Serait-ce dans cette catégorie qu'il faudrait ranger la tauromachie ?

– Mais oui, Socrate, insistait Agon. Interroge-toi d'ailleurs pour savoir ce qu'est un *jeu* et tu y découvriras tous les caractères de la corrida. Le temps de la corrida ? C'est le temps du jeu, libéré des travaux et des jours. Car le jeu rompt avec le cours social ordinaire, comme la corrida, qui a toujours été liée à la fête. Au temps linéaire du quotidien, la *fiesta brava* substitue le temps cyclique des dimanches et des férias. Les règles de la corrida ? Ce sont celles d'un jeu, ni plus ni moins. Tu sais qu'il n'y a pas de jeu sans règles strictes ; et les règles d'un jeu se distinguent de toutes les autres, par exemple les règles morales ou sociales, par le fait qu'elles n'ont qu'une finalité interne (rendre simplement le jeu possible) et non une finalité externe (garantir l'ordre politique ou assurer la meilleure vie commune) : or, c'est là le sens des articles du Règlement taurin et le rôle du président de la corrida, qui ne servent qu'à garantir le déroulement ordonné du jeu de l'arène : chaque chose en son temps, chaque geste à sa fonction, chacun à sa place. Et s'il te faut des exemples, pense à El Cordobés, à l'espièglerie mutine, pour qui tout était prétexte à divertissement et qui jouait de sa muleta et du taureau comme on s'amuse avec son animal familier ; pense à Luis-Francisco Esplá, tout en voltes et virevoltes ludiques et friponnes, pense à tous ces banderilleros géniaux, princes de la feinte et artistes de la pirouette : ce sont des joueurs, oui, des joueurs !

– Tu oublies, intervint Athlos, que le protagoniste principal de ton prétendu jeu ne joue pas, lui ! Le taureau combat, et jusqu'à la mort. Crois-tu qu'il joue ? Non, il vit : rien de plus sérieux, de plus vrai, de moins feint. Quant au torero, il feint peut-être parfois de jouer, mais c'est au sens où l'on dit d'un acteur qu'il joue bien ; car, en réalité, ce qu'il joue, c'est sa vie, et c'est tout le contraire d'un jeu !

– Mais toute la grandeur de la corrida est là, justement ! s'écria Agon. C'est parce que le torero joue sa vie, justement, que la corrida est le plus beau et le plus noble des jeux. Oui, c'est vrai, le torero fait de sa vie l'enjeu d'une partie toujours recommencée. Pourquoi ? Pour rien ! Pour le seul plaisir, par liberté. Pour affirmer son propre détachement par rapport aux vicissitudes de l'existence et sa victoire sur l'imprévisible. Qu'est-ce donc ? sinon du jeu, vous dis-je ! Un jeu souvent grave, parfois dramatique, mais jamais sérieux… »

Socrate parut convaincu et se tourna vers Athlos.

« Et que serait-ce donc selon toi, si ce n'est pas un jeu ?

– Regarde donc les valeurs dont est porteuse la corrida et tu trouveras ce qu'elle est, Socrate. La corrida magnifie la maîtrise du corps, elle exalte le courage, le don de soi, la loyauté, l'effort. La corrida est un *sport*, au sens le plus noble du terme. Le mot te choque, Agon, et toi aussi

Callimaque, je le vois bien. Oui, je le vois à vos sourires narquois. Ce sont là les railleries ordinaires des intellectuels contre le sport, que vous n'avez jamais cherché à comprendre. Évidemment, cela vous dépasse : prouver sa résolution, affirmer sa vaillance, affronter le danger, lutter à mains nues contre un adversaire plus fort que soi, vous ne réalisez pas ce que c'est! Mais je vous le dis tout net : ce sont là des travaux d'athlète...

– Déjà, Hercule lui-même contre le taureau crétois... » risqua Genesis.

Athlos n'avait rien entendu. Il continuait.

« Essayez donc de porter un lourd costume de lumière sous le soleil andalou, armés d'une cape empesée et d'une lourde épée – je parle d'hier parce que, aujourd'hui, hélas, tous les toreros travaillent à la muleta avec l'épée postiche –, vous commencerez à mesurer la performance. Certes, Doctos l'a dit, il faut, pour toréer, de solides vertus intellectuelles, mais, comme chez tous les sportifs, elles sont inséparables des vertus physiques et morales : mobiliser immédiatement ses forces, tout voir d'un coup d'œil, réagir dans l'instant, mais ne pas cesser d'agir raisonnablement, ce sont là des qualités sportives, et parmi les plus hautes. Et n'oubliez pas l'essentiel : le torero doit dompter sa peur, toujours présente. Il doit lutter contre son instinct de survie, combattre ses automatismes vitaux, qui lui dictent à tout moment le retrait du corps : au moment où il *cite** le taureau, il doit ouvrir le bras et non le replier en un geste réflexe qui lui serait fatal, et quand l'adversaire le croise, il doit avancer la jambe contre sa propre tendance naturelle. Il faut plier son corps contre la nature, contre le relâchement naturel. Il doit désapprendre à réagir pour pouvoir apprendre à agir dans les règles de l'art, c'est-à-dire du sport. Et notez que ce sont bien les valeurs éternelles de la "sportivité" que la corrida met en jeu, les mêmes depuis les antiques jeux panhelléniques jusqu'aux compétitions olympiques modernes, en passant par les joutes chevaleresques. C'est par exemple l'auréole accordée à l'exploit individuel : comparez l'échappée solitaire dans l'ascension de l'Alpe-d'Huez et le combat seul contre six taureaux d'élevages différents ! C'est aussi le culte du geste d'éclat : comparez l'ascension hivernale de la face nord de l'Eiger et l'épopée d'un Antonio-José Galán se jetant à découvert sur les cornes d'un Miura* sous un orage torrentiel. C'est le goût de l'ascèse : car le *toreo** défend les valeurs les plus constantes du sport populaire (comme le cyclisme) : l'anti-hédonisme. "Il faut se faire mal." Il est beau de souffrir. C'est l'esprit de compétition, celui qui anime encore quelquefois les toreros – trop peu souvent, hélas (pensez à ces rivalités aux *quites**, qu'on ne voit plus guère). C'est l'acceptation du risque physique, pourvu qu'il soit calculé, c'est la recherche de la victoire, pourvu qu'elle soit loyale. Et tout cela, pour quoi ? Non pas exactement pour rien, comme disait Agon. Mais, sans parler évidemment des salaires que reçoivent les professionnels pour le spectacle qu'ils donnent, en sport comme en tauromachie, la récompense du torero est avant tout symbolique, comme celle du sportif : qui une couronne de laurier ou une médaille, qui une oreille. Ne cherchez pas davantage ce qu'est la corrida – son éthique même nous l'enseigne : c'est un sport, au sens le plus noble du terme. Pensez à ces belluaires d'hier, comme Francisco Ruiz-Miguel ou Antonio-José Galán, pensez à leurs prédécesseurs, les Jaime Ostos, Gregorio Sanchez, ou plus loin de nous les Machaquito, Bombita, pensez aujourd'hui à cet athlète de Juan-José Padilla, force de la nature, à cet acrobate aux jambes d'acier, El Fandi (ancien champion de ski), à l'abnégation homérique d'un Sébastien Castella, supportant sans broncher que la corne le frôle à chaque passage, pensez à ces minuscules colosses du corps à corps, les Valderrama, Fundi, Robleño, Ferrera. »

Socrate souriait :

« Mais connais-tu un sport, Athlos, et toi, Agon, connais-tu un jeu, sans vainqueur ni vaincu ? Et y a-t-il des sports ou des jeux dont l'issue serait connue d'avance, en l'occurrence la mort du taureau ? Athlos a raison, Agon, il n'y a pas de jeu là où l'un des deux partenaires ne joue pas : on peut jouer avec son chien, non avec un taureau qu'on va tuer. Et toi, Athlos, je vois bien qu'il faut quelque qualité athlétique pour être torero, mais ce n'est pas pour autant que la corrida est un sport. Crois-tu donc que l'on peut parler de compétition à proprement parler ? Crois-tu que le score, le record, la mesure, comptent pour quoi que ce soit en corrida ? Crois-tu que le résultat compte, comme le suggérait Agon, n'est-ce pas plutôt le déroulement de la partie ?

– On se demande bien, ajouta Callimaque, à ce qu'aurait pensé un Rafael El Gallo de tes élucubrations "sportivistes", lui qui affirmait s'entraîner… en fumant des cigares. Toute l'histoire de la corrida, d'ailleurs, est un démenti à ta thèse, mon pauvre Athlos. La géniale révolution d'un Belmonte, par exemple, ne consista-t-elle pas justement à être "antisportive" ? Car c'est précisément, comme tu sais, parce qu'il ne pouvait pas plier son corps aux exigences athlétiques d'une corrida mobile qu'il inventa cet art unique de l'enchaînement immobile des passes par l'allonge du bras dont toute la beauté plastique du *toreo** lui est redevable. Ces deux authentiques créateurs et leurs descendants, les Curro Romero, Rafael de Paula, les Ordoñez, Cepeda, Manzanares, Morante de la Puebla incarnent bien l'essence de la corrida, qui n'est ni une technique ni un jeu, encore moins un sport, mais bien un art. »

Athlos pouffa.

« Un art, continuait Callimaque sereinement, oui, un art, qui, comme tous les autres, dépend de l'inspiration de l'artiste et n'a d'autre fin que le beau. Un combat, disait Doctos ? Je l'admets. Mais ce combat n'a plus, et depuis longtemps, pour finalité de vaincre une bête sauvage, mais plutôt, ce faisant, de créer de la beauté, une beauté d'autant plus forte qu'elle est sans cesse menacée de se rompre, et d'autant plus inattendue qu'elle se fait sur fond de lutte. Quoi de plus beau, dans sa simplicité, qu'une véronique* ou une passe naturelle* ? Quoi de plus émouvant que ce groupe plastique où l'on ne distingue plus le geste du torero et la charge du taureau ? N'est-ce pas de la sculpture ? Quoi de plus somptueux que la dynamique d'une série de passes sur un même terrain sans solution de continuité ? N'est-ce pas de la musique ? Quoi de plus impressionnant qu'une *faena* * construite, équilibrée, réfléchie, et qui semble pour ainsi dire sortir tout droit de la pensée de l'artiste ? N'est-ce pas de la tragédie classique ? On est loin de l'Alpe-d'Huez et des Jeux olympiques, mon cher Athlos ! J'en reviens à ce que tu prétendais, toi, Doctos. L'essence de la corrida, disais-tu, est la conduite de la charge et la domination dans le combat, le *mando* *, comme disent nos amis espagnols. Nullement, cher nostalgique d'un XIXe siècle imaginaire. L'essence du *toreo* *, ce n'est pas le *mando**, qu'on pourrait aussi bien attendre d'un dompteur ou d'un champion de rodéo, c'est le *temple* *, qui signifie consonance et harmonie : le leurre aimantant l'animal, sans heurt ni accroc, le geste qui semble ralentir sa fougue, lui ôter toute sauvagerie et en faire œuvre humaine, pour ainsi dire. Car, tu sais quoi ? Ce qui manque à toutes vos définitions et concepts, c'est une idée, oh une simple nuance, mais essentielle, sans laquelle la corrida ne vaudrait pas les deux heures de peine qu'elle nous donne souvent. Quelle idée ? Le *style*, tout simplement. Appelez donc jeu ou sport les tauromachies populaires – elles ont leur grandeur –, mais pas *notre* corrida. Demandez-vous pourquoi tous ces jeux taurins dont parlaient Agon ou Genesis n'ont généralement pas dépassé les frontières de la tribu ou les limites de leur région ; pourquoi ils n'ont jamais atteint à l'éclat universel de la corrida ; cette universalité qui lui a permis de toucher et d'inspirer les plus grands peintres, de Goya à Picasso, les poètes comme Lorca ou Alberti, les écrivains comme Hemingway, Leiris ou Vargas Llosa, les cinéastes comme Eisenstein ou Abel Gance. Drôle de technique, tu le remarquais, Socrate, qui n'aurait d'autre but qu'elle-même ; étrange sport sans record ni vainqueur, curieux jeu qui doit plus à l'inspiration qu'à la compétition…

– Et curieux art qui ne produit pas d'œuvres, ajouta malicieusement Socrate. Où sont en effet les créations de tes prétendus artistes, sinon dans ton imagination ou dans ta mémoire ? Ta sensibilité éclaire tes jugements, mais jusqu'à t'aveugler. Car tu sembles confondre l'art et l'esthétique, mon cher Callimaque. Qu'il y ait de la beauté dans une passe, une série ou une *faena**, on peut te l'accorder ; mais la beauté suffirait-elle à définir l'art ? Après tout, il y a de beaux gestes partout – et dans la vie même. Et puis, les joueurs d'échecs, les mathématiciens décernent leurs « prix de beauté » ; les juges de patinage ou de gymnastique notent la beauté des gestes et la perfection dans l'exécution des mouvements : il n'y a pas que les jurys des férias – preuve qu'il peut y avoir de la beauté en toute technique, même dans un jeu ou une science, même dans un sport, en tout cas hors des arts. Car l'art se juge plutôt à ses produits qu'à la jouissance qu'on y prend. Et c'est à l'œuvre (pyramide ou cathédrale, portrait, messe ou cantate) qu'il faut le mesurer, non au plaisir esthétique éprouvé par tel ou tel. »

Callimaque était K-O comme les autres. Il risqua un « Pourtant... » laconique, qui se heurta à l'éclat de rire d'Athlos.

Après un temps, Socrate reprit.

« Ainsi donc, mes chers amis, ma question si simple vous met dans un étrange embarras. Votre corrida ne serait-elle donc rien, je veux dire rien de définissable ? N'appartiendrait-elle à aucune catégorie ? Serait-elle alors une sorte de monstre culturel, unique en son genre, qu'on serait forcé d'admettre isolé, en haut d'une page blanche dans l'inventaire des pratiques humaines, comme un oubli ou un lapsus ? »

Timidement, Hysterion prit la parole.

« Je serai plus modeste que mes camarades. Ils ont vainement tenté de définir l'espèce "corrida", je me risquerai plus simplement à avancer son genre, car elle en est peut-être l'archétype. »

On se regarda : que signifiaient ces subtilités dialectiques ?

Hysterion poursuivait : « De ce point de vue, la réponse à la question socratique est facile et incontestable : la corrida est un *spectacle*.

– Belle découverte, s'emporta Empirion. Moi aussi, j'avais remarqué : il y a des spectateurs assemblés qui paient et des acteurs qui se font payer ! »

Hysterion avait prévu la parade.

« Ma définition est plus féconde que vous ne croyez. Car ce n'est pas seulement *un* spectacle, mais *le* spectacle ; je veux dire l'archétype du spectacle. Les spectateurs y sont assis en rond comme dans le *theatron* grec, où tout est vu de partout, destiné à être vu par tous. Rien n'échappe à la vue, il n'y a pas de coulisses, pas de rideau. Rien n'est latent ou celé dans la corrida, car tout est spectacle. Il n'y a pas plus de place pour la "psychologie" ou l'intériorité que dans une tragédie d'Eschyle ; le drame y est entièrement manifeste, offert au regard, et revêt tous les signes extérieurs de la visibilité. Toute la profondeur est retournée vers l'extérieur, tout l'"être" y est "apparaître".

– Veux-tu dire, demanda Socrate, qu'il n'y a rien à comprendre, il n'y a qu'à regarder ?

– Pas tout à fait, Socrate. Ce que je veux dire, c'est que tout ce qu'il y a à comprendre est visible. Regardez ce qu'est le taureau : il le montre à ses cornes, redoutables, et même à sa noirceur, si *manifestement* sauvage. Regardez le torero, il *est* viril, ça se voit : n'exhibe-t-il pas sa proéminence ? Mais il *est* aussi ambigu : regardez ses bas roses. Regardez son courage, il le montre dans ses gestes théâtraux de bravade, son *tremendismo* *, comme disent les Espagnols, disons son pathétisme spectaculaire. Regardez la "domination" dont parlait Doctos, elle se montre, elle aussi, dans ses attitudes crânes de défi, les *desplántes* *. Sa sérénité, c'est son immobilité ; son intelligence, un simple mouvement de poignet ; sa ferveur est un signe de croix ; son autorité, un geste à ses auxiliaires. La corrida ignore l'implicite, l'intimité comme l'intériorité, vouée qu'elle est au spectacle pur.

– Tu veux dire, explosa Sacerdos, que c'est ce qu'elle est devenue en ces temps de décadence ! »

Tout le monde protégea son verre, car, si les colères d'Athlos étaient feintes, celles de Sacerdos étaient terribles. Il ne se rendait d'ailleurs aux arènes que muni d'un sifflet de manifestant, d'un jeu de mouchoirs de couleur, de divers exemplaires du Règlement taurin et d'une inébranlable mauvaise humeur. Elle n'avait pas cessé depuis la fin de la corrida (plus détestable encore que celle de la veille), s'était ensuite murée dans un silence inexpugnable, mais les paroles d'Hysterion l'avaient réveillée. Et la voilà qui bondissait : « Le torero vedette, le taureau faire-valoir, "arrangé" aux goûts d'un public frivole qui ne songe qu'à se divertir, c'est sans doute un spectacle, mais c'est le spectacle de la dégénérescence ! »

Seul Socrate osa alors affronter la bête : « Alors qu'est donc, selon toi, la corrida, si elle n'est pas un spectacle ni, je le suppose, un art, ni rien de ce qu'ont pu dire avant toi Empirion, Genesis, Doctos, Agon ou Athlos ?

– Un rite », répondit Sacerdos. Et il répétait : « Un rite. » Il finit par se calmer et consentit à s'expliquer. « Oui, un rite, qui, comme tous les rites de toutes les religions instituées et tous les mythes des peuples de la terre, redit indéfiniment un même récit archaïque, le combat de la Nature et de la Culture. La corrida sublime, dans l'élément du Tragique, le jeu de la Nécessité. » (Le voilà qui parlait en majuscules.) « Tout est réglé dans la corrida, comme dans un rite, tout y est déterminé. Voilà pourquoi, vous vous en étonniez, l'issue en est fixée d'avance : c'est la mort du taureau ; et elle signe la nécessaire défaite du Chaos des forces naturelles. Voilà pourquoi tout ce qui dénature la corrida (et je pense à ces ballets délicats pour personnes sensibles que nous avons encore soufferts aujourd'hui et qui plaisent tant à Callimaque) va non seulement à l'encontre de l'essence de la corrida – que vous vous êtes vainement efforcés de chercher depuis une heure –, mais est presque sacrilège. C'est pourquoi il faut sauver ce qui peut encore l'être et c'est à quoi nous nous employons. » (Ce « nous » désignait sa célèbre bande d'agitateurs du premier balcon.) Il continuait : « Tout est normé dans la corrida, comme dans tout rite ; le temps lui-même est compté, rythmé par les sonneries de clairon. Les actes qui mènent le taureau à la mort sont tous déterminés par le déroulement inflexible de l'Ordre des tiers* et les règles irréfragables du Règlement». (Ce mot fit glousser Empirion et Callimaque, mais par bonheur Sacerdos n'entendait rien.) «Quant aux autres gestes, extérieurs au drame mais nécessaires au rite, ils sont toujours les mêmes, marqués par la tradition : même costume, même façon de lier sa cape d'apparat autour du bras, de défiler après un signe de croix; même façon de se rincer la gorge avec le gobelet d'argent avant le duel, même façon de "cadrer*" la bête avant le sacrifice dans le silence. Le rite y est tel qu'on n'y entre que par une cérémonie d'"initiation" (l'alternative*), aussi rigoureusement réglée que celle d'une société primitive.»

Socrate éclata de rire : «Étrange rituel sans au-delà! Ni dieux ni transcendance. Étrange cérémonie où les participants communient en applaudissant; et étrange rituel où les sectateurs paient leur place de spectateurs...»

Sacerdos allait répliquer, mais une salve de pétards ébranla le café. C'était l'heure du feu d'artifice. On se leva pour suivre la foule qui s'y rendait. Athlos disait que les taureaux du lendemain semblaient petits. Sacerdos levait les bras au ciel : «Plus rien n'était comme avant!» Doctos disait à Socrate que la corrida s'annonçait néanmoins passionnante. Il jura d'y assister, cette fois.

## Chapitre I

# De nos devoirs vis-à-vis des animaux en général et des taureaux de combat en particulier

### *La corrida et ses critiques*

Dans la corrida, des hommes affrontent et tuent un animal. On peut juger cette pratique doublement condamnable. Est-il moral pour un homme de risquer sa vie? Est-il moral de mettre à mort un animal? Pendant quelques siècles, le premier problème dominait les esprits : un chrétien ne saurait mettre en danger une vie qui ne lui appartient pas [1]. Condamnée par les moralistes au même titre que le théâtre, la corrida était jugée moins

1. Pour l'âge classique, on se reportera à Araceli Guillaume-Alonso, «Contre la corrida. Essai de typologie des positions anti-taurines (XVIe-XVIIe siècles) » *in* Annie Molinié, Jean-Pierre Duviols, Araceli Guillaume-Alonso, *Des taureaux et des hommes. Tauromachie et société dans le monde ibérique et ibérico-américain*, Paris, Presses de l'université Paris-Sorbonne, coll. «Iberica», 1999.

futile pour le spectateur puisqu'il y admire des vertus réelles, mais plus dégradante pour l'acteur puisqu'il s'y abaisse au niveau de la bête : le combat contre un animal avilit l'homme. Aujourd'hui, la critique s'est inversée : le combat de l'homme dégrade l'animal ; les condamnations de la corrida se font désormais au nom du respect dû aux animaux, non aux hommes. C'est une attaque qu'on peut qualifier d'« animaliste » si l'on entend par là une argumentation morale centrée sur l'animal en général. La force grandissante de l'animalisme a une double origine. D'un côté, la modernité a incontestablement entraîné une augmentation des mauvais traitements vis-à-vis de nombreuses espèces en les réduisant à l'état de marchandises ; la sensibilité contemporaine s'émeut légitimement des conditions de vie abjectes faites aux poulets élevés en batterie ou aux cochons privés de lumière et d'espace, estropiés et mutilés. D'un autre côté, sous l'influence des théories morales et juridiques anglo-saxonnes, une bonne part de la problématique morale se trouve désormais accaparée par le concept éthico-juridique de « droits » (« on a le droit *à* »), et l'« animal » devient un nouveau sujet de ces *droits*. Pourtant, avec la notion de « droits des animaux », la confusion s'installe : l'Animal, porteur de la « bonne nature », devient la Victime universelle que l'homme doit protéger contre l'Homme, porteur de la « mauvaise culture ». Tout est alors mis dans le même sac : la chasse, la vivisection, la corrida, l'élevage industriel, et (demain – aujourd'hui même) l'alimentation carnée ou les chaussures de cuir. Dans ce brouhaha, on entend des voix défendre le sort des bêtes souffrantes, et d'autres voix protéger les espèces menacées, parmi lesquelles il faudrait bientôt compter les taureaux de combat si l'on écoutait les premières. On confond les conditions de vie des taureaux (les meilleures possibles) et celles des porcs (les pires), les conditions de mort des taureaux (dans la lutte et en public) et celles des animaux d'abattoir (ni vues ni connues), la violence du combat que mènent les taureaux dans l'arène et l'expérimentation animale qu'on mène sur des bêtes impuissantes, etc. Qu'il faille s'indigner de la marchandisation du vivant, s'opposer aux supplices infligés à certaines bêtes d'élevage industriel, lutter pour une amélioration des conditions de vie et d'abattage de certaines espèces, on en conviendra aisément : aucun animal n'est une *chose*. Mais un animal n'est pas davantage un homme ni l'Animal en général : un moustique est un moustique, un chat d'appartement n'est pas un tigre du Bengale, un taureau de combat n'est ni un chimpanzé d'Afrique ni un cobaye de laboratoire. Or c'est précisément ce que nous apprend la corrida : le taureau n'est ni un homme ni une chose. Il n'est pas non plus l'« Animal », victime passive et innocente. Il est une espèce animale singulière dont les conditions de vie, et de mort, doivent respecter la singularité. Dans le combat, l'homme n'est pas face au taureau devant une chose qu'il peut traiter à sa guise ni devant une marchandise qu'il peut détruire et jeter, mais face à un être vivant doté d'une personnalité singulière, élevé dans le respect de sa nature et tué avec l'égard dû à son être.

En effet, loin d'être une manifestation de l'arrogance anthropocentrique vis-à-vis du règne animal ou d'une indifférence cruelle à la souffrance, elle est porteuse d'une éthique cohérente et respectueuse des animaux. Si la corrida devait être un jour interdite là où elle est aujourd'hui autorisée, ce serait non seulement une perte culturelle ou esthétique, mais ce serait aussi une perte morale. Doublement : une dimension essentielle de « l'être-homme », mais surtout une *dimension essentielle de « l'être-animal »* disparaîtrait avec la corrida. L'interdire, ce serait non seulement condamner à l'extinction immédiate l'espèce animale qui en est le protagoniste, mais ce serait priver les hommes d'une relation irremplaçable aux animaux, celle qu'ils ont entretenue, dans toutes les civilisations, avec les taureaux sauvages.

La corrida n'est ni « immoraliste » ni « amoraliste » vis-à-vis des espèces animales. Même si elle ne diffuse pas la morale universaliste des droits de l'homme ou l'éthique réductionniste des droits des animaux, elle est morale. Mieux : le statut éthique du taureau dans la corrida pourrait servir de modèle à celui que nous devons à tous les animaux. Non pas qu'il faudrait les élever pour les combattre comme des taureaux ! Mais le rapport de l'homme aux taureaux durant leur vie et leur dernier combat est à bien des égards exemplaire d'un certain respect dû à toutes les espèces. Il ne faut donc pas demander pour la corrida une vague indulgence, il ne faut pas la défendre comme un mal bénin, il faut la protéger comme un bien précieux. Car, outre ce qu'elle nous révèle des taureaux et des hommes, la corrida nous enseigne en filigrane nos devoirs vis-à-vis de toutes les autres espèces et quelques valeurs fondamentales pour la nôtre.

Ce que nous apprend d'abord la corrida, c'est à être attentif à un rapport, non à l'animal en général, mais au taureau en particulier. C'est la seule voie d'entrée possible dans la morale vis-à-vis des animaux : penser la singularité des espèces et la spécificité des relations qui nous lient à chacune. Inversement, le premier obstacle qu'il faut lever pour pouvoir penser les relations entre les hommes et les autres espèces (tant ce qu'elles *sont* que ce qu'elles *devraient* être) est conceptuel : l'animal. L'« animal » n'existe pas. Ce n'est pas parce qu'on dispose d'un mot pour désigner les millions d'espèces animales (de la paramécie au bonobo, du trypanosome à l'épagneul breton) que ce mot fera une idée. Essayez donc de penser ce qu'il y a de commun entre le protozoaire qui transmet la maladie du sommeil et le taureau de combat : vous aurez beau dire que ce sont deux « animaux », vous percevrez vite que vous n'avez rien dit. Les astronomes grecs, de même, croyaient penser quelque chose avec le mot « planète », qui désignait pour eux tous les astres « errants », ceux qui ne se déplacent pas avec la « sphère des étoiles fixes ». Le mot réunissait donc Mars, Vénus, la Lune et le Soleil. Le concept moderne d'« animal » n'est pas mieux formé que le concept ancien de « planète ». Il est l'effet d'une illusion anthropocentriste : nous nous plaçons face à toutes les autres espèces, nous les baptisons globalement du même nom « animal », et ce faisant nous nous établissons en maîtres et législateurs d'une Nature dont nous ne ferions pas partie. C'est bien ce que font les animalistes, à leur corps défendant. Ils édictent des lois morales pour réguler la conduite que les animaux humains devraient avoir vis-à-vis des autres, mais qui ne s'appliquent évidemment pas à eux : allez demander aux moustiques ou aux lions de cesser de faire du mal aux autres espèces, allez demander aux taureaux de combat de cesser de se battre entre eux ! Alors même qu'il croit le contraire, l'animaliste est l'anthropocentriste par excellence. Et de surcroît incohérent. Car, pour lui, l'homme est un animal à la fois comme les autres et opposé à tous les autres. D'un côté, il est aussi un animal, sinon il n'aurait pas ces droits naturels que l'animaliste reconnaît aux espèces animales *en tant que telles* (mais alors on se demande comment, par quelle autorité, les autres espèces animales seront tenues de respecter les droits de l'homme ainsi que les droits de toutes les autres espèces animales). D'un autre côté, l'espèce humaine est considérée comme complètement différente de toutes les autres, puisqu'elle est la seule à avoir une conduite « criminelle » à leur égard, et par conséquent à devoir se soumettre à des *règles* vis-à-vis d'elles. C'est la contradiction fondamentale de tout animalisme. Il veut, au nom de l'unité de la « nature », étendre aux animaux (au sens large, incluant l'homme) des droits qu'on ne reconnaissait jusqu'alors qu'aux hommes ; il doit pourtant limiter à l'homme le devoir de respecter l'animal (au sens étroit, excluant l'homme). Mais demandons-lui pourquoi l'homme agirait criminellement quand il joue avec le taureau avant de le tuer et non le chat qui joue avec sa proie blessée avant de la dépecer ? Faudrait-il l'en empêcher au nom des droits des souris ? Toutes les espèces animales devraient-elles respecter les « droits de l'animal » ? Toute la nature devra-t-elle être pacifiée ? Et de force ? Faut-il *déclarer* que désormais elle devra s'abstenir de toute conduite « cruelle » avec elle-même ? Mais alors qui fera la police ?

Non, l'« animal » n'existe pas. Ce qui existe, c'est une extraordinaire prolixité de la vie, avec une prodigalité non moins considérable de ce que l'on peut appeler les *espèces* animales, les millions d'espèces, *toutes différentes*, parmi lesquelles l'homme occupe une place singulière, d'où il tient sa capacité à reconnaître des valeurs et son pouvoir de s'imposer des normes.

Si l'animal n'existe pas, doit-on en conclure que nous n'avons pas à nous « soucier » des animaux, que nous ne devons pas réguler notre conduite vis-à-vis d'eux ? Bien au contraire. Dès lors qu'on s'est débarrassé de ce pseudo-concept d'animal, une éthique cohérente vis-à-vis de la nature devient possible. En effet, il serait tout aussi déraisonnable de soutenir que nous devrions traiter *tous* les animaux comme des choses ou des « machines » (y compris les chimpanzés ou les caniches), que d'affirmer que nous devrions considérer *tous* les animaux également avec le même « respect » (les loups comme les agneaux, les scorpions comme les chats persans, les araignées comme les taureaux).

Car le problème de la « bonne » conduite vis-à-vis des autres espèces n'est pas nouveau, né du « progrès des mœurs », ou d'une soudaine prise de conscience de la communauté de nature qui nous lierait à nos amis les bêtes, ou encore d'une extension progressive et salutaire de la sphère des « droits naturels » (à tous les hommes, puis aux femmes, puis aux enfants, etc.). Depuis l'Antiquité, la philosophie morale s'est souvent posé la question :

comment devons-nous régler notre comportement vis-à-vis des bêtes ? Il en va de même des morales populaires : tout le monde admet spontanément qu'on ne peut pas agir sans norme vis-à-vis des espèces animales, qu'on ne mange pas n'importe quoi ou n'importe qui, qu'on ne traite pas son bœuf, son âne ou ses moutons n'importe comment, et surtout qu'on ne considère pas toutes les *espèces* de la même façon. Les hommes ont toujours eu, de fait, des conduites extrêmement variées vis-à-vis des animaux, et ils ont appris à normer ces conduites selon des valeurs différenciées : jamais le moustique n'a été mis dans le même sac axiologique que le labrador, jamais l'animal totem ou le compagnon de vie n'ont été confondus avec le parasite ou le prédateur.

Cette richesse des sentiments moraux possibles vis-à-vis des innombrables espèces animales (combien ? deux millions ? cinquante millions ?) peut être comparée à son extrême pauvreté dans une éthique des « droits des animaux » : l'affect qui doit déterminer toutes nos conduites y est ramené à un seul, la compassion. Les animaux ne sont qu'un seul être, *l'animal*, qui ne peut jouer qu'un seul rôle : victime. Il est doté d'un seul mode d'être ou de rapport au monde : la souffrance. C'est une créature souffrante, au double sens du terme : elle pâtit, elle éprouve de la douleur. Et l'homme, bourreau en puissance, doit la protéger contre *lui-même* (puisque l'animal est défini *a priori* comme un être impuissant), ou éviter de la faire souffrir (puisque l'animal, cette créature mythique, est un être passif, qui n'a qu'une idée en tête : éviter de souffrir). Comparons cette pauvre morale des « droits » avec la variété des affects que les hommes peuvent éprouver à l'égard des autres espèces. Ils sont aussi différenciés que les actions communes qui les réunissent : il y a les espèces avec qui l'on vit en compagnonnage, celles avec qui l'on joue, celles qu'on apprivoise, celles qu'on dresse, celles qu'on honore, parfois celles qu'on adore, il y a celles qu'on chasse, celles qu'on combat, celles qu'on voudrait pouvoir exterminer. La variété des formes d'amitié comme d'inimitié est immense : anéantir l'espèce parasite, détruire l'espèce malfaisante, écarter l'espèce dangereuse, lutter loyalement contre l'espèce redoutable, pêcher l'espèce appétissante, etc. ; mais aussi vénérer l'espèce sublime, glorifier l'espèce intrépide, s'identifier à l'indomptable, entretenir le protecteur, estimer le collaborateur, affectionner le compagnon, chérir l'ami, etc. On peut éprouver pour les animaux presque toute la gamme des sentiments moraux qu'on éprouve pour des hommes : amitié, attachement, respect, admiration, ou au contraire inimitié, dégoût, crainte, effroi, exécration, etc. Ce qui ne signifie évidemment pas qu'il faut les traiter comme des hommes ! Mais qu'il serait absurde de n'admettre qu'une norme morale unique et indifférenciée pour une variété aussi large de formes de vie et de types de relation aux hommes.

Pour juger de la valeur de la corrida, il faut donc la mettre à l'épreuve des normes morales, infiniment variées, qui doivent guider nos conduites et nos attitudes vis-à-vis des autres espèces animales. Ces normes peuvent être ramenées à trois grands principes : *subordonner* le respect dû à certains animaux à celui dû à tous les hommes, *ajuster* notre conduite envers les animaux aux relations affectives que nous avons avec eux, l'*adapter* à leur nature. La corrida fait plus que respecter ces principes éthiques. Elle les concentre. Elle est le modèle d'où l'on peut les déduire.

## *Entre deux barbaries*

Le premier principe est évident : *on doit « respecter » les animaux, ou du moins certains d'entre eux, mais non à l'égal des hommes.* Seuls les hommes formulent des normes éthiques, énoncent des règles, se soumettent à des devoirs, éprouvent ou non du respect. Ces notions morales sont donc d'abord faites (instituées, pensées, reconnues) par des hommes et pour des hommes. Nous avons primitivement des devoirs vis-à-vis des autres hommes, et seulement secondairement des devoirs vis-à-vis des autres espèces. Si nous en avons, ils sont hypothétiques et non catégoriques : nous sommes tenus de les respecter si seulement ils ne nous empêchent pas d'accomplir ceux que nous avons vis-à-vis des autres hommes. Seule est absolue la morale qui nous lie à l'humanité : à l'espèce humaine considérée collectivement et surtout, distributivement, à tous les individus qui en font partie. Les devoirs que nous avons vis-à-vis des autres espèces, même les plus proches de nous, sont *subordonnés* à ceux que nous avons vis-à-vis des autres hommes, même les plus lointains. Il faut toujours et inconditionnellement sauver l'enfant inconnu contre l'animal familier.

Or, l'éthique générale de la corrida est justement l'application, et même la codification, de ce « principe de subordination ». Car la morale du combat se résume à ceci : l'animal *doit* mourir, l'homme *ne doit pas* mourir. Telle est la loi suprême. Certes, il peut arriver, exceptionnellement, que, dans une corrida, un homme meure ou qu'un animal ne meure pas. Mais le principe est une chose, l'accident en est une autre. La règle fondamentale de la corrida exprime une asymétrie absolue entre les deux protagonistes du drame et un antagonisme de leurs destins : la vie pour l'un, tantôt glorieuse tantôt sans gloire, et pour l'autre la mort, tantôt sans gloire tantôt glorieuse.

D'aucuns s'insurgent : voilà qui est inégal. C'est vrai. Mais c'est cette inégalité même qui est morale en son principe. Un combat dont l'issue est *a priori* fixée est injuste, plaident ses détracteurs, un affrontement où le vainqueur est désigné d'avance n'en est pas un. C'est vrai, la corrida n'est ni un sport de combat ni un art martial. Mais que voudrait-on ? Que les chances de l'homme et de l'animal fussent égales, comme dans les jeux du cirque ? Tantôt l'un meurt et tantôt l'autre, serait-ce plus juste ? Ce serait en tout cas plus barbare.

Dans la corrida, le taureau meurt nécessairement. Toutefois, ce n'est pas parce qu'« il faut que *la bête* meure ! ». Ce serait une autre barbarie, symétrique de la précédente. Le taureau n'est pas abattu, il est combattu. Il meurt toujours, mais c'est parce qu'un homme en triomphe, non parce qu'il est un être naturellement impuissant. L'éthique de la corrida est bien celle du combat, puissance contre puissance, non la morale du sacrifice, du faible par le fort. Car le combat de l'arène a beau être fondamentalement inégal, il est foncièrement loyal. Le taureau n'est pas traité comme une bête malfaisante qu'on peut exterminer ni comme le bouc émissaire qu'on doit sacrifier, mais comme une espèce combattante qu'on doit affronter. Il faut donc que ce soit dans le respect de ses armes naturelles. Physiquement, les forces du taureau ne doivent pas avoir été diminuées artificiellement ni ses cornes rognées. Moralement, l'homme doit feinter le taureau, mais de face, jamais de dos, en se laissant toujours « voir » le plus possible, en se plaçant délibérément sur la ligne de sa charge naturelle – c'est ce qu'on appelle « charger *la suerte** ». Ainsi que l'a dit Angel Peralta, résumant ainsi parfaitement l'éthique de la corrida : « Toréer*, c'est tromper sans mentir. » Un combat inégal mais loyal : les armes de l'intelligence et de la ruse contre celles de l'instinct et de la force, une feinte de corps ou un leurre de chiffon contre une puissance brute et des cornes acérées.

L'éthique de la corrida est donc bien l'application du premier principe moral qui nous lie aux animaux : respecter le taureau, mais non à l'égal de l'homme. Subordonner le respect dû à l'autre espèce au respect absolu dû à la nôtre. La corrida se tient ainsi en équilibre entre deux maux. Elle est le contraire de la barbarie parce qu'elle se situe à égale distance de deux barbaries opposées. Si le combat était égal, la pratique serait ignoble pour l'homme, la valeur de la vie humaine serait réduite à celle de l'animal. Si le combat était déloyal, la pratique serait ignoble pour le taureau, la valeur de la vie animale serait réduite à celle d'une chose. Dans la corrida, un homme ne lutte ni contre un homme ni contre une chose. L'homme *affronte* son « autre » – au sens strict du terme, car ils sont face à face. Un homme affronte, en un combat injuste mais loyal, un animal qui n'est pas un animal comme lui, mais qui, comme lui, est un animal.

## *Différencier les espèces*

Nous ne pouvons ni ne devons évidemment pas traiter tous les animaux de la même façon. Pas plus que nous ne sommes des chiens, les chiens ne sont des tiques. Tout le problème consiste à déterminer des critères de différenciation et de hiérarchisation. Ce qui est sûr, c'est que nous devons traiter les loups comme des loups, les agneaux comme des agneaux (c'est-à-dire ni comme des hommes, ni comme des loups), les criquets pèlerins comme des criquets pèlerins, les animaux de compagnie comme des animaux de compagnie, les chiens de chasse comme des chiens de chasse (c'est-à-dire ni comme des hommes, ni comme des loups, ni comme des chats d'appartement), et les taureaux de combat comme des taureaux de combat. Positivement, cela signifie *adapter* notre conduite à *ce qu'est* chaque espèce et l'*ajuster* à ce que cette espèce est *pour nous*. Nous accordons aux espèces animales des valeurs différentes, selon la diversité des relations que nous avons avec elles et dont découle une gamme de sentiments moraux. Quels rapports lient les hommes aux taureaux et quels sentiments moraux s'en déduisent ?

Voici donc une première question : la relation de l'homme et du taureau ; car le mot « animal » est ambigu : autant d'espèces, autant d'animaux. Mais, le mot « espèce » aussi est ambigu – et il y a une question préalable : a-t-on des relations et des devoirs vis-à-vis de l'espèce *en tant que telle* ou vis-à-vis des individus qui la composent ? (Et avant de savoir quels devoirs on a vis-à-vis des taureaux, il faut savoir de quoi l'on parle : de l'espèce *bos taurus ibericus* ou de chaque taureau particulier ?) Cela n'a rien à voir, même si le « défenseur des animaux » confond souvent les deux ou passe de l'un à l'autre. On peut admettre qu'il faut défendre certaines espèces menacées d'extinction, pour préserver la biodiversité ou l'équilibre écologique de tel écosystème, ou encore par choix *a priori* en faveur de la multiplicité des espèces, de la plus grande diversité possible du vivant, ou pour toute autre raison. (Il faut cependant remarquer que la vie et la mort des espèces sont, de toute façon, consubstantielles à l'évolution et qu'il n'y a sans doute guère de sens à vouloir préserver à tout prix *toutes* les espèces.) Mais, ce faisant, on ne prétend nullement défendre tel ou tel animal déterminé. *Car on ne peut défendre à la fois l'un et l'autre* : pour défendre telle ou telle espèce (l'ours, par exemple), il faut souvent accepter de sacrifier tel ou tel individu (telle poule). Et pour défendre tel ou tel individu (l'animal du troupeau), il faut souvent le défendre contre telle ou telle espèce (le prédateur). Les deux règles sont incompatibles : si l'on défend l'espèce des loups, on doit accepter de sacrifier quelques individus moutons. Et pour maintenir un équilibre qui préserve la *diversité* des espèces, il faudra souvent sacrifier des milliers d'individus d'une espèce trop proliférante et menaçant par conséquent les autres. Que fera le « défenseur des animaux » ? C'est là qu'il lui faudra choisir son camp : le camp *écologiste* (se préoccuper de la sauvegarde des écosystèmes, de l'équilibre des espèces, voire de la défense des espèces menacées) ou le camp *animaliste* (se préoccuper du mal, ou du bien, qu'on fait à chaque bête individuellement). Défendra-t-il les loups ou les moutons ? Peut-être aura-t-il l'espoir généreux de sauver les uns et les autres, les espèces et les individus, c'est-à-dire en fin de compte *la nature contre elle-même*. Il est à craindre que cette belle âme imagine un règne naturel irénique où les espèces, laissées à une nature « sans homme », ne seraient pas en guerre perpétuelle pour leur survie, que ce soit celle de chacun ou celle de l'espèce – et on sait que, souvent, le « comportement naturel » de nombreux animaux a pour principe, et pour effet, de sacrifier la vie de l'individu à la survie de l'espèce. À moins que, plus incohérent encore, mais vraiment gentil, il croie bon de défendre la « bonne » nature contre la « mauvaise » et veuille à tout prix protéger l'agneau du loup. Mais n'a-t-il donc aucune pitié pour le loup affamé ? Veut-il seulement empêcher les malheureux lapins de se faire manger par les vilains renards ? Mais qui protégera les pauvres renards contre cet empêchement malfaisant et funeste ? Et qui protégera la morale contre la bêtise ? Quoi qu'il en soit, il faut choisir sa morale : vise-t-elle l'espèce ou l'individu ? À qui veut-on du bien ?

Cette question est particulièrement cruciale lorsqu'il s'agit de défendre les « taureaux de combat ». Préserver l'espèce « taureau de combat », c'est par définition défendre le combat des taureaux. Par conséquent, on ne peut pas à la fois défendre le droit à l'existence de l'espèce et celui des individus, puisque la survie de l'espèce passe par le droit de mettre à mort certains des individus. Inversement, interdire de mettre à mort les individus, c'est mettre à mort l'espèce, et par voie de conséquence c'est mettre à mort *immédiatement* l'ensemble des individus qui la composent. Le dilemme apparent de l'animaliste est donc le suivant : faut-il défendre la corrida, afin de préserver l'espèce, ou faut-il abolir la corrida, pour éviter de « nuire » aux individus? Il est à craindre que cette deuxième « solution » ne soit un leurre, comme dans le fameux « la bourse ou la vie ? ». Comme chacun sait, si l'on choisit de perdre la bourse, on préserve (peut-être) sa vie, mais si l'on choisit de perdre la vie, on perd à coup sûr *aussi* la bourse. Il en va de même ici : « L'espèce ou l'individu ? » En choisissant, comme l'écologiste conséquent, de défendre l'espèce *toro bravo* « au détriment » des individus qui sont combattus après quatre années de vie aux champs, il préservera l'*existence* de l'espèce et aussi la *vie* des individus actuels et futurs. S'il choisissait de secourir les individus, il condamnerait à mort l'espèce et *par conséquent aussi tous les individus*. Si l'on interdit la corrida, on abattra tous les troupeaux, veaux, vaches et taureaux, puisque les taureaux « sauvages » ne sont élevés, sélectionnés et préservés qu'en vue du combat dans l'arène : seront-ils mieux défendus lorsqu'il n'en existera plus? L'abolitionniste dira peut-être : « Au moins, il y aura moins de souffrance ! » Mais ce raisonnement utilitariste est hors de propos : autant prétendre que l'extermination des cinq milliards d'habitants du tiers-monde diminuerait la misère sur terre.

Nous voilà à présent face à *deux* questions : comment hiérarchiser les intérêts moraux que nous devons porter aux différentes espèces animales et singulièrement à l'espèce *toro bravo*? Quel «bien» devons-nous par là viser : celui de l'espèce ou celui des individus?

## *Domestiques ou sauvages?*

Il se trouve que les deux questions précédentes peuvent *à première vue* recevoir une réponse unique. Car, depuis toujours, les hommes ont noué deux grands types de relations avec les espèces animales : d'un côté il y a celles qu'on appelle «domestiques» (qui sont élevées par l'homme, c'est-à-dire sélectionnées, entretenues et même, le plus souvent, *créées* par l'homme), d'un autre côté les espèces dites «sauvages», c'est-à-dire vivant loin de la protection ou de la domination (mais non de la menace) des hommes. En conséquence de cette division, nous avons des devoirs vis-à-vis des *individus* domestiques et des *espèces* sauvages. En effet, nous ne pouvons ni ne devons nous soucier du sort de chaque crevette singulière qui peuple les bancs de krill, ni de la vie, de la survie, des conditions d'existence, ou du bien-être individuel des millions de milliards d'animaux sauvages appartenant aux millions d'espèces vivantes, mais nous devons nous abstenir, autant que faire se peut, de nuire à l'équilibre des espèces naturelles et nous efforcer de préserver la diversité des espèces animales, voire de sauver les «espèces menacées» – autant que faire se doit, c'est-à-dire à condition que ce devoir ne se heurte pas à d'autres, relevant de sphères morales plus élevées, que ce soit la préservation des espèces d'animaux domestiques ou, *a fortiori*, la survie ou les conditions d'existence des hommes, des sociétés, des groupes humains, actuels ou futurs. Autrement dit, à l'égard des espèces sauvages, nous devons avoir un comportement essentiellement *prudent*, et ce *pour nous-mêmes* (que ce soit l'humanité présente ou à venir) – comportement du même type que celui que nous devons avoir vis-à-vis de l'« environnement » en général : défendre les espèces menacées, laisser vivre celles qui ne sont ni menacées ni menaçantes, nous défendre contre celles qui sont menaçantes, ici la hyène, là le charançon.

Il n'en va pas de même vis-à-vis des espèces animales vivant à la fois *par* l'homme (c'est-à-dire dépendant plus ou moins des hommes pour vivre) et *pour* l'homme (c'est-à-dire rendant des services aux hommes), les deux relations étant liées l'une à l'autre : c'est parce qu'elles lui sont utiles que l'homme les a soumises et qu'il continue de les élever. Nous avons ici affaire à une relation quasi contractuelle, comme le remarquait déjà Épicure, ou Lucrèce, qui distingue les animaux

> « que leur utilité recommande à nos soins
> et qui subsistent donc remis à notre garde.
> Les chiens avec leur cœur fidèle
> et leur sommeil léger, comme aussi tout le genre
> des animaux de trait et des bêtes de somme
> et les troupeaux laineux et les races à cormes,
> tous ceux-là ont été, Memmius, confiés

> à l'humaine tutelle. Ils avaient en effet
> ardent désir de fuir les animaux féroces,
> d'avoir la paix, d'avoir abondante pâture
> oisivement gagnée, toutes choses que nous,
> nous leur donnons pour prix de leur utilité. »
>
> (Lucrèce, *De la nature* V, 860-871,
> trad. B. Pautrat)

Si les rapports moraux que nous avons entre hommes se fondent sur une sorte de relation « contractuelle » (le contrat consistant à ne pas se nuire mutuellement, et si possible à s'entraider), il faut reconnaître que nous entretenons une relation similaire à l'égard de certaines espèces, dites domestiques : notre sauvegarde et notre nourriture en échange de leurs services. Et les relations d'échange que nous avons avec l'*espèce* nous engagent à des relations de protection à l'égard des *individus* qui la composent.

On parviendrait à des conclusions similaires par d'autres voies. Une morale du sentiment ferait remarquer que la communauté de vie des animaux et des hommes crée des rapports d'affection réciproque (ce qui ne signifie pas symétrique), qui est une des formes de l'amitié : telle est bien, indiscutablement, la relation qui lie le maître à son chien ou à son chat, le paysan à son âne, le berger à ses moutons. Le sentiment rejoint ici la raison ou l'utilité : vis-à-vis des animaux domestiques, nous avons des devoirs.

C'est d'ailleurs ce que, de fait, reconnaissent la plupart des cultures humaines. Elles admettent un traitement différent à l'égard des animaux qui dépendent de nous (et dont réciproquement nous dépendons), et à l'égard des espèces qui vivent comme elles peuvent loin de nous (et dont certaines sont très nuisibles, d'autres indifférentes, d'autres plus ou moins « intéressantes »). Nous sommes tenus *pour nous-mêmes* à une attitude prudente à l'égard de toutes les espèces animales, qu'elles soient domestiques ou sauvages, mais nous nous sentons en outre tenus, *pour eux-mêmes*, à une série d'actions, d'abstentions ou d'attitudes (soin, protection, etc.) à l'égard des *individus* qui composent ces espèces. Cette distinction domestiques/sauvages est peut-être au fondement du droit antique, elle est en tout cas au fondement de la plupart des systèmes de droit moderne qui détermine le statut juridique des animaux. Vers le milieu du XIXe siècle, un grand nombre de pays européens se sont dotés d'un appareil juridique pour le définir. C'est le cas, en France, de la loi Grammont (votée le 2 juillet 1850) qui punit d'amende et de prison « ceux qui auront exercé publiquement et abusivement de mauvais traitements envers les animaux domestiques ». Alors que le droit antérieur ne reconnaissait que deux types d'êtres, les « personnes » (qui peuvent posséder, mais qui ne peuvent être possédées ni aliénées) et les « choses » (qui ne peuvent posséder mais peuvent être possédées), l'« animal domestique » devient un troisième être, ni personne ni chose : comme une chose, il peut être possédé (par son maître), mais, au contraire d'une chose, on ne peut le traiter à sa guise et on ne peut exercer sur lui de traitements cruels.

Or cette distinction domestiques/sauvages fut longtemps cruciale pour le statut juridique de la corrida, puisque la Société protectice des animaux (dont la section française date d'avril 1846) tenta, tout au long du XIXe siècle, de faire appliquer la loi Grammont aux corridas et que la légalité (et, sans doute aussi, la légitimité) de la corrida « à l'espagnole » en France dépendit longtemps de cette question : le « taureau de combat » est-il ou non un animal domestique ? Il fallut attendre l'arrêté du 16 février 1895 pour qu'il soit jugé que le taureau de combat était un animal domestique et que par conséquent la loi Grammont pouvait bien s'appliquer aux corridas. La Cour de cassation confirma, par arrêt du 13 juin 1932, l'arrêté de 1895 : « Le taureau subit la domination de l'homme, est sélectionné par lui, est élevé dans les pâturages clos et en fait reçoit sa nourriture de lui. » Quoique officiellement prohibée, la corrida fut cependant tolérée, moyennant amendes, dans les régions taurines, jusqu'au vote de la loi du 24 avril 1951 qui, ajoutant un alinéa à la loi Grammont, donna enfin un statut légal en France à la corrida de type espagnol (c'est-à-dire avec « mises à mort ») : « La présente loi n'est pas applicable aux courses de taureaux lorsqu'une tradition ininterrompue peut être invoquée. » Un décret de septembre 1959 ajouta l'épithète « locale » au mot « tradition ». Depuis 1951, les juges de fond, sous le contrôle de la Cour de cassation, se sont efforcés, dans une série d'arrêts, de préciser les termes de « tradition » (arrêt de la cour d'appel de Toulouse du 3 avril 2000) et « locale » (arrêt de la cour d'appel d'Agen, du 10 janvier 1996), tandis que le terme « ininterrompu » continue de faire l'objet de batailles juridiques [1].

1. Sur le statut juridique de la corrida en France, le livre de référence est *La corrida par le droit* d'Emmanuel de Monredon, Nîmes, UBTF,

Le taureau de combat est-il domestique ou sauvage ? La question a été finalement mise hors jeu par les juges. Ils avaient sans doute raison. Car toute distinction tranchée entre animaux domestiques et sauvages est contestable. C'est ce que prouve François Sigaut dans son bel article « Critique de la notion de domestication » (*L'Homme*, 108, oct.-déc. 1988, pp. 59-71). Parcourant la gamme extrêmement variée des relations des hommes et des bêtes, l'auteur montre qu'on peut les mesurer sur trois axes indépendants, qui ne peuvent être réduits à l'opposition simple du domestique et du sauvage : il y a l'axe *juridique* de l'appropriation, l'axe *éthologique* de la familiarisation et l'axe *anthropologique et social* de l'utilisation. Un animal peut être approprié sans être apprivoisé ni utilisé : voir les réserves de chasse d'animaux dits sauvages. Certaines utilisations par l'homme de l'animal, autres que la corrida, implique que la « sauvagerie », au sens d'une sorte d'hostilité naturelle de l'espèce à l'homme, « loin d'être un obstacle à l'utilisation de l'animal en est une condition nécessaire ». Par exemple, selon les auteurs de la fin du XVIIIe siècle, pour que les chats chassent efficacement les souris, il ne faut pas qu'ils deviennent des familiers de la maison. Autre exemple, la civette était autrefois élevée en

2001. Un précédent point avait été fait par P. Dupuy dans *Les Fanatiques du taureau*, Nîmes, 1972, où l'on trouvera notamment des extraits intéressants des débats à la Chambre et aux tribunaux. Plus accessibles, l'article « Droit français et tauromachie » de Philippe Teissier (*La Tauromachie, Histoire et dictionnaire*, sous la direction de R. Bérard, Paris, R. Laffont, coll. « Bouquins », 2003) et l'*Histoire de la corrida en France* de A. Lafront, Paris, Julliard, 1977.

Éthiopie pour son musc : « Mais la civette n'éjacule son musc qu'excitée par la colère, aussi est-ce en tourmentant l'animal qu'on obtenait son produit. » Aucun critère absolu ne permet de réduire les relations des hommes aux animaux à deux classes, les domestiques opposées aux sauvages. Même notre vocabulaire courant est plus raffiné : il y a les animaux commensaux et les animaux familiers, les domestiques et les domestiqués, les apprivoisés, les domptés, les dressés, les captifs, les confinés, les élevés, les acclimatés…

Quels que soient les mérites, en première approximation, du critère de la domestication, il s'avère donc trop imprécis pour pouvoir déterminer ceux des animaux auxquels nous devons des relations morales individualisées. Il est clair en tout cas que c'est la familiarité, plus que l'appropriation ou l'utilisation, qui nous attache aux bêtes par des rapports affectifs personnalisés (les animaux de compagnie, le chien de berger, le chat d'appartement, le mainate, le cheval de course, le chimpanzé apprivoisé des éthologues, le dauphin des parcs aquatiques, etc.), ou du moins personnalisables (les animaux vivant autour de la maisonnée, la basse-cour, l'âne de faix, le bœuf de trait, le mouton du troupeau, etc.). Ces relations individualisées déterminent des devoirs vis-à-vis des individus de ces espèces : devoirs d'assistance (soin, nourriture), de protection contre les prédateurs, de traitement convenable, etc. Il faudrait donc, selon le principe de différenciation, pouvoir être capable de déterminer, dans chaque cas, quel type singulier de rapport affectif s'établit entre un homme et un animal particulier. Quoi qu'il en soit, il est à la fois *nécessaire* de nous conduire d'une façon qui respecte la spécificité du rapport que nous entretenons avec les individus de telle ou telle espèce *familière* (et qui ne rompe pas ainsi le contrat moral qui nous lie à eux), et *impossible* de généraliser ces obligations et prohibitions morales à toutes les espèces animales, même domestiques au sens juridique d'« appropriées ». Plus concrètement, battre férocement son chien est moralement blâmable (autant que juridiquement condamnable) parce qu'il y a là rupture unilatérale du contrat moral de « soumission contre protection » entre un chien et son maître, dans leur vie commune, et en outre rupture et trahison des rapports d'affection qui en découlent. En revanche, il n'y a rien de condamnable en principe dans la chasse (qu'elle soit nourricière ou de loisir), dès lors qu'elle préserve les espèces et respecte les équilibres écosystémiques, parce que nous n'avons pas avec le gibier (qu'il soit ou non élevé dans des réserves) de relations individualisables qui nous engagent moralement ou affectivement : nous ne sommes pas liés avec les animaux chassés ou abattus par un contrat de réciprocité (critère contractualiste) ni par des rapports affectifs individuels (critère du sentiment moral), pas plus qu'ils n'en ont eux-mêmes avec toutes les *autres* espèces de prédateurs qui font partie, ni plus ni moins que l'espèce homme, de leur mode de vie.

Le principe de différenciation nous invite donc à distinguer deux types de devoirs vis-à-vis des animaux : ceux que nous avons à l'égard de la plupart des *espèces*, d'une part, ceux que nous avons à l'égard des animaux de certaines espèces *familières*, d'autre part. Le contenu de ces derniers devoirs est en grande partie déterminé *par la nature de cette relation* elle-même (soin et nourriture contre protection, etc.). C'est ce que nous pouvons appeler le *principe d'ajustement* : « Traite toujours l'animal *familier* sur un mode qui s'accorde avec les relations de réciprocité qui ont été nouées avec l'espèce dont il fait partie et avec les rapports affectifs qui en dérivent. »

## *Des relations des hommes aux taureaux et des devoirs qui s'en déduisent*

Comment devons-nous donc traiter le taureau de combat ? La corrida est-elle conforme au principe d'ajustement ?

Rappelons d'abord quelques faits. Le *toro bravo* est une variété de bovins bien différente de celle qui se trouve dans nos campagnes. C'est une espèce, ou si l'on préfère une race ou une variété (*bos taurus ibericus*), qui vivait à l'état sauvage dans plusieurs régions d'Espagne (Andalousie, Castille, Navarre) jusqu'au XVII<sup>e</sup> siècle, avant que la codification de la corrida moderne (à pied), au cours du XVIII<sup>e</sup> siècle, n'eût pour conséquence la naissance et le développement de grands élevages visant à sélectionner les produits les plus adaptés au combat de l'arène. L'évolution progressive de cette race a donc été déterminée par celle des courses de taureaux, exactement comme l'évolution de la race chevaline a dépendu de l'existence et du développement des courses de chevaux. Autrefois, la corrida était d'abord une démonstration de prouesses face à un fauve et se concentrait dans la pureté du geste de sa mise à mort : le taureau devait donc conserver toute sa sauvagerie primitive ; c'est elle que l'on tentait de sélectionner chez les reproducteurs mâle et femelle. La corrida s'est progressivement recentrée sur l'enchaînement audacieux de figures où l'animal est leurré avec astuce et élégance : on attend désormais avant tout de lui la constance et la franchise des attaques ; ce sont ces qualités que les éleveurs tentent de sélectionner en testant les vaches reproductrices. Le *toro bravo* n'existe en effet que pour et par la corrida. Les taureaux ne vivent que parce que, *dans le meilleur des cas*, ils sont destinés à mourir dans l'arène (voir *tienta* *) – ce qui est certes un argument suffisant en faveur de la corrida pour ceux qui se préoccupent avant tout de la survie de l'espèce, mais non pour ceux qui se scandalisent du fait qu'on élève des individus pendant des années à seule fin de les combattre et de les tuer.

Pour savoir si cette pratique est justifiée, non pas en général mais dans les conditions particulières de la corrida et à l'égard de cet animal particulier qu'est le taureau de combat, il faut en décider à l'aune de nos principes et donc savoir ce que le taureau est *par rapport à nous*, et ce qu'il est *en lui-même*. Il se trouve que les deux questions ont une même réponse, qui tient en un seul mot épineux : *bravura*.

L'espagnol (comme le portugais) dispose en effet d'un mot intraduisible qui est la clé du statut éthique de l'animal dans la corrida. C'est celui de *bravura*. Le taureau de combat est dit *toro bravo*. C'est d'abord la caractéristique zootechnique *générale* d'une espèce qui, par opposition à ses congénères, les *mansos** (par exemple les bovins élevés comme animaux de trait ou d'alimentation), est dotée d'une hostilité innée à l'égard de l'étranger et notamment de l'homme. Tel est le concept central qui définit le taureau de combat. C'est pourquoi cette notion de *bravura* permet de comprendre à la fois ce qu'est le taureau de combat pour nous (c'est un animal élevé par l'homme, paradoxalement pour être *bravo* à son égard) et ce qu'il est en lui-même (c'est un animal qui est par nature *bravo*).

Pour *ajuster* notre conduite aux taureaux de combat, il faut comprendre la relation de réciprocité « contractuelle » existant entre les hommes et les taureaux, ainsi que les rapports affectifs qui s'en déduisent. C'est là où l'on voit à la fois la force du critère juridique de la « domestication », avancé par la loi Grammont, et ses limites. Sa force est qu'il est d'essence « contractualiste ». Nous « devons » à qui nous « devons » : nous avons des *devoirs* vis-à-vis de qui nous avons des *dettes*. Sa faiblesse est qu'il confond des concepts distincts. En outre, il est particulièrement inadapté au taureau de combat, dit *toro bravo*.

Car le taureau est un animal dont l'homme s'est *approprié*, au moins depuis qu'il en existe des élevages. Par ailleurs, il sert une fin humaine et son « espèce » n'existe que parce qu'elle est *utilisée* par l'homme. Il est le fruit (par sélection et contrôle de la reproduction) le mieux adapté à cette fin ; et non seulement le *toro bravo* n'existerait pas s'il ne servait pas cette fin, mais ses caractéristiques morphologiques et éthologiques sont en grande partie le fruit de la volonté humaine. En ce double sens, il peut bien être dit « domestique » si l'on tient à ce mot. (Rappelons les quatre critères de la Cour de cassation : « Le taureau subit la domination de l'homme, est sélectionné par lui, est élevé dans les pâturages clos et en fait reçoit sa nourriture de lui ».) Le paradoxe est que cette *appropriation* et cette *utilisation* par l'homme supposent et impliquent qu'il soit élevé en préservant sa méfiance naturelle et en développant son agressivité native, c'est-à-dire son hostilité à l'homme. On a là une sorte de *familiarisation* singulière puisqu'elle est faite en vue du combat contre l'homme, et qu'elle n'a donc de sens que si elle contredit dans ses effets ses propres moyens. Il faut à la fois le rendre le plus « domestique » possible (au double sens de son appropriation et de son adaptation aux fins de l'homme) et le moins « domestique » possible » (le moins apprivoisé possible, et donc le plus rebelle à l'homme).

L'espèce « taureau de combat » n'est ni domestique ni sauvage : c'est un animal *bravo*. Pour les mêmes raisons, il échappe aux oppositions « familier/étranger » et « ami/ennemi ». Ni ami puisqu'il est combattu et mis à mort, ni ennemi puisqu'il ne doit pas être abattu ni exterminé : le taureau doit être combattu par qui accepte de s'exposer soi-même au plus grand danger ; et il est mis à mort selon les règles et des formes qui reposent sur le respect de son intégrité physique (les cornes, armes naturelles redoutables) et morale (il ne peut ni être excité ni diminué artificiellement). D'un côté, à l'instar de l'animal familier, c'est un être valorisé par le rapport singulier, presque égalitaire et surtout quasiment symétrique, que l'homme a avec lui (de combattant à combattant, comme on dirait «d'homme à homme»). D'un autre côté, à l'instar de l'animal malfaisant, sa nature doit être laissée étrangère à l'homme. Le taureau doit demeurer le plus opposé à l'homme pour qu'il puisse le combattre et être ainsi combattu par lui : car, si le taureau n'était pas un combattant *de* l'homme, il ne pourrait pas être un combattant *pour* l'homme. Pour un *toro*, on pourrait presque dire que le maximum de domestication (c'est-à-dire d'aptitude à servir les fins de l'homme qui lui confère le droit contractuel à en être l'*ami*), c'est en même temps le maximum de sauvagerie (c'est-à-dire d'aptitude instinctive au combat contre l'homme qui lui confère le statut d'*ennemi*). Ni domestique, ni sauvage, mais entretenu dans une sorte de sauvagerie domestiquée, ni familier, ni étranger, puisqu'il est aux portes de la maison, mais qu'il ne peut s'en approcher, ni ami puisqu'on le combat, ni ennemi puisqu'on se mesure à lui : c'est l'*adversaire*. Telle est la secrète ambiguïté de la personnalité du taureau dans la corrida (à la fois pire ami et meilleur ennemi de l'homme), qui révèle le double sens de l'éthique de la corrida (d'un côté lutte tragique à mort avec l'antagoniste, d'un autre côté duel ludique d'égal à égal avec le partenaire), et que révèlent les deux sens entre lesquels hésite le concept de *bravura* : entre la vertu surhumaine de la vaillance et l'instinct bestial de la sauvagerie brute.

Voilà en quoi le combat du taureau respecte ce qu'est le taureau *pour nous*. Il ne doit être traité ni comme un animal domestique, tel que l'homme l'a fait pour servir ses fins domestiques, auquel cas il ne devrait pas être combattu, ni comme un animal sauvage, auquel cas il pourrait bien être abattu ; mais il doit être traité comme un animal *bravo*, c'est-à-dire conformément à ce qu'il est pour l'homme qui l'a justement fait être tel, son meilleur et plus proche ennemi, son éternel adversaire. Le taureau est *bravo* à l'égard de l'homme parce que l'homme l'a voulu tel. La *bravura* est dans la *nature* du taureau ce que son *acculturation* par l'homme en a fait. Il y a donc bien des relations de réciprocité nouées avec le *toro bravo* et nous devons les respecter : le laisser vivre en paix, gardé par nous loin de nous, tenu près de nous dans la plus grande méfiance à notre égard.

Mais, pour respecter le principe d'ajustement, il ne suffit pas de traiter l'animal conformément aux relations de réciprocité qui ont éventuellement été établies avec l'espèce, il faut encore respecter le type d'affect qui découle de ces relations. Or, précisément parce qu'il est voué au combat et à la mort, le *toro bravo* est traité par l'homme, durant sa vie, durant son combat et après sa mort, d'une manière conforme à l'égard dû à l'adversaire. Incarnant le « vivant » par excellence puisqu'il vit *en vue de la mort*, il est digne de respect : sa vie doit avoir été libre, sa mort doit être digne. Elle est ritualisée selon la progression inexorable d'une cérémonie, obéissant au déroulement inexorable des trois tiers* du combat, et sa mise à mort est frontale, franche et rapide. La dignité intrinsèque de l'être-taureau se manifeste tant dans les discours que dans les pratiques.

Les discours qui entourent toutes les formes de tauromachie exaltent systématiquement le taureau. Dans toutes les civilisations où le taureau a été combattu et mis à mort de façon formalisée, il a été admiré, loué, célébré et plutôt chanté comme un dieu que traité comme une bête. On pourrait en trouver encore mille preuves aujourd'hui dans la littérature à thème taurin ou dans les comptes rendus tauromachiques, dans le lyrisme de la poésie taurine, populaire ou savante : le taureau, c'est, comme le disait un ouvrage jadis célèbre de Marie Mauron, un « dieu qui combat [1] ».

Mais si l'on s'en tient aux pratiques de la corrida, le respect dû au taureau y est inscrit aux quatre moments de sa geste : avant le combat, au cours du combat, au moment de la mort, après sa mort. Avant le combat, le taureau doit être « pur » (*limpio**). Sans doute, cette idée a un fondement technique : le taureau ne doit jamais avoir été affronté sous peine d'être devenu inapprochable puisque, à quelque moment de sa vie ou de son combat, il apprend progressivement à déjouer les leurres et se souvient de tout. C'est d'ailleurs la raison pour laquelle la « bravoure » des jeunes mâles ne peut jamais être « testée » (en une *tienta** ordinaire), mais seulement celle des futures mères : quelques minutes face à une cape ou une muleta dans leur enfance suffiraient à leur faire comprendre où et comment l'homme se tient derrière les leurres et à les rendre définitivement « intoréables », impossibles

1. Voir Marie Mauron, *Le taureau, ce dieu qui combat*, Paris, Albin Michel, 1949. Voir aussi la même image du dieu combattant, qui s'alimente évidemment aux plus vieux mythes occidentaux liés au taureau, chez M. Delgado-Ruiz, *De la muerte de un dios. La fiesta de los toros en el universo simbólico de la cultura popular*, Barcelona, Peninsula, 1984.

à tromper dans l'arène quelques années plus tard. Mais le taureau arrive « pur » au combat en un autre sens. Il ne doit pas avoir été « manipulé » ou affaibli. Il doit aussi être vierge. Cette exigence est sans doute motivée pour des raisons techniques (la reproduction est évidemment contrôlée à des fins de sélection), mais il s'y mêle, plus ou moins explicitement mais inévitablement, des connotations symboliques. Le taureau, au moment où il pénètre dans l'arène, est *intact* en tous les sens du terme. Tout se passe comme si l'animal, précisément parce qu'il était voué à la mort, devait jouir de la vie la plus pure possible.

Ce respect que l'on a vis-à-vis du taureau se manifeste dans le comportement que le torero doit avoir à son égard au cours du combat. Il est condamnable d'aveugler l'animal avec une cape, car il faut toujours *se* « laisser voir » et donc *le* laisser voir ; il est interdit de le faire cogner contre la barrière (art. 72-3 du Règlement taurin) – ce qui risquerait de diminuer ses facultés physiques. Est bannie toute action nuisible à la dignité de l'adversaire : lui tirer la queue par exemple (sauf lorsqu'un homme est en danger, ce qui est conforme à ce que nous avons appelé le principe de subordination). Est censuré comme déplacé par les publics avertis tout geste d'humiliation du taureau : le recouvrir d'un leurre, lui donner des coups de pied, le « citer* » par des coups de muleta, etc.

Au moment de la mort, ce respect que l'on doit au taureau devient presque sacré. La corrida repose, non pas sur l'exécution de la bête comme à l'abattoir, mais sur la pureté du geste de l'estocade qui doit être administrée le plus loyalement possible : de face, en se « laissant voir » (pour permettre à l'adversaire de charger et d'attraper sa proie au passage) et en plein centre de la cible, loin entre les cornes. L'homme prend ainsi le maximum de risques puisqu'il perd un instant de vue les cornes du taureau. Ce corps à corps où les deux corps se cherchent, ce face-à-face où s'affrontent leurs deux armes, la corne et l'épée, est appelé « mise à mort ». On pourrait dire aussi « don de la mort ».

Après la mort, enfin, la dépouille du taureau combatif est souvent acclamée. Parfois même, elle recueille un tour d'honneur au pas lent des mules, et la foule se lève et se découvre à son passage. Il arrive que son nom soit gravé dans la pierre, que les éphémérides gardent le souvenir de ses exploits. Preuves supplémentaires, s'il en était besoin, que le taureau de combat n'est pas pour l'homme une « chose ». Sa vie, sa geste, sa mort ont un sens. Elles ont une haute valeur éthique. Les taureaux de combat sont donc traités avant, pendant et après leur combat, conformément à ce qu'ils sont *pour l'homme* : avec l'égard que l'on doit à l'adversaire, avec l'admiration que l'on doit au *brave*.

## *De la nature des taureaux et des devoirs qui s'en déduisent*

Mais notre conduite à l'égard des animaux ne doit pas seulement être déterminée par la nature de nos relations, elle doit être aussi déterminée par leur propre nature. C'est ce qu'on peut appeler le *principe d'adaptation.* Même si nous avons le même type de relation avec le chien et le chat d'appartement (nous nous tenons compagnie mutuellement), nous ne devons pas pour autant traiter le chien et le chat de la même façon. Même si nous avons le même type de relation avec la poule et la vache (nous les nourrissons, ils nous nourrissent), ou avec l'antilope et le crocodile, nous ne pouvons ni ne devons les traiter de la même façon. Nous devons non seulement *ajuster* notre conduite à ce qu'ils sont pour nous, mais l'*adapter* à ce qu'ils sont en eux-mêmes : leurs besoins, leurs exigences, leurs tendances, etc. À ne pas les prendre pour ce qu'ils sont, le risque est de les réduire tous au même. Et au réductionnisme s'ajoute parfois l'écueil de l'anthropocentrisme : sous prétexte que les hommes préfèrent généralement l'indépendance et la liberté, attribuer cette préférence au chien qui, lui, a besoin d'un maître et se sent apaisé par une laisse ou un ordre; sous prétexte que les hommes aiment les marques d'affection et les caresses, attribuer cette préférence aux bébés phoques, qui en meurent, ou aux ours, qui s'en défendent avec vigueur. C'est d'ailleurs souvent des préférences très déterminées sur le plan culturel, historique ou idéologique qui sont attribuées aux animaux par leurs soi-disant «défenseurs»; ces préférences ne font que traduire les préjugés des animalistes sur ce qu'est l'homme et sur ce qu'il doit être : l'aversion de la monotonie (alors que la régularité est rassurante pour le vivant), le goût d'une vie paisible (alors que certaines espèces sont naturellement belliqueuses), en somme tout l'*éthos* des «droits de l'homme» se trouve projeté sur l'animal en général et sur tous les animaux en particulier, alors qu'il est clair que, selon leur nature, certains animaux « préfèrent » l'indépendance, d'autres la dépendance voire le sacrifice au groupe ou à la lignée, que certains répugnent au changement ou à l'aventure hors du territoire familier, que certains sont naturellement agressifs entre eux, d'autres seulement avec telles ou telles espèces, etc. Il est bien sûr inévitable que l'homme projette sur les animaux avec lesquels il noue des relations ses sentiments, ses aspirations, ses idéaux, ses fantasmes. C'est pourquoi le principe d'adaptation ne peut avoir de formulation que négative et une application modulée : « Traite l'animal familier sur un mode qui contrevienne le moins possible à sa nature. » Ce principe est crucial pour le statut éthique de l'animal dans la corrida. En effet : que sont les taureaux de combat, quelle est leur nature ? Quelle image de l'homme *positive ou négative* projette-t-on sur eux ?

Pour savoir si la corrida respecte le principe d'adaptation, il convient de déterminer *ce que sont* les taureaux de combat. Là encore, le concept de *bravura* peut nous servir de fil rouge. Il serait évidemment impossible de répondre de façon rigoureuse ou même pertinente à la question de la *nature* d'une espèce animale. On peut tout au plus décrire certaines de ses caractéristiques singulières. Un *toro bravo* est un animal naturellement méfiant, doté comme beaucoup d'animaux « sauvages » d'une sorte d'instinct de défense, chez lui particulièrement développé[1]

---

1. Les recherches du professeur Juan Carlos Illera del Portal, directeur du département de physiologie animale de la faculté vétérinaire de Madrid, tendent à rapporter cette exceptionnelle agressivité du taureau de combat, presque unique dans le monde animal, à ses caractéristiques de régulation hormonale : on observe en effet, dans

(et développé de plus en plus par la sélection à laquelle la race est soumise depuis plus de deux siècles), qui se manifeste dès la naissance et que l'on nomme *bravura* : le petit veau *bravo* se soutenant à peine sur ses pattes tente de donner des coups de cornes encore inexistantes vers qui l'approche. Par suite de cet instinct belliqueux qui se développe avec l'âge, les troupeaux de *toros bravos* sont très difficiles à approcher et à « manipuler ». Les taureaux peuvent se livrer entre eux à des combats acharnés pour la dominance du troupeau et s'infliger des blessures bien plus graves que celles du combat de l'arène. Mais surtout, dès qu'un animal, dans le champ, se trouve un tant soit peu isolé de ses congénères ou de son terrain habituel, ou dès qu'il sent qu'un étranger traverse, ou pourrait traverser, sa ligne de retraite vers son lieu familier (*querencia* *), il attaque l'intrus et peut le laisser pour mort. Cette action (ou réaction) de charge immédiate contre celui qui est potentiellement tenu pour « ennemi » dénote la *bravura* ; c'est elle qui est le support de toutes les tauromachies, qu'elle soit rituelle, ludique, athlétique ou artistique, que le combat soit pour l'homme cérémonie sacrificielle, geste d'éclat, défi au rival, spectacle festif organisé ou démonstration publique de force, de courage, d'adresse, d'astuce, etc.[1]. La corrida à l'espagnole est un peu tout cela. Parmi

---

cette « race », un développement singulier de la glande adrénale, une quantité remarquable de cellules productrices d'hormones et un niveau particulièrement élevé de sérotonine libérée par le taureau, dès son plus jeune âge, lorsqu'il se croit menacé.

1. Voir par exemple Ángel Álvarez, *Ritos y Juegos del toro*, trad. fr. de Henrique Sopena, *Le taureau, rites et jeux*, Portet-sur-Garonne,

des centaines de tauromachies[1], dont quelques dizaines sont vivantes[2], elle est une des formes comportant la mise à mort de l'adversaire. Mais toute tauromachie repose sur la *bravura*, la *furor* latine, qui se manifeste par l'attaque spontanée, immédiate, violente, répétée, du taureau sur sa proie, en particulier dès qu'il se trouve dans un espace clos dont le prototype est le rond de l'arène. Et toute l'éthique tauromachique consiste à permettre à cette charge violente du taureau, à cette force active, à cette « nature », de se manifester. La corrida ne consiste pas à abattre une bête. C'est tout le contraire. La corrida, comme son nom l'indique (*corrida* = course), consiste à *laisser le taureau courir*, attaquer, combattre. La corrida n'aurait ni intérêt, ni sens, ni valeur, si le taureau n'était pas supposé naturellement combatif. Affronter un animal désarmé, inoffensif

---

éd. Loubatières, 2003 ; Ramón Grande del Brío, *El Culto al toro, ritos y símbolos de la tauromaquia*, Madrid, ed. Tutor, 1999.

1. On en aura une idée par les travaux comparatistes de Frédéric Saumade, *Des sauvages en Occident. Les cultures tauromachiques en Camargue et en Andalousie*, Paris, MSH, 1994, et *Les tauromachies européennes. La forme et l'histoire, une approche anthropologique*, Paris, CTHS, 1998. Une exposition présentée au musée des Cultures taurines de Nîmes (20 mai-17 octobre 2004), intitulée « Rites éternels L'homme et le taureau dans le monde » (catalogue Nîmes, éditions Romain Pages et musée des Cultures taurines, 2004), permettait de juger l'extraordinaire variété des tauromachies vivantes et de quelques-unes des tauromachies disparues.

2. En France, quatre tauromachies sont vivantes : deux proprement françaises, la course camarguaise (dite « à la cocarde ») et la course landaise (sauts et écarts), et deux d'origine étrangère, la course espagnole (dite corrida), et la course portugaise (pratiquée à cheval), avec ses variantes andalouse (le *rejoneo*) ou proprement portugaise (avec ses groupes de *forcados*).

ou passif, ce serait de l'abattage. L'éthique « animalière » de la corrida consiste à permettre à la nature du taureau de s'exprimer. Doublement : dans sa vie, dans sa mort.

Pendant toute son existence, au champ, il est laissé *libre* pendant trois à cinq ans, dans d'immenses pâturages d'Andalousie, de Vieille Castille ou du *campo charro*, incomparablement plus vastes que ceux dont disposent toutes les espèces domestiques : il vit conformément à sa nature « sauvage », rebelle, insoumise, indocile, indomptable. Au moment de sa mort, il combat jusqu'à la mort, conformément à cette même nature : *brava*. (Certains diront peut-être : l'homme « veut » combattre, il choisit, l'animal est acculé au combat, il ne choisit pas. Mais la valeur du *choix* est une valeur d'homme, la faculté de « volonté » – s'il en est une – est une faculté humaine. Certes, le taureau « ne veut pas le combat » : mais ce n'est pas *combattre*, c'est *vouloir* qui serait contraire à sa nature.) Toute l'éthique du combat de l'arène consiste à permettre à la bravoure du taureau de se manifester. L'aficionado va certes aux arènes pour voir des toreros s'exprimer face aux taureaux, mais aussi, et souvent d'abord, pour voir des taureaux s'exprimer dans leur combat. S'exprimer, pour le torero, c'est une certaine façon d'être *immobile* face au taureau ; s'exprimer pour le taureau, c'est une certaine façon d'être *mobile* face à tout adversaire, congénère ou non. C'est courir pour attaquer, pour prendre, pour frapper. On va à la corrida voir du bon *toreo**, mais on y va aussi, d'abord, voir *courir* les taureaux. C'est à la pique, d'abord, épreuve par excellence de la bravoure, que le taureau doit pouvoir exprimer sa nature en attaquant de lui-même le picador sans être sollicité par des capes. Un des spectacles les plus sublimes est celui d'un taureau arrêté loin du picador immobile, fixant la masse indistincte du cavalier monté sur son cheval protégé, et s'élançant à l'assaut de cette forteresse pour la renverser : le torero attentif à la bravoure de son adversaire la fera briller le plus possible en éloignant à chaque nouvel assaut le taureau du cheval. C'est du moins ce qu'il doit faire dans les corridas-concours, qui sont avant tout des compétitions de bravoure entre taureaux. Elle se juge à la fixité de l'attaque, à la longueur et à l'accélération de la charge, à la puissance de la poussée de l'arrière-train, cornes baissées pour attaquer et non tête haute pour désarmer, aux ténacité et constance dans l'élan, à la répétition des charges dans le même terrain, etc. Mais le torero pourra aussi exhiber la bravoure du taureau au moment du duel final à la muleta : faire charger le taureau de loin, le laisser accélérer son attaque, lui donner du champ, de la course, pour lui permettre de dire tout ce qu'il a à dire ; et ce qu'a à dire le taureau *bravo*, c'est quelque chose comme : « Je défendrai mon terrain, toute l'arène est mienne, toute la piste m'appartient, tout l'espace m'est vital, je chasserai tout étranger qui le foule, j'attraperai quiconque s'y aventure, je t'expulserai qui que tu sois, je reviendrai sur toi pour te frapper, et encore, et encore... » Telle est la voix du taureau *bravo*, telle que la fait entendre le torero loyal.

Certains toreros « étouffent la charge » (c'est-à-dire la nature même) de leur adversaire : ils se plantent à la pointe des cornes, taureau quasiment arrêté, déconfit, et ils veulent briller à son détriment, en s'exposant au péril d'un sursaut imprévisible. Mais le péril ne fait pas forcément la vertu. À vaincre sans respect, on triomphe sans gloire. Le respect envers le taureau consiste à le laisser dire – et faire. Et lorsqu'il se trouve qu'un torero, sans génie particulier, se contente d'incarner, avec un courage hors du commun, ce *respect* de la nature de son adversaire, il devient pour un temps le demi-dieu de l'arène et le héraut de la tauromachie éternelle : c'est ce qui est arrivé à César Rincón au début des années 1990. Avec lui, c'était simple comme un manuel de tauromachie et moral comme une fable. La distribution des rôles était parfaite, l'idéal que chacun décrivait sans l'avoir jamais vu, la réalité telle qu'on la rêve. Le torero, petit homme immobile et fragile, attendant les assauts d'un taureau lancé de trente mètres. Chacun sa place, chacun son rôle, aux deux pôles de l'arène et du monde. Chacun exprimant sa propre nature et permettant à celle de l'autre de s'exprimer. L'humanité contre la tauréité. *Homo sapiens* vulnérable mais serein face à la force vaine de *bos taurus ibericus*. Nature lucide contre nature aveugle. *Homo* ne triomphait pas toujours : il laissait parfois voir à un frémissement d'étoffe qu'il avait perdu le contrôle de la charge, parfois il trahissait son humanité d'un retrait de la jambe. Mais il repartait obstinément faire son travail, moralement exemplaire, de montreur de taureaux. (On se souvient par exemple de son combat immense et incertain face à l'intrépide « Bastonito » de Baltasar Iban, Madrid, 1993.) Son héroïsme, c'était d'abord celui dont il permettait à son adversaire de se revêtir. César, les gens l'*aimaient*. Les foules d'êtres humains qui peuplaient les gradins y voyaient comme un prêtre de la probité taurine, l'image d'une humanité généreuse qu'elles auraient aimé trouver en elles-mêmes, toujours prête à donner ce qu'elle n'a pas. Et ce qu'il n'avait pas, c'était ce qu'il dévoilait du taureau : sa nature enfin libre. On soupçonne les troupeaux qui peuplent les paysages andalous d'avoir vu en lui le messie attendu et d'en avoir fait leur héros.

Comparons cette idée (ou cette vision) de la nature du taureau dans cette éthique de la corrida, à l'idée (ou à la vision) de la nature de l'animal dans l'éthique animaliste.

Pour l'éthique animaliste, ce qui compte, c'est de *ne pas souffrir*. L'animal a des droits, il a le droit qu'on ne le fasse pas souffrir. L'Animal existe : c'est l'être essentiellement, quoique potentiellement, souffrant. Cette conception est souvent l'envers d'une vision misérabiliste de l'humanité. L'Homme est potentiellement le même partout, c'est une créature souffrante. C'est pour cela qu'il a des droits. C'est pour cela que l'Animal aussi. Autrui, qu'il soit un animal (sentant) ou un homme (sentant), est un être souffrant – au double sens de la douleur et de la passivité – parce que la valeur la plus haute de la vie consiste à ne pas souffrir. L'animal ne *fait* rien, il n'agit pas, il éprouve. L'homme aussi.) Combattre, par exemple (combattre pour défendre telle ou telle cause, ou au nom de telle ou telle valeur, la liberté, par exemple), ne peut pas être une *raison* de vivre ; ce ne peut être qu'une *cause* de souffrance. Ainsi : mieux vaut une longue vie enchaînée de bœuf de labour qui s'achève passivement sans douleur à l'abattoir, qu'une vie libre de taureau qui se conclut en vingt minutes de combat vaillant. Mettre sa vie en jeu ne peut pas avoir de valeur, mépriser le danger et la souffrance ne peut pas avoir de sens. Car, si cela avait un sens pour l'homme, ce serait *imaginable* pour un animal. Il n'y a pas d'idéal, pas de vertu, pas d'excellence, il n'y a pas de devoir ni de valeur qui mérite qu'on lui sacrifie quoi que ce soit, il n'y a pas de valeur morale en dehors de l'expérience individuelle, présente et immédiate, mesurée au couple plaisir/douleur.

Par opposition à cette éthique animaliste de la souffrance, l'éthique de la corrida voit dans la *bravura* (l'instinct de combat), vertu active, la définition de la nature du taureau. On dira que, ce faisant, l'éthique de la corrida se porte sur l'espèce (le *toro bravo*), qui plus est une espèce pourvue – à son corps défendant ! – de vertus plus ou moins mythologiques (on sait assez de quels symboles, très variés, le taureau sauvage est porteur dans de nombreuses civilisations), et qu'elle ne se préoccupe pas des qualités individuelles (ce taureau-ci, souffrant, au milieu de l'arène). Elle traite donc le taureau comme un animal étranger et non comme l'animal « plus ou moins familier » qu'il est – et donc individualisable selon le principe de différenciation. Il est trop facile, dira-t-on, de faire de la corrida un combat ritualisé entre l'Homme et le Taureau. Ce qui est au centre de l'arène, ce n'est pas le *Toro Bravo* en général, la créature vaguement légendaire, c'est toujours un animal particulier, de chair et de sang.

C'est vrai. Mais justement, l'éthique de la corrida est individualisée. C'est l'art, la peinture, la gravure, la littérature, le mythe qui ont exalté le Taureau abstrait, symbole de la *bravura*. La corrida réelle, elle, n'a affaire qu'à des individus. Et c'est vrai qu'on connaît la lignée, la provenance, la date de naissance, le nom de chaque taureau. Chacun a son nom propre, sa personnalité, et c'est ce qui fait tout l'intérêt de son combat unique. C'est toujours un comportement singulier qu'il s'agit d'admirer, d'apprécier, de comprendre (tant pour le torero que pour le spectateur), si possible de prévoir. L'aficionado ou le torero, s'il se souvient de ses meilleures *faenas**, se rappelle toujours les plus grands taureaux qu'il a vus combattre ou qu'il a combattus et qui furent honorés d'un tour de piste posthume : c'est « Guerrerito » de La Corte, qui resta treize minutes à la pique sans vouloir lâcher prise (Bilbao, 28/8/1972), c'est « Inoportuno » de Miura, qui mourut en héros sous un orage démentiel (Pampelune, 14/07/1973), c'est « Mediaonza » de Victorino Martin, qui permit à son élevage d'entrer avec honneur dans le temple de la bravoure (Bilbao, 19/08/1975), c'est « Buenasuerte » de Torrestrella à l'intrépidité inlassable (Madrid, 14/05/1979), c'est « Trompetillo » de Maria-Luisa Dominguez Perez de Vargas, qui chargeait de trente mètres avec une énergie et une classe inouïes (Nîmes, 27/09/1986), c'est « Chivito » de Pablo-Romero, un des fauves les plus sauvages et les plus puissants de ces cinquante dernières années (Pampelune, 11/07/1987), c'est « Jordano » de Murube, qui gagna haut la main la première corrida-concours de Mont-de-Marsan (21/07/1987), c'est « Gravato » de Palha, dont la bravoure approcha celle du taureau idéal (Nîmes, 18/05/1997), c'est « Jarabito » de Zalduendo, à la noblessse exceptionnelle (Séville, 20/04/1999), c'est « Descarado » de

Victoriano del Rio, qui fut gracié pour sa droiture infatigable (Nîmes, 1/06/2001), c'est « Harinero » de Fuente Ymbro, obnubilé par la muleta et qui fut aussi gracié (Valencia, 18/03/2006), etc.

C'est bien cet être singulier qui a une valeur éthique, c'est lui qu'on respecte pour son combat et jusque dans sa mort. Voilà qui est conforme au principe de différenciation : *respecter individuellement les animaux familiers.* Mais, ni vraiment familier ni tout à fait étranger, ce n'est ni au taureau individuellement ni au taureau en général qu'est accordé le statut éthique. Ou plutôt c'est à la fois, et suprêmement, à l'un et à l'autre. En chaque taureau doit se manifester le Taureau. Telle est la force du concept de *bravura.* Le taureau, toujours *bravo* par définition, est parfois *bravo* par idiosyncrasie. Ils sont tous *combattants*, mais chacun est plus ou moins *combatif.* C'est une qualité infiniment variable selon les individus, une sorte de « disposition comportementale » présente à des degrés divers chez tous les *toros bravos* et réalisée à son plus haut degré chez certains individus d'exception. C'est là que le concept de *bravura* devient normatif – telle en est sa richesse. Car le mot, outre son double sens descriptif, permettant de caractériser la relation de certaines espèces à l'homme (*ser bravo*, c'est être « sauvage » ou « indompté », par opposition à *manso*, « domestique, apprivoisé ») ou de caractériser certains comportements individuels (*estar bravo*, c'est être « furieux, en colère »), se charge évidemment, dans le cas du taureau de combat, de connotations morales, plus ou moins anthropomorphiques : brave, vaillant, intrépide, etc. L'appréciation portée sur chaque taureau sera proportionnée à la manière dont il réalise en lui l'essence même de son espèce ou de sa race. Il sera dit *bravo*, *bravito*, *bravucón*, ou au contraire *manso**, *manso perdido*, *mansurrón*, etc. Le vrai taureau, le bon taureau, le « *toro toro* » comme on dit, c'est le *toro* qui, exceptionnellement, est conforme à ce qu'il doit être, c'est-à-dire *bravo*, autrement dit *adéquat à sa propre nature*. De même que seuls certains toreros réussissent à être ce qu'ils sont (« ça, c'est un torero ! ») lorsqu'ils réalisent dans leurs actes leurs vertus de toreros, de même seuls certains taureaux *bravos* sont conformes à ce qu'ils sont : *bravos*. On dit parfois : « Ça, c'est un homme!» Ainsi en va-t-il de la *bravura*. C'est la vertu par laquelle le taureau est supposé conforme à sa propre nature inscrite en lui. C'est en quelque sorte la « tauréité » du *toro*. Est dit *bravo*, en ce dernier sens, un taureau doté de la même « excellence » que son opposant, le torero, doté, lui, de *valor*, de courage. La *bravura* est le symétrique pour le *toro* du courage pour l'homme. Ce n'est pas seulement sa « tauréité » qu'il démontre en étant *bravo*, c'est aussi en quelque sorte sa « virilité » de *macho* – s'il est vrai que ce sens du « courage » (l'*andreia* grecque) désigne la vertu, plus proprement masculine, du combattant. Cela implique que le taureau a à être, dans le combat et par le combat, ce qu'il est par nature. L'éthique de la corrida exige corrélativement de l'homme (le torero) la même chose : être conforme à son « office ». Or, pour le taureau, cet « office » est donné par sa nature : la *bravoure*. Et elle se réalise dans des actes. Mieux : dans une *activité*, celle du combat. Ce n'est pas une morale de l'action, qui dépendrait de normes externes (ces actions sont-elles bonnes ou mauvaises?), *c'est une éthique de l'activité* qui ne connaît que des normes internes : quelle nature réalise-t-elle? quelle puissance actualise-t-elle? quelle vertu dénote-t-elle?

On en aura une preuve dans le fait que la *bravura* se range naturellement aux côtés de deux autres vertus pour constituer la trilogie des vertus cardinales du taureau de combat : la *bravura*, la *nobleza* et la puissance. La *bravura* est tenue pour la vertu offensive, le propre de l'attaquant, la faculté de charge. La *nobleza* lui est subordonnée. Techniquement, elle qualifie la rectitude de la charge. Mais moralement elle connote la franchise, la sincérité et pour tout dire la droiture de la charge. Claude Popelin, analyste rigoureux et grand théoricien de la corrida, pourtant peu suspect d'apologie de la vertu de « noblesse » du taureau, va même jusqu'à écrire que le « summum de la noblesse pour un taureau est de ne pas reprendre au sol un torero qu'il a renversé » (*La Tauromachie*, Paris, Seuil, art. « Noble », p. 162). Qui oserait prétendre que ce n'est pas de la loyauté? Comme on voit, à la *bravura* du taureau répond le courage de l'homme et à la loyauté de l'homme correspond la « noblesse » du taureau. Mais à ces deux vertus qui définissent le taureau doit se mêler une troisième qualité : la puissance. La puissance, chez le taureau, c'est la résistance physique, l'endurance au combat et le caractère inlassable de la charge. La puissance, chez l'homme (le torero), c'est la puissance de sa ruse et l'empire sur soi : à la violence mobile et furieuse du taureau doit répondre la force calme et hiératique de l'homme. La puissance, chez le taureau comme chez l'homme, ce sont deux incarnations opposées de la vertu des combattants, capables à tout instant d'occuper l'espace pour s'imposer à l'adversaire. Bravoure, noblesse, puissance. Trilogie des vertus du *toro bravo* et *par voie de conséquence* du torero : miroir des vertus, comme dans toute *éthique héroïque*. Car l'homme (le torero) ne peut se revêtir de ces vertus héroïques que parce qu'il affronte un être qui en est naturellement porteur. Vertus du torero sans doute ; mais d'abord du taureau. Car ces trois qualités, la puissance physique, la bravoure au combat et la noblesse vis-à-vis de l'adversaire, sont de celles que l'on reconnaissait aux chevaliers. Preuve que le taureau n'est, affectivement, ni une personne, ni un animal, ni une chose ; c'est un être *bravo*, capable au combat des exploits individuels les plus rares et les plus singuliers, qui lui valent d'être acclamé par les foules et de recueillir tous les honneurs pour sa mort glorieuse. Le *toro bravo* est pour l'homme moins qu'un homme, mais il est presque un dieu : c'est un héros…

Dès lors, comparons deux manières de voir le taureau dans l'arène. Celle du « défenseur des animaux » et celle de l'admirateur des taureaux. Lorsque l'animaliste voit (ou plutôt imagine) une corrida, il voit un animal souffrant, il assiste à un drame pathétique : des hommes s'amusent en martyrisant un être sensible. Il éprouve pour lui de la pitié. La pitié suppose deux processus : une identification à un être, et la représentation de cet être comme étant un être essentiellement souffrant, comme on l'est soi-même, si l'on se sent tel. Au contraire, lorsque l'*aficionado* assiste à une corrida, il voit un taureau qui combat. Le taureau n'est pas pour lui un être naturellement souffrant, mais un être naturellement combattant. À son égard l'*aficionado* ressent de l'admiration et le torero du respect ; dans les deux cas, c'est le sentiment qu'on a à l'égard de celui qui combat au mépris du danger et *même de sa propre souffrance*, qui met sa liberté au-dessus de son existence, et la valeur de sa vie au-dessus de sa vie même. Cette admiration (ou ce respect) suppose aussi deux processus : là encore une identification, c'est indéniable ; mais cette identification se porte à un être qui est essentiellement valeureux, comme on est soi-même si l'on est torero, comme on aimerait être si on est *aficionado*. Ce n'est pas qu'ils soient indifférents à la souffrance du taureau de combat. C'est qu'ils attribuent au taureau dans le combat cette indifférence à sa propre souffrance. Mieux : cette insensibilité du taureau est la condition de possibilité de son combat.

On croit parfois que le torero, ou l'amateur de corrida, est un être insensible au taureau. C'est tout le contraire : il est au contraire particulièrement sensible au *drame* du taureau ; et, s'il ne le vit pas sur le mode de la *compassion*, c'est que ce drame n'est pas pour lui une « passion », la représentation pathétique d'une catastrophe, mais une *action* tragique, dont le taureau est un des héros parce qu'il en est le premier *acteur*. Il faut répéter que l'éthique de la corrida fait du taureau non une victime passive, mais l'être *actif* par excellence – même s'il finit vaincu (n'est-ce pas la vie même ?). La sensibilité au combat du taureau est donc plutôt « co-active » que « compatissante ». On croit parfois que le torero ou l'amateur de corrida est cruel, incapable de pitié. Il n'y en a guère pourtant qui supporteraient le spectacle d'un chien souffrant ou d'un âne battu. C'est que les mécanismes d'identification sont toujours complexes, et ils le sont tout autant, évidemment, pour les amis des taureaux que pour les défenseurs des animaux : eux-mêmes compatissent-ils autant à la souffrance du loup affamé qu'à celle de l'agneau menacé ?

À propos de cette « souffrance » du taureau pendant les vingt minutes du combat, qui est devenue le point d'attaque principal contre la corrida, il faut ici ébaucher une remarque rapide. Imaginer « l'animal » comme un être simplement « sentant », faire de la douleur le mal *naturel* absolu et de la réduction de toute douleur l'idéal éthique commandé par la nature, ce serait condamner l'être naturel *à mort*. C'est ce que remarque Callicott : « Dans le monde animal la souffrance joue un rôle important parce que fonctionnel : elle avertit des dangers, elle peut être un élément de sélection des qualités individuelles, etc. ; l'éradication de la souffrance serait la disparition du monde sauvage » (cité par Catherine Larrère, *Les Philosophies de l'environnement*, PUF, p. 56). Autrement dit, si l'être vivant n'était pas d'abord un être qui peut se battre pour vivre avant d'être un être qui évite à tout prix la douleur, il ne serait tout simplement pas vivant. La vie est, pour le vivant, un *acte* avant d'être un état. Concrètement, cela signifie que, quelles que soient les blessures du taureau pendant la corrida – blessures comparables à celles qu'il pourrait s'infliger en luttant contre tout être vivant, congénère ou non –, ce ne sont pas des tortures infligées à un être passif, attaché et désarmé, comme celles dont souffre l'animal de laboratoire, ce sont des coups reçus dans l'action, en s'efforçant de les rendre, ce sont des effets du combat pour la vie. (Il n'y a pas de raison de distinguer entre le combat des animaux entre eux, qui serait « moral », et celui des animaux et des hommes, qui serait « immoral », puisque les animaux, même évolués, n'ont pas d'appréhension différenciée des espèces, comme les éthologues s'accordent à le penser.) En outre, on sait que, pour un vivant, des blessures du combat ne sont pas ressenties psychologiquement, ni même physiquement, comme des « souffrances » : le soldat – ou le torero ! – « oublie » ses blessures dans l'ardeur du combat, elles ne sont pas éprouvées comme simples douleurs, elles sont absorbées par l'action et transformées en actes justement. C'est ce que confirment les données physiologiques. Ainsi, les mesures hormonales, menées par l'équipe du professeur Juan-Carlos Illera, de l'Université de Madrid, démontrent que la « race » du taureau de combat possède une faculté exceptionnelle, supérieure à celle de toute autre espèce animale, d'anesthésier sa souffrance grâce au combat. En mesurant chez plusieurs centaines de taureaux les sécrétions d'hormones hypophysaires et adrénales, qui sont les marqueurs du *stress*, il a montré que le niveau de souffrance due au stress est trois fois plus élevé durant le transport en camion, ou même au moment de sa sortie dans l'arène, qu'au cours du combat. Mieux encore : le niveau de production de ces hormones revient à la normale au bout de quelques minutes d'assauts divers, et notamment au cours des piques, comme si celles-ci avaient pour effet d'apaiser son malaise en lui permettant d'exprimer son agressivité. En outre, le taureau libère, pendant son combat, une quantité exceptionnelle de beta-endorphines qui ont pour effet de bloquer les récepteurs de la douleur, en sorte que le combat provoque en lui une sorte d'excitation jouissive qui compense la souffrance – ce qui est impossible dans toute situation où le taureau se sent captif. Tout se passe donc comme si la nature du *toro bravo* – « nature » elle-même co-produite au cours des siècles par la « culture » taurine humaine – était adaptée au combat – et singulièrement à celui de l'arène. Il est vrai que la corrida elle-même s'est édifiée sur cette nature, à laquelle elle s'est en un sens adaptée mais qu'elle a aussi contribué à façonner. Le *toro bravo* est fait pour la corrida et celle-ci est faite pour le *toro bravo*.

On dira que cette « défense de l'éthique de la corrida », au nom de *ce qu'est* « par nature » le taureau (un vivant qui combat et non un animal souffrant) et donc au nom de ce qu'il *fait*, est une justification *ad hoc*, qu'elle n'est qu'une reconstitution théorique *a posteriori* ; que, en réalité, c'est-à-dire hors des discours justificatifs, la corrida n'est qu'un spectacle cruel qui dénie toute valeur à l'animal et le réduit à un jouet négligeable. Tel n'est pas le cas. Car ce statut éthique de l'animal dans la corrida ne se déduit pas seulement des représentations ou des discours, mais des pratiques mêmes et de leurs normes. Elle est inscrite dans les règles du combat.

Considérons par exemple les règles gouvernant l'exécution de la pique, puisque c'est elle, plus encore que la mise à mort, qui est mise en accusation par les « animalistes ». Ces règles ont toutes pour principe que le taureau doit aller à la pique et y retourner spontanément, de lui-même, c'est-à-dire en attaquant de lui-même son adversaire. La pique est moins une blessure infligée au taureau que l'épreuve de sa *bravura*. Et surtout celle-ci doit toujours pouvoir être tenue pour la cause de celle-là. Le picador doit ainsi se tenir à la périphérie du rond et doit attendre, à distance réglementée (trois mètres), que le taureau le charge. Car un taureau *bravo* attaque sans se sentir menacé, c'est-à-dire sans qu'on pénètre sur son terrain, sans qu'on foule sa ligne de retraite. Le picador doit en outre se situer à « *contre querencia** », c'est-à-dire à l'opposé de la porte du toril (art. 73-1 du Règlement taurin) d'où le taureau est sorti et qui pourrait constituer pour lui un point d'attache ou un refuge instinctif. Le taureau doit charger en s'éloignant de son propre « terrain » naturel et en tentant de renverser le picador, non pour chercher à s'en dégager mais pour l'abattre, en sorte que plus le taureau « veut » combattre, plus il se blesse. Mais, à tout moment, il doit pouvoir s'échapper de la pique s'il « préfère » la fuite au combat (voir art. 73-4 : il est interdit de fermer la sortie du taureau). Autrement dit, l'exécution de la pique a pour principe que la blessure que l'animal s'inflige soit l'effet de son propre instinct offensif, de sa propre *bravura*. Elle repose donc sur l'idée que l'animal qui combat, en tant qu'il est un animal *bravo*, met la valeur de son combat au-dessus de sa propre souffrance[1] : c'est justement ce qui le définit comme *bravo*. Les règles du combat sont faites pour le taureau, qui lui-même est fait pour ces règles. Il y a là un double mécanisme adaptatif, assez fréquent dans l'histoire de l'évolution. Les règles de la corrida se sont progressivement construites (au cours de ces deux derniers siècles) sur les singularités de la « bravoure » du taureau de combat, dont la physiologie s'est elle-même progressivement modelée (par suite de la sélection opérée par les éleveurs) sur les pratiques de la corrida.

On dira que toute cette argumentation, explicitée par les discours et implicite dans les pratiques, n'est pas exempte de connotations anthropomorphiques. C'est

1. Là encore, ces règles traditionnelles de la corrida trouvent une étonnante confirmation dans la physiologie du taureau de combat que décrivent les travaux vétérinaires les plus récents de J.-C. Illera, ou de certains de ses doctorants comme Ramón Esteban Gavín (thèse de doctorat : *Influencia de la lidia en los perfiles hormonales plasmáticos en ganado bravo*, Madrid, 2003). Le taureau de combat est un animal absolument singulier, le seul du règne animal à retourner immédiatement vers le lieu (la pique) ou vers l'ennemi (le cheval du picador) qui lui a infligé de la douleur et qu'il n'a pu abattre. Cela semble dû à son système hormonal unique. La pique et les banderilles, montre-t-on actuellement, provoquent une double réaction physiologique chez le taureau : d'un côté, elles le stressent, et d'un autre côté, elles causent une douleur à laquelle il réagit immédiatement par une libération de beta-endorphines, en sorte qu'il retourne au combat. Ainsi, au contraire de ce qu'un « bon sens compassionnel » pourrait faire croire, un taureau de combat éprouve plus de souffrance (due au stress) dans ces formes de « jeux » taurins « non cruels », sans piques ou banderilles, que dans une tauromachie de vrai combat, comme celui auquel il peut se livrer naturellement avec ses congénères et auquel son système hormonal semble parfaitement adapté.

possible. Il y a, dans toute éthique, même «animalière», une vision de ce qu'est l'homme et de ce qui fait sa valeur. Sans une idée de l'homme, ce ne serait plus une *éthique*, ce serait au mieux une *éthologie*. Tout le problème est de savoir quelle idée de ce que doit être l'homme s'affirme derrière l'image qu'on se fait de l'animal, du moins de celui qu'on juge digne d'être un support de valeurs. Le torero, ou *l'aficionado*, traite les moustiques comme des moustiques, non comme des « vivants » ni comme des animaux en général. Il ne traite pas son chien comme un «être souffrant» ni comme un animal : il traite son chien, animal familier, comme un animal familier, et il le traite comme il le doit, c'est-à-dire conformément à ce qu'il est par nature et à ce qu'il est pour lui, conformément à sa nature d'animal de la maison et aux relations d'affection réciproques qui les lient l'un à l'autre. De même, il traite le taureau de combat conformément à sa propre nature et à ce qu'il est pour l'homme, c'est-à-dire conformément à sa nature d'animal qui combat et aux relations de respect qu'on a vis-à-vis de celui qu'on affronte comme un égal. L'éthique tauromachique est donc la suivante : on respecte la *propre* nature du *toro* en le combattant, puisque c'est un animal de combat (*toro bravo*) ; et dans la manière de le combattre, on respecte aussi les relations affectives singulières d'amitié/inimitié que l'homme a avec lui. C'est une éthique dont le principe général est le suivant : pour chaque être, son *bien* suprême n'est pas simplement un état passif (le plaisir, voire l'absence de douleur). Le souverain bien réside dans une *activité* par laquelle chaque être actualise ses potentialités, par laquelle il réalise activement sa propre essence. Le taureau réalise son plus grand bien en vivant librement et en mourant au combat : il réalise ainsi toute sa nature.

Toute l'éthique de la corrida repose ainsi sur ce seul concept : celui de *bravura*. Le taureau de combat, le *toro bravo*, n'est ni une chose ni une personne, ni un animal domestique ni un animal sauvage, ni un ami de l'homme ni un ennemi, c'est un être essentiellement *bravo*. La *bravura* est la seule justification de la corrida et sa plus grande gloire. Il n'y a pas d'autre fondement qui en détermine les règles, que ce soit au sens de ses conditions de possibilité (sans *bravura*, pas de charge du taureau, et donc pas de corrida), au sens de sa réglementation (voir la pique et la mise à mort), ou au sens de sa valeur morale : dans le combat, l'animal est adéquat à sa propre nature. La bravoure du taureau, création en grande partie humaine, détermine un mode de relation singulier à l'homme : le taureau est approprié par lui sans être apprivoisé par lui, il est élevé et sélectionné par l'homme pour lui être rebelle. Mais la *bravura* n'est pas seulement un mode de relation à l'homme, c'est aussi un mode d'« être animal », une certaine manière de vivre en combattant, qui se manifeste selon les degrés d'une vertu variable, la combativité. Cette *bravura* du taureau est la preuve que le sort que lui fait la corrida est conforme aux principes d'ajustement et d'adaptation : le taureau doit vivre souverainement aux champs en toute indépendance puisqu'il est *bravo*, mais, *bravo*, il peut mourir dans le champ clos de l'arène en combattant l'étranger qui lui dispute cette souveraineté.

On voit ce qu'est cette éthique de la bravoure. Elle est aux antipodes des morales des « droits subjectifs » comme des morales compassionnelles. Elle ne se fonde pas sur le concept « attrape-tout » d'animal, ni sur l'opposition simpliste des « personnes » et des « choses », abandonnée même par le droit. C'est une éthique fondée sur la variété des affects et adaptée aux différences spécifiques, donc *nuancée*. C'est une éthique de la vertu, donc de l'*être*. C'est une éthique héroïque, donc de l'*excellence*. C'est une éthique de l'office, donc de l'*activité*.

Il faut donc se rendre à l'évidence : la corrida respecte les principes généraux qui doivent guider nos conduites vis-à-vis des autres espèces. Mieux encore : il faut constater que c'est de l'éthique même de la corrida que ces principes peuvent se déduire. On cherchait à juger de la corrida à l'aune de la morale. On a pu juger de la morale à l'aune de la corrida. La corrida n'est pas seulement « morale » au sens où elle ne serait n'est pas « immorale ». Elle est une morale. En nous enseignant qu'il faut subordonner le respect dû à la vie du taureau à celui dû à la vie de l'homme, mais aussi qu'il faut respecter ce qu'est le taureau pour nous – l'adversaire – et ce qu'il est par nature – il est libre et rebelle –, la corrida nous montre comment nous devrions traiter toutes les autres espèces.

N'avons-nous fait là que rationaliser une passion ? Peut-être. Toutefois… Qui pourrait nier que l'humanité ait besoin de l'animalité dans toute sa diversité ? Abolir la corrida au nom d'un prétendu « progrès moral », se priver des taureaux de combat et les envoyer, une fois pour toutes, à l'abattoir, ne voir dans les bovidés que des promesses de *rosbeefs* ou de *reeboks*, ne serait-ce pas aussi se priver d'une part non négligeable des représentations animalières qui peuplent les mythes et les rêves des hommes, ne serait-ce pas aussi appauvrir irréversiblement notre éthique ? Et qui pourrait nier que le taureau de combat, sans exprimer *la* morale absolue (il n'y en a pas), est porteur d'une éthique, qui se résume au slogan de la Pasionaria : « Mieux vaut mourir debout que vivre à genoux » ? Même si cette éthique n'est plus de mise à l'heure du triomphe uniforme du moralisme compassionnel et du « avant tout zéro mort ! », ne mérite-t-elle pas de subsister quelque part comme un idéal, et même, de temps en temps, de retrouver un peu de réalité ? Et puis, enfin, les auto-proclamés défenseurs des animaux compatissent peut-être aux souffrances de certains, mais *aiment*-ils vraiment ce que *sont* les animaux, ce qu'ils *font*, ce qu'ils *incarnent* ? Qui aime la corrida aime forcément les taureaux. Il se rêve sûrement lui-même en taureau – il n'y a guère d'exception à cette règle. Il se plaît à cette pensée : *devenir taureau* – à défaut de pouvoir être torero. Il se dit simplement ceci : de toutes les espèces animales que l'homme s'est appropriées pour servir ses fins, de toutes les espèces qui peuplent l'imagination des hommes, un des sorts les plus enviables n'est-il pas celui de cet animal qui vit librement pour mourir en combattant ? Comparez !

## Chapitre 2

# Pourquoi le taureau meurt

Pourquoi tue-t-on les taureaux? Pourquoi, dans la tauromachie espagnole, le taureau meurt-il? La question est simple, rarement posée, et la réponse ne va pas de soi. On avance parfois que la corrida serait une sorte de rite sacrificiel. Le sacrifice d'un animal est un des actes essentiels du culte dans de nombreuses religions : les hommes immolent collectivement une bête, au cours de cérémonies soigneusement ordonnancées, afin d'obtenir en échange quelque grâce de la part des divinités destinataires de l'offrande. Certes, dans la corrida, il n'y a guère d'esprit divin, sinon ce *duende* capricieux qui descend parfois inspirer les artistes andalous lunatiques... Pour rendre justice à la thèse « sacrificialiste », il faudrait dire que la corrida est, sinon l'accomplissement *effectif* d'un rite profane qui aurait pour finalité le sacrifice du taureau, le simple vestige d'un tel rite, fossilisé en spectacle, dont le sens originel et profond se serait perdu. C'était déjà l'interprétation proposée par les meilleurs auteurs, comme Michel Leiris : « La corrida tout entière, tel un sacrifice, tend à son paroxysme : la mise à mort, après laquelle peut se produire la détente, comme après la possession de l'objet désiré, dans l'amour, ou la mort du héros, dans la tragédie... Dans le cas du sacrifice, ce paroxysme ou maximum de tension, c'est le moment même de l'immolation... Toute la mort qui semblait, durant les diverses passes, logiquement réservée au torero, l'estocade la fait passer sur le taureau. Ainsi, le taureau tué, l'ordre se trouve restitué et toutes choses remises en place... » *(Miroir de la tauromachie)*. L'anthropologue qui a naguère le mieux défendue la thèse « sacrificialiste » est Julian Pitt-Rivers[1]. Le sacrifice du taureau a pour lui un sens précis : « À travers la représentation d'un échange de sexe entre le torero et le taureau et l'immolation de ce dernier qui transmet sa puissance génératrice à son vainqueur, un transfert s'effectue entre l'Humanité et la Nature : les hommes sacrifient le taureau et reçoivent en retour la puissance dont il est le détenteur. » C'est pourquoi, au cours du combat, le « matador » (Pitt-Rivers note que ce mot vient du latin *mactare* qui signifiait à l'origine « immoler ») se dépouille progressivement

1. Julian Pitt-Rivers : « Le sacrifice du taureau », in *Le Temps de la réflexion*, 4, 1983, Paris, pp. 281-297. Une belle défense et illustration de la théorie sacrificialiste a été proposée par Pedro Romero de Solis dans « La tauromaquia considerada como un 'sacrificio', Algunos aspectos sobre el origen, posición y calidad de su público » in *Sacrificio y Tauromaquia en España y América*, Universidad de Sevilla, 1995. Ce dernier a aussi édité et traduit en espagnol l'œuvre taurine complète de l'anthropologue J. Pitt-Rivers dans la *Revista de los Estudios Taurinos*, n° 14-15, Séville, 2002.

de ses attributs féminins (par exemple sa cape bicolore qui tournoie comme une jupe et dans laquelle il s'enveloppe, au premier tiers*, en exécutant de légères figures de danse) pour acquérir les symboles de la virilité (en particulier l'épée du sacrifice), tandis que le taureau se défait progressivement de sa virilité sauvage, celle du monstre tout-puissant. On peut évidemment refuser cette interprétation et plus généralement récuser toute explication « sacrificialiste ». Mais alors la question revient : pourquoi le taureau meurt-il ? Question dérangeante parce qu'elle se heurte à une vérité aveuglante pour quiconque a vu ne serait-ce qu'une seule corrida : il *faut* que le taureau meure ! Une corrida (ne parlons pas des autres tauromachies) où, pour une raison ou une autre, le taureau ne meurt pas (fin du temps réglementaire* ou grâce * du taureau), apparaît *à l'évidence* comme un spectacle amputé, un récit inachevé, une symphonie sans sa coda : on sent bien que l'essentiel manque, la fin de tout cela – dans les deux sens du terme « fin ». Mais pourquoi ?

## *Sacrifice rituel ?*

Il y aurait deux façons de vérifier l'explication « sacrificialiste » : par enquête généalogique ou par analyse systématique. On pourrait chercher, dans les « origines » andalouses, si la « corrida de mort » dérive lointainement d'un rite de sacrifice ou si du moins elle fut justifiée par des mythes de cet ordre. Qu'il y ait eu jadis, en Andalousie, des rites sacrificiels de taureaux (notamment celui du « taureau nuptial », souvent étudié par les anthropologues), qu'il y eut encore naguère des mythes et des légendes populaires qui furent attachés à ces rites archaïques, on le sait. Mais on n'a jamais pu établir le moindre rapport entre ces traditions et la corrida. On laissera donc aux anthropologues et aux historiens la question génétique. On se bornera à chercher, dans l'ordonnance actuelle de la « corrida de mort », des indices d'un tel rite : un qui tient aux formes du spectacle, un qui tient à la valeur de l'animal tué, un qui tient au sens du rapport entre l'homme et l'animal.

Pour qu'il y ait « sacrifice », il faut qu'il y ait accomplissement d'un rituel et que son aboutissement soit l'immolation publique d'un animal. Or, de tous les spectacles modernes, la corrida est incontestablement le plus obsessionnellement ritualisé. Tout est signe. Le lieu fermé, et rond, de l'arène est divisé en parts hiérarchisées, ayant chacune un sens repérable : il y a l'espace périphérique de la contemplation et l'espace central de l'action ; il y a le côté « ombre » et le côté « soleil » ; il y a ici le toril, et là la présidence. Le défilé initial (*paseo*) des quadrilles obéit à un Ordre suprême, temporel et spatial. Il commence immuablement à l'heure et obéit aux prescriptions intangibles d'un espace polarisé dans toutes ses directions. Chacun est à sa place, une seule possible, selon une répartition spatiale doublement hiérarchique : hiérarchie des fonctions (les matadors devant les banderilleros, qui sont devant les picadors, qui sont devant les employés de l'arène), hiérarchie d'ancienneté. (Entre les matadors, ce qui vaut, c'est, non pas l'âge légal, mais l'âge réel dans l'accomplissement de la « fonction de mort », autrement dit la date d'« alternative* », cérémonie d'échange d'armes, proche de l'« initiation » religieuse, entre un aîné et un aspirant, au cours de laquelle celui-ci devient *matador de toros*.) Et toute cette pompe converge vers l'Autorité qui préside à l'ordonnancement de la cérémonie et en commande les différents moments. Tout semble saturé de sens, rien n'est vide, rien n'est vain. L'enfant le voit bien qui demande à la corrida ce que signifient toutes choses (« et pourquoi cette sonnerie de clairon ? et pourquoi le président sort-il son mouchoir ? »), il se sent à une messe (« et pourquoi se lève-t-on ? et pourquoi le prêtre lève-t-il son verre ? »). Comme dans une cérémonie religieuse, l'espace est clos et ordonné, toute place est une indication, chaque action est une part de récit : les hommes ne sont pas des individus mais des fonctions, et les fonctions sont dites par des emplacements, des gestes, toujours les mêmes.

Et puis ça continue. Le président lance la clé (symbolique) du toril à son représentant dans l'arène (l'*alguazil*), qui l'exhibe machinalement à la foule et la remet au portier, qui fait mine de s'en servir, tandis que, machinalement, les valets d'épée débarrassent de leur cape de parade les toreros (qui peuvent ainsi machinalement déployer leur cape de combat), et que, machinalement, les employés d'arène ratissent le sable pour le nettoyer ou, plus souvent encore, pour faire semblant. Tout est net, tout est pur, tout est en place. Après ces rites propitiatoires, le spectacle, non, le sacrifice, peut commencer.

Mais la mécanique des places et la machine à signes reprennent. L'ordre d'ancienneté décide d'un ordre temporel : le plus ancien matador d'abord, que ce soit pour la mort ou pour les *quites** et, dans les corridas-concours, le taureau de l'élevage le plus ancien d'abord. Et l'ordre hiérarchique décide d'un ordre spatial : le premier banderillero fera tout le travail de placements et déplacements (la *lidia**) au premier taureau et plantera, au deuxième tiers*, les première et troisième paires de banderilles, l'inverse pour le second banderillero, tandis que le troisième « gardera » le deuxième picador au premier tiers* et plantera deux fois la deuxième paire de banderilles au deuxième tiers*, etc. Et puis les saluts : au président, combien de fois ? on ne compte plus, et pour quoi ? on ne sait plus. Et puis les mouchoirs : blanc (pour tout changement d'acte, ou pour les récompenses symboliques au matador), vert (pour le remplacement d'un taureau défectueux), rouge (pour la condamnation aux infamantes banderilles noires, des taureaux irréductiblement *mansos**), bleu (pour rendre hommage aux taureaux particulièrement *bravos* d'un lent tour de piste posthume), orange (pour accorder la « grâce* » aux taureaux exceptionnels). Les sonneries de clairon scandent le temps, séparent les différents combats, les fractionnent en tiers* ou avertissent matador et public du décompte du temps réglementaire*. Automatisme des gestes : le signe de croix, le *brindis** avec la coiffe (*montera*), le gobelet d'argent qu'on baise et d'où l'on aspire une gorgée d'eau, vite recrachée, avant le troisième tiers*, les mains qu'on frotte, etc. Automatisme des rares phrases : « Avec votre permission, monsieur le président... » Ni hasard ni improvisation : chaque acteur semble placé là par une Volonté ordonnatrice et chaque acte semble causé par une machinerie toute-puissante. Tout cela, que l'*aficionado* blasé ne perçoit plus, fascine le spectateur novice. Mais l'*aficionado* se demande-t-il encore pourquoi meurt le taureau ?

Et le temps est cyclique, aussi circulaire que l'espace. Les trois tiers* s'enchaînent, les trois matadors se succèdent, et le premier revient après le dernier. Les taureaux se suivent, mais c'est comme si chacun *renaissait* dans le suivant. Tout est rond, comme dans toute cérémonie de mort, qui signifie aussi le cycle de la vie et la renaissance des vivants. Et tout va par trois, nombre du cercle : les trois portions de l'arène (ombre, soleil, ombre et soleil), les trois portions concentriques de la piste ; les trois matadors, leurs trois banderilleros, les trois membres de l'équipe présidentielle ; les trois tiers* du combat, les trois états physiques* successifs du taureau au cours de sa vie publique, les trois piques (dans l'ancien règlement), les trois paires de banderilles, les trois avertissements réglementaires, les trois mouchoirs blancs pour les récompenses suprêmes (deux oreilles et la queue) ; les trois temps de la passe (appeler, conduire, replacer), les trois prescriptions du *toreo* (*parar* – arrêter la charge du taureau –, *mandar** – la conduire –, *templar* *– s'accorder à son rythme).

Mais le cercle n'est pas seulement symbolique et statique, il est aussi dynamique et réel. Tout tourne : les picadors et les *banderilleros* tournent autour du taureau, et le taureau tourne autour du matador. L'arène est un *cosmos* : les sphères sont concentriques, les astres tournent conjointement, entraînant quelques planètes qui tournent aussi avec une vague marge de liberté. Et c'est comme si tout revenait toujours au même. C'est bien d'ailleurs ce que *voit* le spectateur néophyte : dans l'arène, quand c'est fini, ça recommence. (On connaît la blague des deux touristes arrivant en retard à leur première *bullfight* alors que le premier tiers* s'achève. Passent donc les banderilles, la muleta, la mort, le train des mules ; sort le deuxième taureau, passent les piques, et sonnent une nouvelle fois les clairons. Alors l'homme à la femme : « Tu viens, chérie ? C'est là qu'on est arrivé. ») Il faut avoir l'esprit déformé d'un *aficionado* pour ne plus voir que, dans la corrida, il se passe toujours la même chose. C'est l'univers infernal – ou paradisiaque – de la Répétition.

Par sa manie frénétique du cérémonial, des règles, des formes, de l'ordre, de la distribution des places et de la reproduction du Même, la corrida tient incontestablement du *rite* : il convient de refaire toujours soigneusement, scrupuleusement, religieusement, les mêmes gestes, de répéter aussi ceux dont le sens s'est perdu, et même ceux qui n'en ont jamais eu et dont la signification s'épuise dans la seule redite. Mais cette forme rituelle n'est pas vide : elle entoure, soutient, protège l'immolation publique d'un animal. Mieux : sa fin est nécessairement, immanquablement, la mort de la bête. N'est-ce pas un argument « sacrificialiste » ? Le combat a beau être toujours incertain, le comportement de la bête imprévisible, l'accident toujours possible, l'issue, elle, est prévue, la mort est certaine – c'est même la seule chose qui soit à peu près certaine. Cette *nécessité* de la mort de l'animal distingue en effet la corrida de tous les autres « divertissements » humains où des bêtes meurent, la chasse par exemple. Lorsqu'elle n'est pas vivrière, la chasse demeure un sport, ou un jeu, et non un sacrifice, parce que, même dans ses formes les plus ritualisées comme la chasse à courre, elle s'efforce de laisser à la bête des possibilités de fuite, d'évitement ou d'esquive, dans un espace plus ou moins ouvert et une durée qui n'est pas *a priori* fixée. La corrida n'est ni sport ni jeu, parce que l'issue en est déterminée et que l'arène est close, comme le temps, qui fixe a *priori* la durée de la vie et le moment de la mort. Il faut que le taureau meure. Il est *promis* à l'immolation. Toute annonce de corrida dit une seule vérité : il y aura corrida *de mort*. Cérémonie pour une mort d'animal annoncée : un sacrifice, donc. Du moins, en apparence…

La deuxième condition pour qu'on soit en droit de parler de sacrifice est la valeur insigne que doit avoir l'animal immolé. Sur ce point aussi la corrida se distingue des autres meurtres d'animaux. Tantôt les hommes, comme les autres espèces animales, tuent d'autres animaux par nécessité vitale ou économique ; dans ces cas, ce n'est pas la valeur négative de l'animal, c'est la valeur *positive de la bête morte* qui explique et justifie son meurtre : la valeur nourrissante de sa chair, la qualité de son cuir, de son sang, de ses défenses. Tantôt les hommes, comme les autres espèces animales, exterminent les espèces nuisibles ou se débarrassent des bêtes viles : on peut abattre un fauve menaçant la maisonnée ou dommageable au troupeau, on peut éliminer un insecte ignoble ou une bestiole répugnante. Dans ces cas, c'est la valeur *négative de l'animal vivant* qui explique et justifie son meurtre. Mais dans tous les cas précédents, éliminations défensives de la bête funeste ou avantages tirés du cadavre de l'animal tué, ce n'est pas à la mort de l'animal elle-même, à son *exécution*, que s'attache un prix, mais à sa « non-vie », à son *inexistence*. Ce qui vaut, ce qu'on cherche, c'est que la bête malfaisante soit réduite à néant ou que l'animal bénéfique ne soit plus qu'une dépouille. On les veut *morts*, on ne veut pas les *mettre* à mort. À ces règles générales, il y a toutefois une exception : ce sont les cérémonies sacrificielles, justement. Ce qui compte, dans le sacrifice, ce n'est pas qu'une bête cesse de vivre, mais bien qu'elle soit tuée. Ce n'est pas son état de mort qui vaut, c'est sa mise à mort.

Et ce qui donne du sens à cette mise à mort, c'est la valeur attribuée à l'animal *vivant*. Ce n'est pas parce que sa vie ne vaut rien ou parce qu'il ne vaut que mort qu'il faut l'éliminer. C'est précisément parce sa vie *vaut*, parce que le vivant qu'il est ou qu'il représente est supérieur, que l'acte rituel du meurtre acquiert un sens. C'est à cette condition que l'animal peut être l'enjeu d'un échange symbolique avec les puissances surnaturelles. Un don n'est possible que si l'on attache un prix à ce qu'on donne, non si l'on s'en débarrasse. Cette exigence est à l'origine de l'espèce de sacralisation du taureau, « dieu qui combat », dans les discours et les pratiques tauromachiques. On a déjà noté que, au cours de sa vie et avant son combat, le taureau doit être préservé dans sa *pureté*, à tous les sens du terme (ni manipulé ni toréé, vierge de tout affrontement avec l'homme et de tout contact avec la femelle). Tout se passe comme si l'animal n'avait vécu, le plus luxueusement et fastueusement possible, que pour être préparé, apprêté, disposé pour la cérémonie finale de sa mort publique. Comment ne pas y lire une signification symbolique ? C'est parce qu'il est voué à la mort que le taureau doit demeurer intouché, « chaste et pur » jusqu'à l'heure de cette mort, protégé dans sa nature inviolable : ce sont toujours des vierges qui sont vouées au sacrifice.

Et cette vie pleine d'elle-même, et vide de sens, tout entière disposée en vue de sa fin, pleine de sens, ne peut que s'achever dans ce climax qu'on nomme justement la « minute de vérité ». Pour tous les communiants, c'est l'heure du recueillement. En cet instant, les réjouissances (ou le chahut) cessent – pour un instant. On se tait forcément quand le torero monte l'épée. Même les publics les plus braillards, ceux qui vont aux arènes comme on va au stade et non comme on va à la messe, ressentent bien, à ce moment, que la fête des taureaux est au fond une cérémonie grave, que ce qui fait la valeur de la corrida, c'est la mort du taureau, et que ce qui fait la valeur de cette mort, c'est le prix qu'on attache à ce vivant. Cette déférence pour l'animal, qui culmine dans l'instant de sa mort, se prolonge dans le respect pour sa dépouille : on en entend l'écho dans les applaudissements (les huées parfois) qui saluent sa sortie de scène au galop pressé des mules, ou à leur pas lent offert aux taureaux « braves », toutes actions de grâce symboliques qui semblent s'adresser au fantôme du taureau mort ou à la mémoire que son esprit nous a léguée et qui flotte encore alentour.

Pour qu'il y ait sacrifice, il faut une troisième condition. Il ne suffit pas qu'il y ait immolation ritualisée d'un animal, et que celui-ci soit valorisé, il faut encore que cet acte permette le transfert de cette valeur de l'animal vers l'homme. Pitt-Rivers le concevait comme échange de sexe et rapt de puissance. Sans nier ces connotations, on peut repérer dans l'acte tauromachique un autre échange symbolique entre le taureau et l'homme : celui de la « bravoure », qui est l'excellence suprême du taureau. Comme on l'a noté, la bravoure est une qualité ambiguë, ni proprement sauvage ni vraiment domestique, ou plutôt mi-naturelle mi-humaine, mixte équivoque de disposition native et de vertu morale, mélange de l'agressivité aveugle du fauve et du courage lucide de l'homme. Or tout se passe comme si, entre son entrée et sa sortie, la bravoure du taureau était passée de l'une à l'autre : l'énergie sauvage, naturelle et désordonnée, s'est faite mémoire et intelligence, elle s'est tempérée, mesurée, acculturée, elle est devenue raffinée et redoutable comme la ruse, courbe comme l'artifice, à mesure que la bête s'est pour ainsi dire « humanisée ». Et c'est à ce moment qu'elle doit mourir. Elle a appris. Le taureau meurt, on le sait, au moment où son état physique, mais aussi moral, « exige » la mort, c'est-à-dire au moment où, comprenant ce qui se passe, il risquerait de tout savoir (« même le grec et le latin », comme dit la vieille sagesse taurine) – ce qui le rendrait trop dangereux. Cette ultime limite fixée à la vie du taureau répond, bien sûr, à des exigences techniques ou fonctionnelles, mais elle comporte aussi, sans doute, une dimension symbolique. De même que l'homme, dans de nombreux mythes, doit être condamné à mort lorsqu'il s'approche, par *hybris*, du savoir réservé aux dieux – transgression fatale aux privilèges de la divinité –, de même l'animal doit mourir lorsqu'il accède au savoir des hommes – transgression fatale aux privilèges de l'humanité. Le taureau en sait trop, il a quitté sa nature brute pour approcher celle de l'homme, la Nature en lui s'est faite Culture : il doit mourir. Et parallèlement à cette humanisation de la bête, il y a la bestialisation de l'homme[1]. La Culture en lui se refait Nature : il tue. Et dans ce geste à la fois extrêmement brutal et suprêmement contrôlé qu'est l'estocade, le plus violent des actes et la plus normée des figures tauromachiques, l'homme s'approprie, pour ainsi dire, la bravoure du taureau – en un rapt du pouvoir de la victime, qui définit tout sacrifice rituel.

On a donc trois indices forts de la vérité de la thèse « sacrificialiste ». L'ordre tauromachique semble bien un rite dont la finalité est la mise à mort de l'animal. Le taureau doit mourir parce qu'il est un vivant vénéré. C'est pour s'emparer de son excellence que l'homme le tue dans un échange symbolique de leurs natures respectives. Tels sont les trois piliers du sacrifice taurin.

Pourtant cette explication ne peut emporter entièrement l'adhésion, ne serait-ce que parce qu'elle ne rend pas compte d'un aspect constitutif de la « corrida de mort », de son sens, de ses valeurs, de son ordonnance : le *combat*. La corrida ne peut pas être (seulement) un rituel sacrificiel parce qu'elle est aussi – *essentiellement* – une

1. Voir Antoine Compagnon, « La jouissance du taureau », *Critique*, août-septembre 1976, n° 375-376, « L'animalité », pp. 901-902, Paris, Minuit.

lutte entre un homme et un taureau. Or, il n'est rien de plus contraire à l'idée de sacrifice que l'idée de combat. Quand une bête est immolée, elle est passive, elle n'est qu'une victime : elle peut mourir en se débattant, non en combattant. Quand un sacrificateur officie, il peut être valeureux, mais il est avant tout bourreau. Qu'il risque sa vie, c'est accidentel, non essentiel à sa fonction : ce peut être en tuant mal, ce ne peut pas être en combattant bien. S'il est « prêtre », il n'est pas « guerrier ». Et s'il n'y a pas de sacrifice sans une assistance, le rôle de celle-ci est de communier en silence, mais non d'admirer la geste des combattants (taureau ou torero) ni de glorifier le courage, l'intelligence, l'abnégation ou l'élégance de l'homme. En somme, la mort du taureau ne peut pas se réduire à un sacrifice parce qu'elle fait suite à un combat qui lui donne son sens, parce que le public attend du torero – et, symétriquement, du taureau – les vertus des combattants, et parce que les valeurs dont ils sont porteurs sont héroïques et non mystiques.

## *Épopée héroïque ?*

Les trois indices précédents qui tirent la corrida vers le rituel sacrificiel sont étrangers à cette dimension « agonistique » de la corrida. La cérémonie d'abord : celle-ci ne concerne que ce qui est *extérieur* au combat : le décorum, l'étiquette, la mise en scène. Ce qui est ritualisé, c'est tout ce qui peut relever de la Nécessité, non ce qui lui échappe par définition – et qui est pourtant l'essentiel :

le comportement offensif ou les réactions défensives de l'animal, le jeu de leurre et d'esquive de l'homme, les figures inattendues de leur antagonisme. Il est d'ailleurs indispensable que le rituel soit extérieur à l'essence de la corrida. C'est la fonction de tout cérémonial – celui du trapéziste, du névrosé obsessionnel, ou de toute religion instituée – de conjurer la mort en apprivoisant l'imprévisible, en ramenant l'inconnu au connu et la différence à la répétition. C'est justement parce que la corrida est un combat de mort où l'homme assume sciemment de se mettre en danger, où le risque suprême rôde toujours, que tout ce qui *entoure* ce combat doit être déterminé, fixé, normé par des règles intangibles et gardé par des usages rassurants, répétés, machinaux. C'est parce que les déplacements du taureau sont imprévisibles que les places des hommes doivent être rigidement fixées. C'est parce qu'on ne sait jamais ce qui va advenir que l'on mime mécaniquement, et tant qu'on peut, la répétition du même : gestes, tics, postures. C'est parce que le centre focal de la corrida relève de l'incertain (l'accident, la blessure, la mort peut-être) qu'un maillage serré de nécessités extérieures le protège : tout ce qui peut être placé à l'avance sera bien à sa place, la sienne, unique, prédéterminée ; tout ce qui est mis sous contrôle arrivera en temps et en heure. Autrement dit le rituel dans la corrida ne peut être qu'accessoire. Il est là pour abriter l'essentiel, marqué du sceau de l'aléatoire – le combat, les vies, la mort – et l'entourer d'une barrière protectrice. L'Ordre total (des places, des signes, des actes) n'est qu'apparence : il n'est là que pour conjurer le désordre qui menace et autour de quoi tout tourne – la lutte à mort.

Il en va de même des second et troisième indices en faveur de la thèse « sacrificialiste ». C'est certes en raison de sa dignité et non de son indignité que le taureau est mis à mort. Mais sa dignité, il ne la doit pas à quelque vertu immanente, intrinsèque ou *a priori*, dont la cérémonie aurait pour fonction de le dépouiller (comme dans un sacrifice). Sa valeur, il la doit à sa nature « brave », qui n'existe que dans et par le combat, et que la corrida a justement pour fonction de révéler et d'accomplir. Le taureau est peut-être un dieu, mais c'est un dieu *qui combat*. La corrida n'est le « rapt » d'un pouvoir que parce qu'elle est d'abord l'occasion, la raison d'être et le témoignage éclatant de ce pouvoir : la bravoure.

L'explication sacrificielle n'est donc pas fausse, elle ne peut être que partielle. Elle ignore délibérément un aspect essentiel de l'acte taurin : le fait qu'il s'agit justement de... tauromachie. Il faut donc, à l'opposé de l'interprétation « sacrificialiste », répondre à la question : « Pourquoi tue-t-on les taureaux ? » en posant que le taureau de combat n'est pas – seulement – un animal sacrifié, mais qu'il est aussi – d'abord ? – un animal en lutte.

Soit une explication de la mort du taureau qui s'appuie justement sur la corrida-combat : appelons-la l'interprétation « agonistique ». Le matador n'est pas un sacrificateur, c'est un belluaire. Il ne tue pas en endossant les valeurs sacrées du prêtre, mais les valeurs profanes du héros. Le taureau n'est pas la bête que l'on immole, mais l'antagoniste absolu auquel on se mesure. Pourquoi le tuer ? Non parce qu'il incarne cette puissance presque inviolable dont l'homme en général s'empare par la mort, mais parce qu'il est l'adversaire presque invincible qu'un homme singulier réussit à vaincre jusqu'à la mort. Le matador ne glorifie pas l'animal en le tuant, il se glorifie lui-même. Il a vaincu sa puissance, *la* puissance, sorte de puissance absolue. Qu'est-ce alors que la corrida de mort ? Non pas une messe, mais le champ clos des défis et des exploits – lointainement héritée des tournois de la chevalerie, cousine par alliance des chasses à courre. Qu'est-ce que l'estocade ? Non pas un acte rituel, mais la démonstration aristocratique d'une supériorité guerrière contre un animal sauvage. C'est la « prouesse » suprême, au sens que ce terme avait dans l'éthique chevaleresque : celle par laquelle s'affirme la force souveraine d'un homme et le triomphe du vaillant solitaire.

Là encore, même celui qui refuserait d'accepter cette interprétation dans toute sa radicalité devra concéder que beaucoup d'éléments de la corrida plaident en sa faveur. On en a au moins trois indices.

La corrida (faut-il le rappeler ?) est le combat réglé entre un homme et un animal, autrement dit la représentation de la lutte entre deux formes de vie, le pouvoir serein de l'intelligence – la ruse – contre la puissance de la force brute – l'instinct aveugle. Elle est donc d'abord une sorte d'exhibition éclatante de toute-puissance à la face du monde. Un homme – un héros, une sorte de demi-dieu – se proclame capable d'un geste d'éclat pour gagner l'admiration de tous et atteindre la gloire : mettre sa vie en jeu face à un fauve et parvenir à l'abattre. À l'égard du public, la corrida est un exploit : « Admirez ma victoire ! Regardez mon triomphe ! » Mais, à l'égard de la bête, elle est un défi : « Toi qui es si fort, tue-moi donc si tu le peux !... Et puisque tu ne le peux, c'est moi qui te tue. » Tel est le sens profond de la mort du taureau, et il est inséparable de l'ensemble du combat qui le précède. Car, contre l'explication sacrificialiste, on peut soutenir que ce n'est pas la *mort* de l'animal qui compte, à la « minute de vérité », ce n'est pas elle qui inspire silence et respect, c'est *l'acte* ultime – et *extrême* – de l'homme combattant. La mise à mort n'est que le dernier geste du dernier acte du drame. Elle en est l'achèvement et comme l'épure. Le combat s'est resserré progressivement, du premier au dernier tiers*, la bataille est devenue joute : le matador s'est petit à petit dégagé de ses assistants, de ses armes et de ses déplacements, puis il a livré son immobilité aux vains assauts d'une force en mouvement ; mais l'espace s'est encore rétréci au moment suprême, voici enfin les deux combattants immobiles, l'un en face de l'autre. La corrida culmine dans un duel, qui lui-même culmine dans le face-à-face de l'estocade. Pour que ce duel ait un sens, il faut à la fois – paradoxalement mais sans contradiction – que le combat soit *loyal* et que l'issue en soit *connue* d'avance. L'éthique du combat est en opposition avec sa morale. L'éthique exige l'équité : accepter le face-à-face, ne pas tricher, respecter l'adversaire, ne pas diminuer artificiellement ses forces ou ses armes. La morale exige l'inégalité : l'homme triomphe, la bête meurt.

De ce sens chevaleresque de la mise à mort du taureau témoigne encore la manière dont les publics (*tous* les publics) perçoivent confusément l'importance de ce geste comme le prolongement naturel du combat qui précède, en ne réclamant pas de trophée pour le torero qui a courageusement combattu et élégamment toréé son adversaire, mais qui a tué maladroitement ; inversement, il arrive qu'on prime une grande estocade succédant à une *faena** quelconque. À rebours de toute l'histoire de la corrida au XXe siècle, et même déjà au XIXe, qui voit diminuer l'importance de l'estocade et grandir considérablement celle de la *faena** de muleta, et en dépit de tout ce qui se dit, s'écrit, *en vérité,* sur l'esthétisation du combat et la « perte du sens » des foules, il y a là comme une réminiscence inconsciente de la vraie importance relative des actes tauromachiques et comme un pressentiment universellement partagé du sens archaïque de la corrida. Chacun sent bien encore, malgré tout, que l'estocade peut exprimer à elle seule la domination totale sur le taureau, celle-là même que la *faena** cherchait à dire. Chacun voit bien que la mise à mort n'est pas seulement l'issue ordinaire des péripéties tauromachiques, mais leur raison d'être véritable. Chacun sait bien, sans le savoir tout à fait, que la vraie signification et toute la beauté du combat peuvent se concentrer dans sa conclusion. (Et il ne sert à rien de dire que ce qu'on aime, ce qu'on attend, ce qu'on recherche de saison en saison, de féria en féria, ce qui fait rêver – et courir et pleurer –, c'est « *la* grande *faena** »... Car qu'est-ce qu'une grande *faena** mal conclue ? Un rêve inachevé.)

Même si le face-à-face torero-taureau du troisième tiers* est aujourd'hui devenu primordial, même si le *toreo** est apprécié pour lui-même, même si la valeur de la *faena** de muleta, construction fugitive d'une œuvre d'art improvisée, dépasse de loin sa raison d'être, il n'en demeure pas moins que, *fonctionnellement* si l'on peut dire, toutes les phases et tous les actes du combat préparent l'estocade, depuis les premières séries de cape jusqu'aux passes finales d'alignement destinées à « cadrer* » le taureau. C'est d'ailleurs ce que se plaisaient à répéter les bons traités : le récit de la corrida, pour être compris, doit être conté à partir de la fin. La fin, c'est la « minute de vérité », le moment où l'homme plonge l'épée. À ce moment, nous enjoignent les meilleurs auteurs, regardez le taureau : il est « cadré* », la tête basse, mais il suit encore des yeux le leurre. Et regardez l'homme : il est absolument *de face*, il se laisse entièrement voir, sa poitrine est offerte aux cornes ; il va de sa main droite enfoncer l'épée tandis que sa main gauche, croisée sous la droite, trompera la corne droite et en détournera le coup de la poitrine de l'homme ; et le tout à l'aveugle, puisque, pour atteindre la « croix », il doit forcément quitter les cornes des yeux durant un instant, qui pourrait être fatal. Eh bien, pour en arriver là, il aura fallu qu'il s'assure de sa domination complète sur l'animal, qu'il ait habitué l'animal à suivre le leurre sans jamais se découvrir lui-même, qu'il lui ait notamment enseigné à se servir de sa corne gauche pour ne pas accoutumer la droite (de là, disait-on, la nécessité de toréer de la main gauche, par passes « naturelles* »). Et d'un autre côté, il faut que le taureau, désormais *aplomado* (voir états physiques*), concentre le reste de ses forces et de sa combativité sur ce frêle adversaire isolé, qu'il ait donc réduit ses ambitions spatiales par lesquelles il se voulait initialement maître et possesseur de la piste, et qu'il ait corrélativement réduit son champ de vision pour focaliser ses attaques. Tout ce qui précède (enseignaient ces bons professeurs) s'explique par cette *fin* – terminaison mais aussi objectif final. Avant l'entrée des picadors, il faut que le taureau se soit concentré sur le combat au lieu de courir en tous sens. Le torero de son côté testera sa course, ses coups de corne latéraux et son propre pouvoir persuasif avec la large cape maniée à deux mains. Les piques vont obliger le taureau à baisser la tête, première préparation à l'estocade. Après ce combat tout en force, la course aux banderilles va lui permettre de reprendre du champ et du mouvement. Quant à la *faena* de muleta, leurre étroit tenu d'une main, espace réduit pour le duel, elle n'a d'autre but que de dresser le taureau à obéir à cette étoffe qui guidera la corne gauche au moment suprême, et de l'amener progressivement à l'alignement final, arrêté, les quatre pattes à angle droit. Ainsi, toutes les actions et figures de la corrida ne sont que le développement anticipé du geste suprême qui les concentre et les justifie rétroactivement. Ce qui s'était jusque-là déroulé dans la durée, en trois actes, se condense en un temps, en un acte, en un geste. De même qu'on revoit, paraît-il, toute sa vie en un instant final, on devrait pouvoir revoir – et comprendre – tout un combat dans un seul coup d'épée. Mais c'est aussi, corrélativement, que la mise à mort face à face signifie à elle seule tout l'affrontement d'égal à égal qui précède – et non le sacrifice du taureau.

Telle est bien la *prouesse* : parvenir d'un coup d'un seul à terrasser un fauve. Y parvenir de face – en respectant l'adversaire. En le traitant en adversaire précisément, non en victime expiatoire. L'éthique du face-à-face tauromachique est celle du duel. L'homme n'immole pas, il triomphe. L'animal ne meurt pas en victime, c'est l'homme qui le tue en héros. Le mode d'exécution de l'estocade doit être « court et droit », comme dit l'adage. Loin d'être le geste symbolique du prêtre, l'estocade est l'apothéose réelle du vaillant. *Figure* suprême, elle exprime, plus que toute autre, le sens et les valeurs du combat. Elle réclame toutes les vertus de l'héroïsme : le courage sec de l'engagement physique, la résolution ferme du geste technique, la franchise et la loyauté dans l'affrontement, mêlées à l'habileté de la tromperie. Car la main droite tue tandis que la main gauche leurre – *sans aveugler* : « tromper sans mentir » – encore une fois.

Faut-il donc tenir cette deuxième façon de voir la mort du taureau comme l'interprétation *vraie*? Oui et non. Car on pourrait montrer qu'elle souffre des mêmes défauts que la précédente, ou plutôt d'insuffisances symétriques. Un rituel aussi hypertrophié doit bien avoir une signification symbolique et non pas seulement fonctionnelle. Et que dire de la crainte et du respect dont le taureau est entouré, du recueillement à l'instant de sa mort? Mais surtout : la mort du taureau ne peut se réduire à signifier sa défaite, puisqu'il doit mourir *de toute façon*, quelle qu'ait été l'impéritie de son adversaire. Si elle n'était normée que par l'éthique du combat, la mise à mort du taureau ne serait pas inéluctable : on verrait parfois un taureau vainqueur et un torero vaincu. C'est d'ailleurs en fait ce à quoi on assiste souvent :

le torero a reculé dans tous les terrains et à tout moment, il n'a jamais imposé sa conduite ou son rythme au taureau, il n'est jamais parvenu à imposer sa volonté… Et que croyez-vous qu'il arrive en ce cas ? Les huées, la honte, le déshonneur, sans doute – telle est la part de l'éthique du combat et la vérité de l'explication « agonistique ». Mais le taureau est quand même *mis à mort* – n'est-ce pas la part de l'éthique de l'immolation et la vérité de l'explication « sacrificialiste » ? Il y a donc bien un fond de vérité dans cette interprétation.

## *Les deux scènes, les deux temporalités*

Quelle est donc la bonne interprétation de la mort du taureau ? Ni l'une ni l'autre, peut-être. Les deux, probablement. Car elles renvoient à deux visions complémentaires. Oui, le Taureau en général, l'Animal en tant que type, est la victime offerte dans le rite de la corrida, l'interprétation « sacrificialiste » n'est pas fausse. Mais tout taureau, chaque taureau, « Guerrerito », « Inoportuno », « Buenasuerte »… combat héroïquement pour sa vie jusqu'à sa mort, l'interprétation agonistique est vraie. L'Homme en général est le grand sacrificateur qui immole la bête et s'empare de sa bravoure, mais tout torero, chaque torero, de Pedro Romero à Sébastien Castella, est un héros singulier. La corrida suit toujours le même rituel, elle dit toujours la même chose, la même puissance de l'Homme, le même sacrifice du Taureau – c'est là son sens profond. Mais chaque combat est unique : c'est là sa valeur. La corrida se joue sur deux scènes et deux temporalités. La scène que l'on voit est la piste de sable. Le plateau en a été annoncé par une affiche. Il y a là un torero de chair et un taureau de sang. Ils s'affrontent dans le temps irréversible d'un combat singulier. Sur cette scène se déroulent en ce moment les trois actes du drame profane de ce dimanche après-midi : « El Fulano », torero de Badajoz, affronte « Hermosito » de Victorino Martin. Sur cette même scène s'improvisent des passes de cape et de muleta, se construisent dans la sueur des *faenas**, sublimes ou médiocres, c'est le théâtre des victoires et des défaites, des acclamations et des sifflets, des exploits, des triomphes, des passions et de l'ennui. Le spectacle est marqué de vicissitudes, la pièce n'est pas écrite, les péripéties y sont incertaines. L'« autre scène » est en nous, loin de nous, enfouie dans un recoin oublié de la mémoire de l'humanité. Rien ni personne n'a jamais annoncé la représentation, mais le théâtre est toujours là. La même scène s'y déroule à jamais : l'homme y terrasse la bête. Ils ne combattent pas : il n'y a d'ailleurs qu'un acteur, le bourreau. La victime, elle, est passive – simple figurant. La même pièce anonyme se représente de jour en jour. C'est un drame sacré – ou, si l'on préfère, le théâtre de la cruauté. Et que dit cette pièce ? Toujours la même rengaine : qu'il n'y a pas, pour l'homme, de victoire de la culture sur la nature – cette nature en lui ou hors de lui – sans du sang et des larmes, qu'il n'y a pas de *civilisation* sans sacrifice[1]…

---

1. Sur cette thèse, voir Alain Renaut, « L'humanisme de la corrida », *Critique*, août-septembre 2007, Paris, Minuit.

Peut-on voir en même temps les deux scènes ? La scène réelle (celle de la différence) et la scène symbolique (celle de la répétition) ? On le peut. Il suffit d'être attentif aux deux temporalités de la corrida. Globalement, le spectacle est cyclique, aussi rond que l'espace de l'arène : le taureau une fois mort, la même vie continue dans le taureau suivant, c'est la même éternelle victime. L'Homme est toujours le même, l'Animal aussi, comme le rituel. Mais chaque *combat* est rectiligne, aussi droit et irréversible que l'ensemble est circulaire et réversible. Chaque fois un autre drame commence, tout est nouveau, différent, singulier, selon une temporalité linéaire, c'est un autre torero et un autre taureau, un nouveau combat comme celui de toute vie singulière, comme l'ordre irréversible de toute geste héroïque.

Le taureau meurt, mais jamais le Taureau : celui-là n'a qu'une vie, l'autre est toujours à tuer. Chaque taureau traverse les mêmes états qui signent le recul en lui de la vigueur et de la vie, c'est-à-dire la progression de la mort ; il refait le même combat, même si tous les combats diffèrent, il revit la même vie publique, même s'il ne la vit pas de même, il meurt de la même mort, même si c'est d'une autre main. Quand sort le taureau, c'est un autre sans doute (où serait la valeur du combat si tous les taureaux étaient identiques ?), mais c'est aussi le même que le précédent (où serait la signification symbolique du rituel s'il ne répétait pas toujours un même destin ?). C'est pourquoi divers auteurs ont vu dans la corrida la représentation de la vanité de la lutte du vivant face à son destin inéluctable : quoi qu'elle fasse pour se battre, la vie ne peut rien contre la mort ; le taureau meurt nécessairement. Mais on peut aussi ajouter : quoi qu'elle fasse pour défaire chaque vivant, la mort ne peut rien contre la vie ; un autre taureau succède au précédent. Souvenons-nous de la devise de l'Ancien Régime : le roi pouvait mourir, mais non la royauté, car cet autre corps du roi, dans lequel s'incarnait la légitimité immuable et incorruptible, ne pouvait jamais mourir. Au moment du train de mules, on pourrait s'écrier de même : « Le taureau est mort ? Vive le Taureau » ; car, après la mort d'« Hermosito », voici déjà que « Volador » sort du toril, un autre taureau à combattre et à mettre à mort pour signifier le sacrifice du Taureau et la victoire de la Bravoure et de la Vie. On comprend alors que, si la *fiesta brava* est un rituel, c'est que sa temporalité est cyclique ; sacrificielle, elle ne peut que répéter toujours le même récit.

Mais si elle présente le moindre intérêt et suscite en nous tant d'émotions, c'est que la corrida est toujours différente et que le combat de chaque taureau obéit à une temporalité rectiligne et continue. Le temps du combat ne s'arrête jamais, il est sans trêve, comme la ligne qu'on trace sans lever le crayon. Pas de temps *mort*. On ne joue pas, on lutte pour la vie. Irréversible, il ne connaît que la progression constante : le taureau apprend à chaque passe, sa vigueur diminue petit à petit, il devient de plus en plus dangereux. Face au taureau malin, on ne fait pas *deux fois* la même feinte, pas plus qu'on ne se baigne deux fois dans le même fleuve. Tout combat, toute *faena** dit toujours secrètement : « jamais plus… » À l'opposé du rituel, qui dit que tout revient toujours et que toutes choses se répètent à intervalles fixés, le combat répète que rien ne revient jamais et que rien ne se répète. Jamais plus *ce* moment (et donc jamais plus cette passe, cette série, ce taureau). Cette irréversibilité du temps a une conséquence bien connue des *aficionados* : la déception qu'offre presque toujours la captation d'une corrida en vidéo – qui ne tient pas seulement à l'absence de certaines émotions qui ne peuvent être vécues qu'en « temps réel » (la crainte pour l'intégrité physique du torero, le sentiment charnel de la présence réelle du taureau), mais à l'impossibilité constitutive de la corrida de se mouler dans une forme qui suppose la répétabilité indéfinie. Ce que l'on voit dans l'arène a non seulement le prix de ce que l'on ne verra jamais deux fois, mais il s'y ajoute la valeur d'une dynamique « fatale » qui interdit de revenir en arrière, de refaire, et encore plus de défaire, ce que l'on a fait une fois.

Scène symbolique ou théâtre du réel, temps de la répétition ou temps de la différence, ce sont là deux interprétations. Corrida-sacrifice ou corrida-combat, il y a là deux conceptions éternellement opposées : d'un côté, le rituel de la communion païenne ; d'un autre côté, le spectacle de la *fiesta brava* – ce que les librettistes de *Carmen* traduisent joliment par « fête du courage ». Ou si l'on préfère : le rituel mystique d'un côté, l'épopée triomphante de l'autre. C'est-à-dire, au fond : Belmonte ou Joselito. Manolete ou Arruza. Ou encore : José Tomás ou El Juli…

Mais, Taureau-victime ou taureau-combattant, derrière ces deux concepts, ce sont bien deux façons de *voir* le taureau : l'Autre absolu de l'homme, ou son éternel égal.

## *Tombeau pour « Carafea »*

Ces deux scènes, celle du sacrifice et celle du combat, on peut les voir en même temps, disions-nous : il suffit d'être attentif aux deux temporalités de la corrida. Mais il arrive aussi que les publics ne voient pas, en même temps, *la même scène.*

Prenons un exemple. Un jour, dans les arènes de Nîmes – le 26 mai 1996 pour être précis. Les taureaux de Dolores Aguirre de ce jour étaient difficiles et peu combatifs. Luis-Francisco Esplá venait d'estoquer le quatrième, « Carafea ». L'épée était en bonne place, la mort devait s'ensuivre rapidement. Les auxiliaires commençaient à s'agiter alentour, mais le matador leur fit signe de s'éloigner. Il voulait qu'on laisse « Carafea » agoniser tranquille. Sans d'ultimes tracas inutiles. Un cercle de quatre hommes se forma donc, à distance respectueuse. Le taureau se courbait, se cabrait, les antérieurs étaient plantés en avant, résistant encore un instant ou deux au nom du corps tout entier ; la tête dodelinait lentement, comme une vieille pendule trop robuste. Les hommes étaient silencieux, immobiles, dans une image arrêtée. Bientôt – c'était une question de secondes – la mort allait triompher de l'animal, et la vie humaine reprendrait son cours dans l'arène : l'attelage des mules à clochettes traînerait la dépouille, les balayeurs s'activeraient, le matador se passerait un peu d'eau fraîche sur la nuque et le ballet des costumes de lumière suivrait. Mais, pour un instant encore, le temps était en suspens, la vie attendait la mort, sans impatience. Et la mort, quant à elle, attendait que la vie ait dit son dernier mot.

Soudain, l'arène se divisa. Une cassure nette. Le haut contre le bas. (À Nîmes, cette coupure horizontale se substitue à l'habituelle division verticale « ombre » et « soleil ». Le public des abonnés, mais aussi le plus fortuné, est en bas du cirque romain ; le public plus occasionnel, mais aussi plus populaire, se trouve en haut, à l'amphithéâtre.) Le « bas » s'était levé, par respect de la décision du matador de laisser l'agonie suivre son cours naturel : déjà nombre d'esprits distingués applaudissaient l'ultime lutte du taureau contre la mort. Le « haut » s'en offusqua : il se mit à siffler le matador qui laissait ainsi agoniser la bête au lieu de se précipiter sur l'arme du coup de grâce. Il englobait dans la même réprobation ce matador inefficace et ce « bas » si insensible à la détresse du taureau. Le « bas » s'en prit au « haut », si incompétent. Le matador regarda l'arène avec étonnement, sans rien comprendre à cette « division d'opinions » violente qu'avait provoquée son geste, plutôt anodin.

En l'occurrence, les deux réactions extrêmes étaient déplacées. Le taureau avait été médiocre, et son agonie, si spectaculaire ou pathétique qu'elle fût, ne signifiait rien, *tauromachiquement parlant*. Il n'y avait pas là les ultimes manifestations d'une bravoure débordante ou d'un appétit inassouvi de combat, mais les simples soubresauts mécaniques d'une vie qui s'éteint. Les applaudissements étaient donc sans objet. Mais, par ailleurs, étant donné la forme de l'agonie, il n'y avait techniquement pas moyen de l'abréger par un coup d'épée ou de poignard libérateur.

Les protestations étaient donc tout autant hors de propos que les ovations. Mais peu importe, la question n'est pas là. Ne jugeons pas de la légitimité des réactions des uns ou des autres, efforçons-nous de les comprendre. Que *voient* les deux publics ? Quel taureau ? Quelle scène ?

Le « bas » se lève, par respect. Il voit un être combattant, livrant son dernier combat. Il voit un animal qui s'est battu vaillamment contre des picadors et des banderilleros : ceux-ci l'avaient blessé et affaibli, mais non pas encore vaincu. Il voit un lutteur héroïque qui, l'instant d'avant, tentait avec intrépidité – et obstination –, dans un duel équitable et inégal, d'attraper un homme désarmé, mais qui vient cette fois d'être battu, définitivement. Ce qui justifie aux yeux du « bas » cette mort en public, c'est que cette lutte, et en particulier ce dernier coup, l'estocade, étaient *loyales.* « Le bas » voit un combattant qui a perdu. Un être désormais incapable de lutter contre qui que ce soit, un être vivant réduit, pour quelques instants, à se défendre contre la mort. Le « bas » se lève, en hommage au combattant ; il applaudit l'animal agonisant comme on se découvre devant le vaincu : « Oui, tu mérites aussi une mort calme et digne. »

Le « haut » se lève aussi, mais d'indignation. Il voit un être vivant, expirant dans les tourments du dernier souffle. Il voit un animal qui vient de participer à un spectacle qui ne se justifie à ses yeux que s'il s'accomplit sans souffrance superflue : le moins possible de piques, de banderilles, de coups d'épée – maux nécessaires dans leurs effets mais déplorables dans leurs manifestations (le sang, les blessures, l'agonie). Ce qui justifie cette mort en public, c'est que ce spectacle est « propre » et qu'en particulier ce dernier coup, l'estocade, garantit une mort *rapide*. Une mort aseptisée, où l'état (être mort) l'emporte vite sur l'acte (mourir), où le moyen s'efface devant la fin. Le « haut » voit donc une victime dont l'exécuteur – le matador – n'abrège pas les derniers instants. Le « haut » se lève, en colère contre un tortionnaire et contre ses partisans du « bas » : « Comment pouvez-vous laisser un vivant agoniser sans en écourter les épreuves ? »

Le « bas » ne comprend pas. « Le haut est insensible, se dit-il. Il ne voit pas le taureau livrer sa dernière lutte ; il n'a aucun respect pour "Carafea". » Le « haut » ne comprend pas. « Le bas est insensible, se dit-il. Il ne voit pas le taureau subir sa dernière souffrance ; il n'a aucune pitié pour "Carafea". » Chacun voit la sensibilité de l'autre à l'aune de la sienne. Et nul ne voit comment l'autre voit le taureau.

Deux sensibilités. Deux conceptions de la tauromachie. Deux visions du taureau.

Deux sensibilités. En tant que telles, elles se valent.

Deux conceptions de la tauromachie : un spectacle dont le taureau est la victime ou un combat dont le taureau est un des protagonistes. Ces deux points de vue, du haut et du bas, ne se valent pas, puisque les valeurs sur lesquelles se fondent la *tauromachie* sont celles du combat. Mais la corrida de mort plonge autant ses racines multiples dans le sacrifice ritualisé d'une bête merveilleuse que dans le duel formalisé entre deux lutteurs braves et nobles. L'image archaïque du taureau est autant celle de la victime inéluctablement abattue que celle du combattant plus ou moins valeureux. Le vocabulaire tauromachique l'atteste encore : on parle certes de « bravoure* » et de « noblesse * » pour le comportement du taureau, mais ne nomme-t-on pas « châtiment » l'épreuve de la pique, ne dit-on pas que celle-ci « humilie » la bête – pour dire qu'elle lui fait baisser la tête –, ne parle-t-on pas de « grâce* » lorsqu'elle a la vie sauve ? Le regard du « haut » n'est donc pas si anti-tauromachique qu'il pourrait paraître. Ce qui le rend tel, c'est la sensibilité moderne dont il s'accompagne : la compassion pour la victime a remplacé la communion et la délectation cruelle de l'immolation.

Deux visions du taureau : un être passif, victime, souffrant ; un être actif, résistant, combattant. Chacune a sa morale : la pitié ou la cruauté à l'égard des faibles, le respect ou l'admiration à l'égard des combattants. Ces deux points de vue sont évidemment aussi anthropomorphiques l'un que l'autre. Que savons-nous du plaisir et de la peine du taureau ? Quelle est sa douleur et quelle est sa peur ? Où est sa nature et quel est donc son « souverain bien » ? Il nous semble bien que le taureau de combat réalise son essence en combattant, puisqu'il est *bravo* (voir chapitre précédent). Sans doute, comme tout combattant, est-il plus « lui-même » dans l'engagement que dans l'inaction, et donc plus libre dans l'arène que dans un enclos… Sans doute. Peut-être même « aime-t-il » charger, baisser la tête, se précipiter sur nos piques et même jouer avec nous le dimanche en tournoyant autour de nos leurres au rythme de nos *olés*. C'est du moins ce que nous croyons entrevoir chez certains grands taureaux. Sans cette « bravoure* », cette « noblesse* », sans cette « allégresse », que nos catégories tauromachiques lui attribuent, la corrida serait sacrifice… ou barbarie. Mais il se peut aussi que, courant dans l'arène, il rêve de ses champs, à la façon dont rêvent les taureaux. C'est du moins ce que nous entrevoyons chez certains taureaux fuyards, comme était justement « Carafea » et tous ses compagnons du jour. Les « bons » taureaux justifient les valeurs de la corrida-combat, et les « mauvais » taureaux, celles de la corrida-sacrifice.

Nul ne sait comment « Carafea » vécut – et lui moins qu'un autre. Probablement une vie pleine de chacun de ses moments, ni plus ni moins, et donc sans véritable histoire. De lui, on sait seulement qu'il combattit comme une victime et qu'il mourut comme un héros. Ni cet excès d'honneur venu d'en bas, ni cette indignation partie d'en haut n'étaient faits pour lui. Pas de tapage inutile. « Carafea » avait droit au silence.

## *Vers un nouveau sens de la mort du taureau ?*

Il arrive donc que les deux scènes s'offrent en même temps à la vue de deux publics : telle est la leçon de la mort de « Carafea ». Mais elle a peut-être autre chose à nous apprendre. Car cette double scène ne s'est pas produite qu'une fois. Elle revient de temps en temps – et sans doute de plus en plus souvent. Il est possible qu'elle nous indique que quelque chose est en train de changer. Qu'un nouveau sens de la mort du taureau se fait jour dans les sensibilités modernes, loin des interprétations « sacrificialiste » ou « agonistique ».

Car en dépit de leur antagonisme, ces explications de la mort du taureau partagent deux traits communs, essentiels. Dans les deux cas, la mort du taureau est l'issue nécessaire, inéluctable, du combat. Qu'on voie en elle un drame sacré ou un tournoi moderne, la corrida ne peut pas être définie comme un rite *suivi* d'une immolation ni comme un combat *suivi* d'une mise à mort, comme si les deux phases pouvaient être disjointes, mais plutôt comme un rituel conduisant nécessairement au supplice ou comme un combat menant inévitablement à la mort. Dans les deux cas, les trois tiers* et la mort sont liés *indissolublement*. Or ce lien consubstantiel est peut-être en train de se déliter. Certains publics actuels commencent à voir la mort du taureau sous un autre angle.

Il y a un deuxième point commun aux deux interprétations de la mort du taureau. Dans les deux cas, ce n'est pas le taureau qui meurt, c'est l'homme qui le tue. C'est parce que la mort du taureau réalise un objectif humain, une *fin de l'homme* (démontrer sa puissance ou immoler une bête), que, à cet instant au moins, c'est l'homme seul qui agit, non la bête ; elle est, dans les deux cas, *mise* à mort : victime passive dans un cas, vaincue finalement dans l'autre. Ce qui compte, c'est l'acte par lequel le sacrificateur l'immole ou celui par lequel le vainqueur l'occit (bien ou mal), et non l'attitude dans laquelle le taureau expire. En mourant, le taureau ne « fait » rien, si l'on peut dire, c'est le matador qui « fait », comme son nom l'indique. Or là encore, cette représentation de la mort du taureau est, elle aussi, en train de se modifier sous nos yeux et même de s'inverser. Certains publics se mettent à voir autre chose.

Que le lien de nécessité entre la vie du taureau et sa mort, entre le *toreo** et l'estocade, soit en train de se rompre, on en a eu une preuve, en quelques décennies, dans la généralisation de l'utilisation de l'épée postiche pendant la *faena**. Les deux phases (le combat/la mort) semblent désormais disjointes, aucun lien de nécessité ne semble plus les coordonner. Quand le torero va chercher la vraie épée, on passe à autre chose : c'était le jeu, voici la mort. Mais une preuve encore plus récente, et plus décisive, de cette disjonction se trouve dans la mode grandissante de la « grâce* » (*indulto*). Autorisée (art. 83 du Règlement de 1992) seulement dans les arènes de première et deuxième catégories, elle est officiellement destinée à sauvegarder les taureaux aux caractéristiques physiques et surtout aux qualités morales *exceptionnelles* (notamment la « bravoure ») afin qu'ils puissent servir de reproducteurs dans les élevages d'où ils sont issus. Il s'agit donc, en principe, de préserver le sang « brave » ou d'améliorer la race du taureau de combat. Il n'est pas question de discuter ici les mérites et les faiblesses de cette disposition réglementaire. (Déplorons seulement que la plupart des « grâces » soient accordées dans des arènes de troisième catégorie, plutôt pour promouvoir, par intérêt publicitaire, une fête locale que pour défendre, par souci zootechnique, la qualité de la race taurine. Remarquons aussi que si, en un sens, elle dispose les publics à être attentifs à la combativité du taureau, en un autre sens, les conditions de son octroi font qu'elle profite plus aux taureaux nobles*, à la charge inlassable mais facile, et donc souvent un peu niais, qu'aux taureaux foncièrement braves, tant aux piques qu'à la muleta.) Ne discutons pas du principe, mais de ses conséquences sur la sensibilité des publics (à moins que l'évolution de celle-ci ne soit une des causes indirectes des dispositions réglementaires, ou du moins de leurs conditions d'application). Car les arguments utilitaristes n'y changeront rien : lorsque les publics réclament aujourd'hui la « grâce », c'est rarement en pensant à régénérer le sang de l'élevage. Ils considèrent de plus en plus la vie sauve du taureau comme une sorte de droit – le sien, mais aussi d'une certaine façon le leur. La « grâce » est tenue pour une espèce de récompense suprême que le taureau aurait conquise par sa bravoure*, ou sa noblesse*, voire son exceptionnelle « toréabilité ». Hors des grandes arènes rigoristes, les publics réclament la vie sauve pour le taureau quand naguère ils auraient simplement demandé le tour d'honneur symbolique à sa dépouille – ce que d'ailleurs ils font de moins en moins. Tout cela montre l'avènement d'une nouvelle sensibilité du public, pour laquelle la mort du taureau n'est plus l'accomplissement nécessaire de son être, c'est-à-dire de son combat, et pour qui tout taureau de combat disposerait en quelque sorte *a priori* d'un « droit de survie », faible mais réel, une sorte de « droit de tirage » sur le salut, comme on parle aujourd'hui des droits de tout un chacun à n'importe quoi, au lieu de se référer à la morale ou à la justice.

C'est sans doute à cette même sensibilité qu'il faut rapporter une nouvelle manière de regarder la mort du taureau dont la double mort de « Carafea » nous a servi d'exemple. On assiste souvent à ce spectacle étrange : *après* la mise à mort, traditionnellement *figure* suprême et ultime, commence une péripétie inédite du drame taurin : l'agonie du taureau. Le taureau devient alors le principal protagoniste d'un acte, au double sens d'une action et d'un épisode théâtral : sa propre mort. Cette mort solitaire est pour un temps au centre du spectacle. Et elle l'est *pour elle-même*, c'est-à-dire indépendamment de la qualité de l'estocade et du comportement antérieur du taureau, qu'il se soit montré *bravo** ou *manso** au cours du combat. On voit des publics se passionner pour cette phase du combat où le taureau est hors combat. Des taureaux médiocres, comme « Carafea », finissent par être acclamés pour une agonie spectaculaire, des estocades techniquement parfaites finissent par être conspuées pour une agonie un peu longue. La mort du taureau a désormais pris son autonomie par rapport au geste du matador. Elle est devenue une action à part entière. Le même phénomène se manifeste parfois d'une autre façon. De plus en plus, les matadors *mettent en scène* l'agonie du taureau, et non pas seulement leur mise à mort. Ils « pathétisent » la mort, si l'on peut dire : comme Esplá, ils demandent d'un geste à leurs auxiliaires de faire cercle autour de l'animal, devenu brusquement le héros central et même unique de la pièce, alors même qu'il ne *fait* plus rien – et puis ils se retirent eux-mêmes doucement du centre de la scène, comme si, en devenant les spectateurs passifs du drame, ils en demeuraient les humbles auteurs secrets et ajoutaient à leur propre gloire de vainqueur la *belle mort* du vaincu. En mourant, le taureau redevient *acteur*. Il joue sa propre mort. Celle-ci tend à devenir une action du taureau lui-même (il meurt) et non plus ou plus seulement du torero (il met à mort). La mort cesse d'être un effet : cesser de vivre et de combattre. Elle devient un acte à part entière, *mourir*, et parfois l'acte essentiel du taureau, quand sa « lutte contre la mort » (si cela a un sens) semble plus compter que sa lutte contre l'homme.

On dira que les deux phénomènes vont en sens contraire : d'un côté, les publics sont de plus en plus sensibles, positivement ou négativement, au *spectacle* de la mort, mais, d'un autre côté, ils semblent la bannir en réclamant de plus en plus souvent la « grâce ». En fait, la dramatisation progressive de l'agonie et la doléance inchoative d'un droit de survie pour le taureau témoignent de la même évolution. Elles attestent qu'une même rupture est en train de s'opérer avec les deux visions de la mort du taureau qu'on s'est efforcé d'illustrer ci-dessus, la « sacrificialiste » et l'« agonistique ». Une nouvelle sensibilité à la mort de l'animal se fait jour, qui s'est en quelque sorte « humanisée », ou du moins « urbanisée » : certains taureaux « vertueux » auraient désormais le droit d'être *récompensés* par la vie sauve, et tous redeviendraient, au moment de mourir, les *auteurs* de leur propre vie. Il y a là peut-être les prémices d'un nouveau sens des « corridas de mort ». La liaison intrinsèque entre le rituel, ou le combat, et la mise à mort se dissout aux yeux de certains publics. Comme si l'effet était en train de se dissocier de sa cause. D'un côté le combat, avec un seul acteur, d'un autre côté la mort, avec un seul acteur, mais ce n'est plus le même. On attend de plus en plus que le torero soit le seul acteur face à un taureau qui se laisserait passivement combattre ; on attend de plus en plus du taureau qu'il redevienne acteur de sa mort face à un torero qui serait de moins en moins *matador*. Est-ce à dire que les corridas tendent à n'être plus « de mort » ? Pas du tout. Et même au contraire. Elles sont de mort, plus que jamais. C'est la *vie* ou la *mort* du taureau elles-mêmes qui comptent désormais de plus en plus ; le *fait* qu'il vive (ou survive, parfois), le *fait* qu'il meure, l'événement même de sa mort, ou parfois de sa non-mort. Les arènes sont peut-être de moins en moins des lieux où l'on *tue* visiblement, par rite ou par défi, parce qu'elles sont de plus en plus des lieux où l'on *meurt* publiquement.

Ces cérémonies de la mort ne valent-elles pas le silence secret des abattoirs ou la prétendue asepsie des mouroirs en tout genre ?

## CHAPITRE 3

# Être torero

On s'étonne parfois que la corrida soit menacée. Le miracle est qu'elle survive. Ce qui est fou, c'est qu'il y ait encore des toreros. Une légende répandue dans les années 1950 et 60 voulait que la tauromachie n'attirât que des jeunes gens faméliques n'ayant d'autre issue, pour sortir de leur condition misérable, que de tenter le diable et de se jeter entre ses cornes dans l'espoir de devenir riches. Ils se faisaient chair à taureaux, comme leurs sœurs faisaient la bonne chez les riches ou la pute au coin de la rue. Pauvres enfants! L'épopée mille fois contée de « El Cordobés » faisait le reste[1]. Les experts en sociologie élémentaire vaticinaient alors d'un air grave : « Quand tout le monde mangera à sa faim, il n'y aura plus de toreros, donc plus de corridas ». CQFD. Les experts avaient tort. L'Espagne a beau être

---

1. Voir notamment le *best-seller*, *Ou tu porteras mon deuil*, Paris, R. Laffont, 1967, des journalistes Dominique Lapierre et Larry Collins.

devenue un des pays les plus développés d'Europe, il y a toujours autant, si ce n'est plus, de vocations de toreros, les « écoles taurines » se sont ouvertes un peu partout réunissant des jeunes gens de toutes conditions, et la France elle-même est devenue un pays de grands toreros, toujours moins faméliques, toujours plus audacieux et déterminés. Ce qui échappe aux « experts », c'est qu'on peut rêver d'autre chose que de consommer.

Il faut dire à leur décharge qu'il y a là un mystère. Comment des jeunes, en Europe, au XXIe siècle, peuvent-ils encore décider de risquer leur intégrité physique et de sacrifier leur jeunesse dans l'espoir d'une réussite à laquelle ne se comparent ni la richesse des joueurs de football, ni la notoriété des chanteurs de variétés, ni l'aura des acteurs de *telenovelas* ? Des coups de corne, des nuits de voiture, des articles dédaigneux de la critique taurine, des injures de la part des anti-taurins, des blessures de corps ou d'amour-propre, tel est souvent leur lot. Et pourtant, il s'en trouve tous les jours qui prennent la cape et l'épée et se hasardent à se vêtir de vertus héroïques pour affronter des animaux dans une arène. La raison vacille devant leur étrange défi. Ce mystère a un nom : l'*afición*, autrement dit la passion du taureau. Il n'en est pas moins un mystère.

Pourquoi risquer à chaque instant la blessure et la mort, pourquoi mettre en péril son existence et sa tranquillité ? Pour rien, peut-être. Par jeu, par défi, par liberté ? On fait peut-être cela *sans raison.* Mais en tout cas on ne le fait pas sans y *croire*. Il doit bien y avoir là-dessous tout un échafaudage, inconscient mais tenace, de valeurs et d'idéaux.

Un fait minuscule peut nous mettre sur la voie de ce système...

Après une grande *faena** ou à la fin d'une après-midi triomphale, le torero est ovationné, il reçoit les trophées, le public se lève pour applaudir son tour d'honneur et lui envoie fleurs, cadeaux ou mantilles. Il arrive qu'il soit porté en triomphe et sorte ainsi par la grande porte des arènes, honneur rare. Mais au-dessus de toutes ces manifestations de joie, de ces acclamations et récompenses, il y a un cri, un seul, le plus haut dans la hiérarchie du triomphe, comme une clameur scandée par la foule les plus grands soirs. Ce cri, c'est tout simplement « torero ! torero ! ». La plus grande gloire pour un torero, c'est-à-dire pour quelqu'un qui torée les taureaux, c'est d'être appelé torero. Le mieux que puisse être un torero, c'est tout simplement d'être torero. Voilà qui est étrange. On ne sache pas que, du plus grand cuisinier, on dise après un grand repas : « Il a été cuisinier. » On ne connaît pas de cas où l'on acclame un artiste en lui criant : « chanteur ! chanteur ! », « acteur ! acteur ! », ou même « footballeur ! footballeur ! ».

Ce fait anodin est peut-être l'expression la plus significative de l'éthique du torero. Il nous indique ce que représente de se rêver torero. Ce que signifie, non pas toréer, non pas toréer *bien*, mais « être torero ». Il y a en effet une éthique « torera ». Et elle se distingue de la morale commune, celle qui régit nos mœurs, nos croyances, nos devoirs, celle que nous devons reconnaître hors de l'arène, celle que nous autres, hommes ordinaires, occidentaux et modernes, adoptons généralement dans nos jugements et nos rapports à nos semblables, celle du moins qui est le plus communément (et légitimement) admise – celle qu'on peut appeler la « morale universaliste ». L'éthique « torera » est cohérente, exigeante, complète, systématique. Elle est perçue par tout *aficionado*, pressentie par tout torero, jamais explicitée. (Mais c'est souvent le cas des principes éthiques.) Elle est comme la préservation, en vase clos, dans le rond de l'arène, d'une tout autre morale, qui traverse les âges et dont les principes remontent aux grands sages de l'Antiquité, notamment les stoïciens. Peut-être est-elle même comme le modèle d'une éthique alternative...

« Torero ! Torero ! » Le nom commun de tous ceux qui toréent les taureaux, bien ou mal, est en même temps l'adjectif qui qualifie l'excellence suprême à *bien* accomplir cette fonction : être torero. Ce fait contient trois déterminations essentielles significatives de l'éthique « torera ». « Torero ! Torero ! » implique que l'excellence suprême consiste non pas à faire ou à avoir fait quelque chose, mais à être quelqu'un : l'éthique « torera » est une éthique de l'*être*, alors que la morale universaliste est une éthique du *faire*. « Torero ! torero ! » signifie que, parmi tous ceux qui sont toreros, c'est-à-dire qui toréent les taureaux, seuls quelques-uns, très rarement, réussissent, exceptionnellement, à *être*, à être vraiment, à être tout à fait... toreros. C'est pourquoi être un torero est commun, être torero est rarissime : l'éthique « torera » est une morale de l'individu d'exception et non une morale universelle. Mais le fait que cet idéal du torero porte le nom même de l'office du torero est significatif d'un troisième aspect de l'éthique « torera » : l'excellence suprême pour un torero consiste à n'être rien d'autre que ce qu'il a pour mission d'accomplir – être torero, quoi qu'il arrive. Et cela encore s'oppose à la morale universaliste, qui ne différencie pas les hommes selon leurs fonctions et qui subordonne l'accomplissement des fonctions à des devoirs universels.

## *Une éthique de l'être*

On oppose parfois les morales anciennes aux morales modernes. Les premières seraient plutôt des morales de l'être, et les secondes, de l'acte. La question moderne, depuis l'avènement de l'individu libéral, au XVIII$^{e}$ siècle, c'est : « Quels actes sont bons ou mauvais, permis ou interdits, quelles actions valent ou non en somme : que dois-je faire ? » La question ancienne, dans les morales de l'être, c'est : « Quel type de vie est vraiment valable, quelle manière d'être homme est absolument bonne en somme : qui veux-je être vraiment ? » Dans cette éthique, le bien, le bien le plus élevé, le « souverain bien » ne consiste pas à agir comme il faut, à faire ce qui est permis et à s'abstenir de faire ce qui est interdit, à faire le bien (obéir à la loi morale ou divine) et à éviter le mal (la faute ou le péché), mais à devenir au plus haut point ce qu'on était déjà plus ou moins : un homme par exemple. Comment me conduire pour être vraiment un homme ? Car, ce qu'on est, on ne l'est pas encore, on a *à l'être*, en se conformant le plus et le mieux possible, par ses œuvres et son attitude permanente, à ce qu'on est déjà par définition : un homme… ou un torero.

Car l'éthique « torera » est incontestablement une éthique de l'être. En effet, pour avoir droit au « torero ! torero ! », il faut plus que *faire bien*, il faut *être bien* si l'on peut dire. Certes, pour être un bon torero, il faut toréer le mieux possible, conformément aux canons. Mais être un bon torero est une chose, être torero en est une autre. L'un est un métier ; l'autre, une valeur. L'un relève de la technique ; l'autre, de l'éthique. Être un bon torero est donc une condition utile mais nullement nécessaire et absolument insuffisante pour être torero.

Alors qu'est-ce qu'être torero ? C'est d'abord s'identifier à un costume qu'on porte dans l'arène et dont l'empreinte empesée semble vous coller encore en ville. Mais de ce costume fait aussi partie un port, un maintien, on devrait dire une *tenue* tant le torero est tenu de toutes parts. Car, dans l'arène, on est ce qu'on paraît. Et le torero a appris à paraître torero, même hors de l'arène : le cheveu court et bien peigné (tout est sous contrôle), la tête haute, on se tient droit, les épaules imperceptiblement en arrière, impeccablement vertical, légèrement cambré. La tête haute dit la hauteur, forcément. La droiture dit la droiture, son nom l'indique. Les épaules disent le buste. La cambrure dit l'orgueil. La verticalité dit : mon attitude, je la maîtrise, rien ne peut l'ébranler, rien ne peut m'ébranler, ni le besoin de confort ni l'envie d'« être à l'aise ». Rien ne peut me décoiffer, ni taureau face à moi ni vent dans les cheveux.

Car, être torero, c'est cela : être détaché. C'est se vouloir d'autant plus distant de ce qui vous arrive qu'on se met plus à portée des cornes qui arrivent. Cela tient en un mot : « tenir », *aguantar** en espagnol. Tenir, quoi qu'il arrive, coûte que coûte. Le torero se tient (bien) parce qu'il doit tenir (ferme). Ne pas rompre, ne pas céder de terrain face à l'adversaire, face à l'adversité, face à la peur, face à la mort. Mais surtout le faire avec détachement, le plus près du taureau, le plus loin de soi. Et telle est aussi la première qualité du Sage stoïcien : quoi qu'il lui arrive, il n'en est pas affecté, la mort peut le frôler, elle ne l'atteint jamais, le Sage demeure en sa citadelle intérieure, comme le dit Marc Aurèle. « Un homme à l'âme grande et forte, écrit Cicéron, méprise et tient pour néant tous les accidents qui peuvent tomber sur lui » (*Des fins*, III, 29). Le Sage stoïcien est l'image d'une liberté qui triomphe de tous les obstacles, celle d'un homme qui s'élève au-dessus de « tout ce qui ne dépend pas de lui » (Epictète) – l'imprévisible absolu : les contingences de la vie et la nécessité de la mort. La liberté du Sage se réalise par la *distance* la plus grande qu'il met entre ce qu'il est intérieurement (cela ne doit pas apparaître), et ce qui se passe extérieurement : ce qui peut arriver toujours, ce qui doit arriver un jour. De même, la liberté du torero consiste à se hisser au-dessus de l'accidentalité du taureau, toujours suscitée, toujours déviée d'un simple mouvement d'étoffe, au-dessus de l'accidentalité de sa propre mort, toujours suscitée toujours déviée. (Certes, ce n'est pas ainsi que font tous les toreros, ce n'est pas ainsi qu'ils se conduisent toujours réellement, mais c'est l'*éthos* qu'ils tentent d'incarner, c'est l'éthique du torero-torero, c'est l'idéal auquel on les mesure.) « Même si vous êtes serrés de près, écrit Sénèque, si vous êtes bousculés par la violence de votre ennemi, il est indigne de céder : Gardez le poste qui vous a été assigné par la nature» (*De la constance du sage*). On n'est maître de son adversaire que parce que l'on est d'abord maître de soi. On ne domine le taureau qu'en dominant ses propres affects. Être torero, être Sage, c'est traiter par le mépris – ou l'indifférence – tout ce qui devrait vous affecter, tout ce qui affecte le commun des hommes. Il y a là un paradoxe essentiel : la distance morale du héros ou du Sage par rapport à l'adversité est d'autant plus grande que la distance physique par rapport à l'adversaire est plus réduite. Ce paradoxe est constitutif de la morale stoïcienne, célèbre dans l'Antiquité pour ses paradoxes, comme de l'éthique «torera» : *Il faut au torero frôler le taureau ou la mort, pour pouvoir s'en montrer détaché.* Plus l'adversaire est proche de son corps, plus il peut montrer qu'il s'en tient lui-même à distance. Il *doit* donc s'en tenir au plus près pour *pouvoir* s'en montrer au plus loin. Car il ne peut montrer qu'il s'en détache moralement que s'il s'en rapproche physiquement. Ainsi torée José Tomás.

Ce paradoxe est celui du «détachement». Le Sage, ou le torero, ne peut faire preuve de son détachement vis-à-vis de la mort qu'à condition de la provoquer. Il ne peut montrer la distance où se situe sa liberté par rapport au taureau qu'à condition de raccourcir la distance physique qui le sépare de lui et mettre ainsi en péril cette liberté même. Pour augmenter la distance métaphorique qui le détache de la mort, il doit raccourcir la distance littérale qui le sépare des cornes. Il ne peut être indifférent à ce qui lui arrive venant du taureau qu'à condition qu'il lui arrive presque dessus. C'est pourquoi les Sages stoïciens réclament les *épreuves*, sans lesquelles leur sagesse et leur liberté resteraient lettre morte. Sénèque : « Un gladiateur trouve déshonorant d'être mis en ligne contre un adversaire moins fort que lui. Il sait qu'à vaincre sans péril, on triomphe sans gloire. La fortune fait de même ; elle cherche à s'affronter aux plus braves » (*De la providence*, III, 4). Et ailleurs : « Je te juge malheureux de n'avoir jamais été malheureux : tu as passé ta vie sans adversaire ; personne ne saura ce que tu aurais pu faire, pas même toi » (*ibid.*, IV, 3). Une éthique du combat a par définition besoin d'un adversaire pour se réaliser. Une éthique de la liberté a besoin de sa propre négation. De ce paradoxe se déduit la *tension* du Sage stoïcien comme du héros taurin – car le torero est face au taureau comme le sage est face aux vicissitudes de la vie. Dans le théâtre de l'arène, nous assistons à la tension permanente entre le torero qui s'efforce d'incarner cet idéal de détachement, de maintenir cette distance de soi à soi où réside sa liberté, de se montrer maître de tout ce qui arrive, de jouer à la perfection son rôle en accomplissant son office, et le taureau qui à chaque instant tend à réduire cette distance à néant, à broyer cette liberté en accrochant son costume et en malmenant sa chair, en le ramenant ainsi à son humanité mortelle, la nôtre, à son corps banal, le mien, le vôtre. Nous voyons là, réalisée dans l'arène, la tension de l'éthique stoïcienne, partagée entre l'*idéal* du Sage et la *réalité* qu'il doit affronter pour atteindre cet idéal : c'est la tension entre la liberté du torero, qui se joue de l'accidentalité, et l'accidentalité du taureau, qui est le fond nécessaire sur lequel cette liberté se forme. À chaque instant du combat, le taureau incarne la possibilité même de l'intrusion du réel sur la scène de la représentation, et donc la « possibilité de l'impossibilité » : la mort.

L'*éthos* du torero est fragile, et c'est pourquoi le torero se fortifie. L'*éthos* est un idéal, mais il est toujours guetté par le réel. Il est un idéal qui a besoin du réel pour se différencier, mais qui est menacé par ce réel même d'être réduit à néant. Le réel, c'est le taureau. L'imprévisible, c'est le taureau. La nécessité de la mort et la possibilité de celle du torero, c'est le taureau. Le torero est ce héros qui ne peut le devenir qu'à condition de provoquer sans cesse ce qui pourrait l'empêcher de l'être et le ramener à la simple humanité – que révèlent la maladresse, l'écart, le coup de corne, la blessure. C'est une éthique de la représentation, mais qui est toujours menacée par le réel même qu'elle représente. C'est une éthique de l'être, immuable, invincible, mais qui est toujours menacée par sa propre négation, la factualité nue.

L'être prime donc sur le faire. Comme le dit Epictète : « Demande-toi d'abord ce que tu veux être ; et alors seulement fais ce que tu fais. Dans toutes les autres occupations, nous voyons que les choses se passent ainsi. Les lutteurs décident d'abord ce qu'ils veulent être et ensuite, ils agissent en conséquence... » (*Entretiens*, III, XXIII, 1). Une éthique de la lutte, mais qui doit s'exprimer hors de toute lutte. Montrer ce qu'on est, même si on n'a rien fait. On peut être bon ou mauvais torero dans le combat, mais on peut être torero hors du combat. Comme le lutteur stoïcien, le torero doit se montrer doté des qualités du combattant même quand elles n'ont pas eu l'occasion de s'exprimer dans le combat. Toute la conduite du torero dans l'arène, depuis le défilé des quadrilles jusqu'à la sortie finale, doit être « torera » : se montrer invincible.

Il peut même arriver que les actes s'avèrent inutiles à la manifestation de l'essence. Il arrive qu'on puisse être torero sans avoir bien toréé : on s'est bien *tenu*, voilà tout, c'est-à-dire qu'on a tenu son rang. Santiago Martin (S.M.) « El Viti » était de ceux-là. Il triomphait peu, mais ne se départait jamais de son « être torero », qui lui collait au visage comme un masque neutre : qui aurait osé siffler S.M. « Sa Majesté » ? Une fois pourtant, il cessa un instant de paraître ce qu'il était. Ce fut paradoxalement un soir de triomphe. La *faena** avait été majestueuse, envoûtante : rarement le bras gauche légèrement arqué de S.M. n'avait atteint une telle douceur pour conduire la mollesse de son adversaire, collé aux planches (Pampelune, 14 juillet 1976, « Torrestrella »). Juste avant d'entreprendre son tour de piste triomphal, les deux oreilles en mains, il bondit trois fois sur place comme un cabri, tout guilleret, tandis qu'on lui nouait autour du cou le foulard rouge des fêtes de la Saint-Firmin : la joie avait débordé, le bouchon de l'apparaître avait sauté. Rarement il avait été aussi bon torero, rarement il avait été aussi peu torero. Parfois aussi, certains toreros s'imposent à leur adversaire, mais ne se montrent pas toreros : par exemple ils affichent une conduite revendicatrice (réclamer des trophées qu'on juge mérités), provocatrice (défier des yeux le président), vulgaire (donner un coup de pied au taureau), indigne (bousculer un compagnon), malséante (répondre au spectateur qui vous apostrophe), ou doloriste (se tordre par terre comme un footballeur) ; tous signes qu'on a été *vaincu*, sinon par le taureau, du moins par soi-même. On s'est laissé aller. La passion, ou seulement l'émotion, a pris le dessus sur l'être. On a beau avoir bien *fait*, on n'a pas *été* bien.

Inversement on peut être torero dans la défaite, si l'on accepte son échec avec dignité et lucidité, sans ostentation certes, mais aussi sans déni ni révolte contre la malchance, contre le bétail ou l'incompréhension du public. Ainsi faisait Curro Romero, plus torero encore les soirs de déroute que les soirs de triomphe : congédiant d'un geste, à l'issue de la corrida, ses auxiliaires et ses compagnons (« La débâcle, je l'assume, l'opprobre est pour moi seul »), il traversait toute l'arène au pas lent, imperturbable sous la pluie d'injures, renvoyant même dans un sursaut d'orgueil les forces de l'ordre venues le protéger. Combien de fois l'avons-nous vu ainsi, après une prestation calamiteuse face au taureau, se montrer torero face au public ; supportant l'ire populaire avec *aguante**, comme une charge de taureau à lui seul destinée. Il est même arrivé que tant de noble impassibilité parvienne à apaiser l'une comme elle aurait dû tempérer l'autre. « Moi, torero ? semblait-il dire. Face au taureau ne puis, face au public le suis. Par définition je le demeure, et le resterai toujours. » Ainsi, par exemple, le 26 avril 1974, à Séville, où il avait réussi à dépasser les limites tolérées par ses plus fervents partisans : « *Bronca* de première. Il va vers le centre, il marche avec dignité, lentement, la cape de *paseo* sous le bras, les cris et les insultes faiblissent. Insidieusement d'abord. Disparaissent. Sont couvertes par un silence qui gagne. Quand on entend un applaudissement, puis deux, quelques clameurs, un tonnerre... Parvenu à la porte sous l'ovation, Curro salue comme s'il n'avait pas eu de chance sans toutefois démériter» (Francis Marmande, *Curro, Romero, y Curro Romero*, Verdier, 2001, p. 40). Le torero exprime ainsi qu'il vaut mieux que ce qu'il a fait ; que les vicissitudes du combat, les aléas de la vie, les accidents du monde, n'ont pas laissé l'occasion à son Être réel de se manifester dans des actes empiriquement tangibles, mais qu'il est *essentiellement* torero. Son essence «torera», aussi surabondante que l'Un chez Plotin, trouvait ainsi quand même le moyen de se révéler au plus grand nombre.

## *Une éthique héroïque*

«Torero ! Torero !» crie-t-on à certains toreros certains soirs. « Torero » a donc deux sens. Être un torero : le nom est commun à tous ceux qui combattent les taureaux. Être torero : l'adjectif qualifie la conduite exceptionnelle de certains. «Être» a donc aussi deux sens : être un torero, c'est dire ce qu'on peut faire, être torero, c'est dire ce qu'on doit être. Certains toreros, parfois, sont donc des «toreros-*toreros*».

Il y a des vertus qui sont forgées sur le qualificatif descriptif qui sert ordinairement à désigner l'appartenance à un genre. On opposera le «pianiste» (adjectif classificatoire et valorisant) au «joueur de piano» (périphrase descriptive et dévalorisante), comme on oppose le torero au « donneur de passes » – celui qui enfile les passes comme l'autre enfile les notes. Rien à dire, la technique est impeccable, l'un sait placer ses mains, l'autre met ses pieds là où il faut, pas une fausse note, la muleta n'est jamais accrochée, les traits montants et descendants sont parfaits à la main droite comme à la main gauche, les séries s'enchaînent des deux mains, la conduite du taureau est irréprochable. Et pourtant, quel ennui ! On écoute le joueur de piano comme la pluie, on regarde toréer le donneur de passes comme on regarde pleuvoir. On dira donc : « Ça, c'est un pianiste », pour parler d'un maître du clavier, comme on dira : « C'est un torero », pour désigner un *maestro*. Lorsque certains individus sont l'archétype et le modèle de certaines classes d'entités, hors de portée du commun des membres de la classe, l'individu exceptionnel est désigné du nom de la classe. Il l'incarne. Il n'est pas seulement *un* exemplaire de la classe, il est *exemplaire* de la classe. Ainsi en va-t-il de l'humanité. On dira d'un certain homme : « Ça, c'est un homme ! » ; il n'est pas un exemple d'homme parmi d'autres, il est un exemple pour tous les autres. Il personnifie toutes les vertus idéales qu'on attend de chaque homme ; il est le modèle de l'essence, la réalisation de l'Idée. Tel est le torero-*torero* : il est « en acte » ce que tous ceux qui toréent ne sont qu'« en puissance ». Ou du moins l'a-t-il été un soir. Car, si l'Idée ne s'incarne que chez quelques élus, ce n'est souvent que fugitivement...

Il en va de même, notons-le, que pour le taureau (voir chapitre 1). Tous les taureaux de combat sont des taureaux faits pour le combat, mais certains, par leur corpulence, leur force, et surtout leur bravoure exceptionnelle, sont les « taureaux-*taureaux* ». Car la *bravura** est la vertu par laquelle le taureau est supposé conforme à sa propre nature inscrite en lui de *toro bravo*. Il est par vertu singulière ce que tous sont par définition générale. Tous les taureaux qui sortent dans une arène sont des *toros bravos*, mais seulement certains sont *bravos* : les autres sont *mansos**, même s'ils appartiennent à la catégorie, à la race « taureau de combat ». La bravoure est en quelque sorte la « tauréité » du taureau. Le torero et le taureau sont jugés à l'aune de la même éthique. La vertu d'un être particulier, dans l'arène, taureau ou torero, consiste à être adéquat à son essence, à réaliser au mieux, *dans son individualité*, toutes les potentialités que recèle l'*espèce* : être taureau, être torero. Un homme par exemple doit être homme, non pas au sens où tous les hommes le sont, mais au sens le plus élevé, archétypal du terme, accomplissant mieux que quiconque ce qui est à la portée des autres hommes, et accédant même à ce qui semble hors de leur portée. La suprême excellence pour un taureau, être naturellement *bravo*, c'est donc d'être *bravo*. Comme la vertu pour un torero, c'est d'être torero.

Contrairement à la morale universaliste, qui s'adresse à tous et leur dit ce qu'ils doivent faire, ce type d'éthique, comme l'éthique stoïcienne, exige de chaque particulier qu'il se hisse au-dessus des autres. Elle fait de ces bienheureux des modèles offerts à l'admiration des hommes du commun : ces idéaux hors d'atteinte montrent à tous, non ce qu'ils peuvent faire, mais ce que nul ne peut vraiment faire, ce qu'aucun homme ne peut *être* vraiment, puisque ce mode d'être différent, unique, singulier, est réservé à certaines natures hors du commun. Des natures qui n'ont pourtant rien de « naturel » puisqu'elles se sont faites en partie elles-mêmes, en partie sous la conduite d'un maître. Comme l'éthique stoïcienne, l'éthique « torera » s'adresse à tout un chacun, puissants ou misérables, esclaves ou empereurs, hommes de toutes conditions, mais pour faire de chacun un être d'exception : *c'est une éthique aristocratique pour tout le monde.* Ce n'est pas une éthique démocratique fondée sur les idées d'égalité, de réciprocité, de justice, de compensation, de partage, d'échange : cette éthique-là, communautaire, est faite sur mesure pour la collectivité – la société ou l'humanité, communautés anonymes ; et nous la pratiquons légitimement hors de l'arène. L'éthique de l'arène est une morale aristocratique, fondée sur la hiérarchie, la précellence des meilleurs, l'exception, la générosité, la munificence, le don gratuit, la magnanimité : c'est celle du combat des héros, des princes conquérants et des princesses délivrées. C'est celle qui fait rêver l'enfant jouant aux mousquetaires, ce n'est pas celle qui réveille l'adulte lisant le journal du matin.

Le torero, c'est en somme le héros. Il en incarne les valeurs ; son comportement obéit à ses normes. Le héros, en général, c'est l'homme exceptionnel qui fait face à l'épreuve ou à l'adversité, seul sans l'aide des autres ou en avant des autres. C'est aussi celui qui se montre capable de l'action d'éclat, du geste impossible, de l'exploit individuel : celui qui fait ce que les autres ne peuvent pas et pour cela suscite leur étonnement et leur admiration.

C'est aussi celui qui fait preuve, plus que tout autre, des vertus physiques de détachement de soi (courage, endurance). Il est possible qu'il y ait encore dans notre monde des hommes solitaires admirables, capables de prouesses singulières et faisant preuve d'audace ou de résistance exceptionnelles. La réinvention du sport, au XIXe siècle, et la mode, à la fin du siècle dernier, des « aventuriers » en tout genre, témoignent de la réunion par quelques-uns de ces trois types de qualités consacrées qui composent l'héroïsme. Pourtant, plus qu'un autre, le torero incarne l'éthique du héros, car il y joint les valeurs afférentes au *combattant*. Traditionnellement en effet, le héros incarne avant tout les valeurs guerrières de la lutte, ou de la résistance, c'est celui qui se bat contre un adversaire vivant, et non pas seulement contre des obstacles naturels (l'Everest, l'Atlantique), contre un adversaire qui combat réellement et non sportivement. On ne parle évidemment pas de l'horrible *réalité* de la guerre, destructions, massacres, exterminations ; on ne parle bien sûr que des *idéaux* des jouteurs et des duellistes, des valeurs agonistiques liées à l'épée, on parle des rêves d'enfant, de Bayard, le « chevalier sans peur et sans reproche », de Sire Lancelot du Lac, « la fleur des chevaliers », de Richard, « cœur de lion »... Il est peu de lieux modernes, hors de l'arène, où ces vertus ont encore un sens – sûrement pas dans les armées et rarement dans les vraies guerres. Le torero n'est pas un vrai résistant ni un vrai combattant, cela va sans dire : il est en costume de lumière et parfois bien payé. Mais il n'est pas non plus un héros de théâtre : c'est un « acteur à qui il arrive de vraies choses », comme disait Orson Welles. Et on ne peut se revêtir de lumière qu'en acceptant la part de l'ombre et en se couvrant de vertus réelles. Ces vertus ont désormais peu de place dans le monde, c'est évident. Mais elles ont aussi perdu leur sens parce qu'elles étaient les *habitus* d'une classe, d'une caste ou plutôt d'un « ordre » disparu, la noblesse. La noblesse d'épée et les ordres ont disparu, fort heureusement. Ses « valeurs » subsistent, embellies par la traversée des âges et l'imagination créatrice de trois siècles d'art tauromachique. Elles sont désormais à la disposition de tous et survivent dans les rêves de quelques-uns...

C'est pourquoi tout geste « torero » (non pas tout geste d'un torero, mais tout geste dit « torero ») est un beau geste : non pas un geste beau, même s'il peut l'être, mais un geste admirable, c'est-à-dire un geste qui implique le sacrifice de soi et l'admiration des autres. « Dans le *toreo*, écrit Annie Maïllis, le bon geste est le beau geste » (*Fragments d'arène*, Cairn, 2005). Le torero qui, désarmé et au mépris de sa propre vie, s'élance au secours du collègue, voire du compétiteur, pour détourner sur lui-même la charge du taureau (faire le *quite**) en est l'illustration exemplaire. Ce devoir ne répond à aucun commandement. Cet impératif n'est écrit nulle part. On ne connaît pourtant guère d'exception à cette règle d'or. Ce n'est pas par « amour du prochain », ce n'est pas par « bienveillance », toutes vertus qui relèvent des morales de l'intériorité ou de l'universel. Ce geste est celui qu'on attend de l'*état* du torero. Il s'apparente à ce devoir absolu et aveugle d'hospitalité que l'on a, dans les sociétés traditionnelles, vis-à-vis de tout autre, même le rival ou l'ennemi. Dans le *quite** salvateur, il n'y a ni justice, ni attente de rétribution ou de compensation. Il y a là un mélange de solidarité au combat, d'abnégation spontanée, et d'expression de sa propre puissance : geste héroïque.

C'est une éthique aristocratique qui n'est pas *réservée* à un clan, une caste, une classe, une race, un genre, une catégorie distinguée *a priori*. Au contraire de la morale universaliste, elle ne s'adresse pas à tous collectivement, mais elle s'adresse pourtant à *chacun indistinctement*. Car la seule distinction qui vaille s'établit *a posteriori*, c'est-à-dire dans l'arène face au taureau. C'est lui qui remet les pendules à l'heure et fixe les hiérarchies qui comptent. Cette éthique se moque donc des rapports établis, des « grandeurs d'établissement », des conventions sociales : le *maestro* a beau avoir dix-huit ans, il marche devant les vieux banderilleros, car c'est lui qui tout à l'heure sera en première ligne devant le taureau, c'est lui qui tuera au risque de sa vie. La distinction n'existe pas d'avance, c'est à chacun de la conquérir, et d'abord sur soi-même. À chacun de *se distinguer*. Tel est le Sage stoïcien qui incarne toutes les vertus, jusqu'à l'impossible et au paradoxe, puisqu'il n'est même plus soumis aux devoirs des hommes ordinaires. L'éthique « torera » n'est que la transposition pragmatique de ce modèle intellectuel. Comme l'écrit Sénèque : « Il se fera un intervalle immense entre toi et le reste des hommes. Tu dépasseras de beaucoup toutes les créatures mortelles ; les dieux ne te dépasseront pas de beaucoup. » Il va jusqu'à écrire ailleurs : « Il est un point par où le sage dépasse Dieu ; celui-ci doit à sa nature de ne pas connaître la crainte ; notre sage le doit à lui-même. Quelle grande chose, de joindre à la faiblesse d'un mortel la tranquillité d'un Dieu» (Sénèque, *Lettre à Lucilius* 53, 11).

C'est pourquoi, pour être dit torero, il ne suffit pas de bien faire passer les taureaux tous les jours, ou de bien les tuer souvent, il faut un geste exceptionnel, un acte d'éclat particulièrement admirable, symbolisant une certaine idée de l'impossible : «s'enfermer» seul dans les arènes de Madrid contre six taureaux d'élevages différents, comme beaucoup de «grands» ont tenu à le faire, affronter six Miuras* dans l'après-midi comme le fit un jour Espartaco à Séville, affronter dans la même saison (2006) et dans les arènes de première catégorie les taureaux aux noms les plus redoutables (Victorinos à Madrid, Miuras* à Valencia) lorsque, déjà au sommet comme El Juli, rien ne vous y oblige et que nul ne vous le demande, attendre trois fois de suite ses taureaux à genoux à la porte du toril comme le fit un jour Miguel Abellán à Madrid (septembre 2000), affronter immobile un jour de grand vent un taureau difficile en plein centre de l'immense piste du Puerto de Santa Maria, là où le souffle est plus fort qui vous plaque l'étoffe sur la cuisse (José Tomás, août 2000), insister, alors qu'on est encore sonné et meurtri de partout, pour faire cette passe «changée» au centre à un taureau lancé de vingt-cinq mètres qui vient de vous renverser violemment dans cette même passe (César Jimenez, Valencia, mars 2006), se relever et continuer à toréer sereinement après une grave cornade (José Tomás à Saragosse, avril 2000, Enrique Ponce à Séville, avril 2002, Sébastien Castella à Pampelune, juillet 2006...), etc. Lorsqu'un torero abandonne ainsi son humanité commune pour devenir un héros, il cesse d'être un torero pour devenir « torero ». Mais un des gestes les plus toreros est peut-être celui de Raúl Aranda en 1974 à Bilbao. En 1973, il avait été pris par son premier taureau à la première passe de réception, une de ces passes à genoux un peu gratuites et sottes : le taureau d'Osborne l'avait attrapé de plein fouet, repris au sol, lancé en l'air comme un pantin à deux reprises et déposé inanimé à l'autre bout de l'arène, quarante mètres plus loin. On l'avait cru mort, il n'était que très gravement blessé. Il s'était rétabli tant bien que mal et avait repris l'épée quelques mois plus tard. Il fut réengagé l'année suivante dans les mêmes arènes et, à son premier taureau, au même endroit de la piste, il se mit à genoux et donna enfin entièrement la passe qu'il n'avait pu achever l'année précédente. Eh bien, ça c'est torero !

## *Une éthique de l'identification à la fonction*

« Torero ! torero ! » Le fait que l'*idéal* du torero porte le nom même de sa fonction *réelle* est significatif d'un autre aspect de l'éthique « torera ». Lorsqu'on dit : « Il s'est conduit en soldat », ou : « Il s'est comporté en ministre de la République », cela signifie qu'ils ont eu le comportement ou la conduite qu'on attend, dans ces circonstances, d'un soldat ou d'un ministre. L'attitude et les actes sont en tout point conformes à la « fonction » – ce que les Grecs appelaient l'*ergon*, les latins l'*officium*. Ils ont fait preuve au suprême degré des qualités nécessaires à l'accomplissement de leur fonction, *et seulement d'elles*. De même, lors d'une grande après-midi, quand on qualifie un torero de « torero ! », on veut dire qu'il s'est totalement identifié à ce qui le définit, à sa seule fonction de torero. Il ne s'est pas comporté en homme, avec ses sentiments et ses faiblesses, ni en mari volage, en fils respectueux, en bon père de famille, en Espagnol de naissance, en catholique plus ou moins pratiquant, en trentenaire vaguement aigri. Il n'a pas réagi avec son caractère, sa complexion, son tempérament, ses goûts, il n'a pas suivi ses humeurs, ses envies passagères, ses pensées secrètes. Il a éteint en lui toute *individualité*. Homme sans qualités, il est torero de toutes les vertus. Il n'a conservé que sa personnalité « torera » : par exemple, son style, mais pas seulement. En tout cas, tout ce qu'il a fait, il l'a fait seulement en conformité avec son office de torero, *en tant que torero*.

Dans ce type d'éthique, on doit en effet pouvoir déduire les vertus et les actes des *offices*. Or, les « offices » du torero, consistent (1) à combattre les taureaux, c'est-à-dire (2) à affronter en public un animal naturellement dangereux, afin de (3) le dominer, c'est-à-dire de le contraindre à agir contre sa nature, et de (4) le tuer de façon loyale. De ces quatre éléments de la fonction « torero », on pourrait sans doute déduire les composantes essentielles de la technique du *toreo** : arrêter le taureau sans rompre, le conduire en « courant la main » (sur la plus grande longueur), accorder sa vitesse, le replacer, lier les figures en série, etc. On peut en tout cas tirer de ces quatre offices du torero les vertus constitutives de l'être torero – et donc de l'éthique « torera ».

Du fait qu'il s'agit d'un combat, se déduit la première vertu « torera », qui est en même temps la plus grande des vertus dans les éthiques agonistiques : le courage (en grec : *andreia* – la « virilité » ou, peut-être mieux, la *hombria* espagnole, comme le suggère Victor Gomez-Pín[1]), non pas du tout au sens ordinaire de résistance à la peur, mais au sens qu'il a dans les morales du combattant, comme le stoïcisme. Écoutons Cicéron : « On reconnaît une âme courageuse et grande surtout à deux choses, d'abord au mépris qu'elle a des choses extérieures [...] ensuite à cette qualité d'âme qui permet qu'on accomplisse de grandes actions [...] pleines de difficultés et de labeurs, qui mettent en danger la vie même et bien des choses qui servent à la vie » (*Des devoirs* I, XX, 66). Ce courage-là consiste dans la capacité à mettre son intégrité corporelle et sa vie en danger, et même à placer la nécessité de l'accomplissement de son combat au-dessus de son attachement à la vie. Il est lié à l'office. Il doit se manifester aussi bien dans l'accomplissement de la fonction « combattre » que de la fonction « tuer ». Ainsi en va-t-il, par exemple, du matador blessé qui refuse d'abandonner l'arène avant d'avoir mis à terre son adversaire, preuve qu'il est *matador* avant tout, avant même d'être un homme qui souffre ou d'être un vivant qui, comme tous les vivants, est attaché à la vie. Ou encore : le taureau

1. Victor Gomez-Pín, *La escuela más sobria de vida, Tauromaquia como exigencia ética*, Espasa Calpe, 2002 (le titre du livre est inspiré d'une phrase du *Temps retrouvé* : « L'art est ce qu'il y a de plus réel, *la plus austère école de la vie*, et le vrai Jugement dernier »). Le texte sur *andreia* est le « Prologue » du livre.

blesse l'homme au moment de l'estocade. Le torero veut se relever pour, dans un ultime sursaut pathétique, pouvoir regarder debout son taureau s'écrouler avant de s'effondrer lui-même (Ruiz-Miguel, Madrid, 26 mai 1979). Accomplir *d'abord* sa fonction, tuer le taureau, et le faire avec la dignité de combattant, rester debout au moins aussi longtemps que l'adversaire.

Mais du fait qu'il s'agit non d'un combat contre un autre homme, un égal, mais d'un combat inégal contre un animal, le courage de l'homme est insuffisant. Le courage est chez l'homme le pendant de la bravoure du taureau, son symétrique. Justement, le combat n'est pas symétrique. Il faut à l'homme des qualités proprement humaines, des qualités intellectuelles. En tant qu'elles servent l'office, elles font partie de l'éthique du torero. Il ne s'agit pas en effet des qualités intellectuelles abstraites ou logiques (le raisonnement, l'argumentation, la mémoire, etc.), mais bien des qualités intellectuelles du combattant, celles du plus faible contre le plus fort – et d'abord, la première d'entre elles : la ruse. C'est la forme d'intelligence qui revient à l'homme seul. « La ruse, le plus bel instrument des hommes de génie. Lorsque le berger David, écrit Lautréamont, atteignit au front le géant Goliath d'une pierre lancée par la fronde, est-ce qu'il n'est pas admirable de remarquer que c'est seulement par la ruse que David a vaincu son adversaire, et que si, au contraire, ils s'étaient pris à bras-le-corps le géant l'aurait écrasé comme une mouche » (*Les Chants de Maldoror* II). La ruse est la force au combat des faibles de nature. C'est la puissance d'Ulysse « aux mille ruses », inventeur du cheval de Troie. La ruse est au centre de tout acte tauromachique. Car le torero est fils de David et d'Ulysse. Ces combattants (et tous les pratiquants d'arts martiaux) savent qu'il convient d'aborder l'adversaire, quel qu'il soit, de face (il faut le respecter), mais qu'il ne faut pas aborder un adversaire plus fort de front (il faut le tromper). Face au taureau toujours, mais jamais de front. Prendre sa force de biais : le temps d'un détour, ou d'un tour que l'on joue à la force. Sous sa forme la plus simple, c'est la feinte. Regardez cette paire de banderilles au *quiebro* : le torero immobile esquisse un écart de côté afin d'infléchir légèrement la course du taureau et de revenir pieds joints à sa position initiale pour planter : l'animal, feinté, n'a plus que le vide à corner. Regardez César Jimenez : muleta en main, immobile au centre du rond, il provoque l'animal qui se rue sur sa proie ; mais au dernier moment le voilà qui infléchit le trajet en ramenant la muleta dans son dos : la suivant, le taureau lâche la proie pour l'ombre, car la muleta, « c'est du vent, des plis sans rien dessous » (Jean-Pierre Séris, « Les plis de l'étoffe ou la tauromachie », *Figures de l'art*, n° 1, 1994, p. 120) ; le torero n'a pas bougé, il peut sourire. *Olé*! Un *olé* court et aigu. (Les *olés* longs et graves sont réservés aux passes lentes, puissantes et profondes, celles qui, au-delà de la feinte, relèvent de l'art authentique.) Cette ruse-là n'est plus du jeu, mais de la domination tragique : c'est celle dont use le Destin pour tromper Œdipe ; véritable *ruse de la raison*, elle crée de la beauté avec son contraire, la peur de mourir et le courage qui va avec. Toréer, c'est tromper la mort sans lui mentir.

Combattre : tel est le premier office du torero d'où se déduisent ses deux premières vertus. Et elles sont symétriques. Le courage et l'épée dans la main droite, l'étoffe et la ruse dans la main gauche. Par l'une on attaque, par l'autre on se défend. Par l'une on se fait plus viril qu'on est afin de tuer, par l'autre on se fait plus femme qu'on ne voudrait afin de toréer. (« L'étoffe n'est-elle pas – en tant que voile – la ressource très féminine de la duperie... ? », Jean-Pierre Séris). Par l'une le torero est matador, par l'autre le matador est torero. Équipé de l'une et de l'autre, il est *sans ambiguïté* combattant de taureaux.

Mais ce combat n'est pas un duel sans témoins. Il est public. De là se déduit la deuxième vertu de toute éthique agonistique : l'honneur, ou encore la honte, c'est-à-dire la *vergüenza* (en grec *aidôs,* en ancien français ou en langue d'oc : la « vergogne »). Avoir de la vergogne, c'est accorder une valeur absolue à l'image qu'on donne de soi en combattant. Le torero de vergogne défiera le taureau après une bousculade, il bravera d'un regard hautain le taureau rétif à qui il vient enfin d'imposer une série de « naturelles* » dominatrices, il reprendra la même passe qu'un accrochage inopiné l'a empêché de conclure ; ou encore, à un élégant *quite** d'un de ses compagnons à son propre taureau, il répliquera par un nouveau *quite** encore plus serré. Mais la *vergüenza* peut être plus radicale : elle peut aller jusqu'à mettre l'*image* de soi au-dessus de la *préservation* de soi. Regardez, par exemple : le taureau vient de renverser son adversaire, la corne est entrée profondément dans la cuisse. On crie d'effroi. Le torero est sûrement blessé, peut-être mort. Le voilà qui se relève cependant, comme monté sur un ressort, renvoie d'un geste les secours accourus, et malgré le costume déchiré et la plaie qui saigne, reprend son épée et sa muleta *sans un regard* pour son costume, sa blessure, sa chair en lambeaux (José Tomás à Séville, avril 2002; Fernando Robleño à Madrid, mai 2003 ; Sébastien Castella à Pampelune, juillet 2006, etc.). Que voilà une attitude « torera »! L'éthique du torero tient tout entière dans ce « sans se regarder ». Se savoir regardé par tous, mais ne pas avoir un regard pour soi. Quand tout le monde vous regarde, vous et votre blessure, n'avoir d'yeux que pour le taureau : l'office avant tout. Avant la vie. Il faut *aux yeux de tous* ne pas se regarder, être sans égard pour *soi*. Car le « soi » du torero, dans l'arène, est ce que tout le monde peut en voir, ce qu'il paraît aux autres et rien d'autre. Tout l'être est dans ce paraître. Nous sommes aux antipodes de ces morales qui prônent de « coller à soi-même », qui nous exhortent à être « authentiques », à être enfin nous-mêmes. Le torero n'a pas à être lui-même, mais à être... torero. Telle est justement la *persona* au sens stoïcien, que l'on traduit par « rôle » : nous n'avons pas écrit la pièce (c'est la vie), nous n'avons pas choisi les taureaux (c'est le tirage au sort, le *sorteo**), mais nous devons y tenir au mieux notre rôle [1]. Le torero masque ce qu'il pense, ce qu'il éprouve, derrière l'accomplissement de sa fonction. Il est une *persona* – autant dire qu'il n'est personne. L'éthique du torero est faite d'apparence. Non pas de cette apparence qui dissimule une réalité cachée, comme on oppose l'apparaître à l'être. (C'est ce qu'on fait souvent en morale : les apparences sont trompeuses, comme on dit, je n'ai pas vraiment voulu cela, je ne l'ai pas fait exprès, ne me jugez pas là-dessus. La réalité, dans cette morale, c'est ce qu'il y a derrière l'apparence des actes extérieurs, c'est la réalité des *intentions* intérieures. Le moraliste sonde les pensées et met au jour la pureté du cœur sous la vilenie de l'infraction ou l'impureté des mobiles sous l'évidence des bonnes actions.) Mais l'éthique du torero est à l'opposé : il n'y a pas d'intentions, pas de psychologie, pas d'intériorité. L'apparaître ne contrarie pas l'être, il le révèle, le signifie. Ou plutôt il se confond avec lui : car il n'y a pas d'être derrière l'apparaître, il s'y réduit entièrement. Être torero, c'est s'identifier à ce qu'on accepte de montrer de soi, c'est s'identifier à ce que son habit a fait de soi. Cet habit bien nommé de lumière est fait pour briller.

1. Voir Cicéron, *Des fins* III, 24 : « Comme on donne à l'acteur un rôle précis et non pas quelconque, au danseur un pas réglé d'avance, de même l'homme doit mener sa vie d'une manière déterminée sans arbitraire. La sagesse ne ressemble pas à l'art du pilote et du médecin, mais plutôt à un rôle de théâtre ; le suprême de l'art, son achèvement est en lui-même, et n'est demandé à rien qui lui soit extérieur. » Et Pascal citant Epictète : « Souvenez-vous que vous êtes ici comme un acteur, et que vous jouez le personnage d'une comédie, tel qu'il plaît au maître de vous le donner. »

Il reflète la gloire et renvoie l'être à l'apparaître. Il est le signe que l'être du torero est hors de lui-même, tout à la surface de son corps, et non dans les profondeurs de son esprit ou de sa conscience. Ce que le torero doit être se résume à cela : être *torero* comme son habit le montre – et rien d'autre. Sous le costume, il y a l'homme et il ne doit jamais paraître. Il n'y a que la tenue, ou le port : mais il porte le costume et rien d'autre.

*A contrario*, il arrive que l'homme resurgisse sous le torero : Currillo pétrifié de frayeur devant son « Victorino » et refusant de sortir de son refuge (Bilbao, août 1980) ; Curro Romero impotent, désespéré, envoyant son banderillero Rafael Torres au combat (Séville, avril 1993) ; José Ortega-Cano affecté, outrancier, théâtral, pathétique, s'apercevant soudain que les *olés* sonores qu'il prenait au premier degré sont de pure moquerie (Séville, avril 2002). Alors, brusquement, on n'est plus dans l'univers de la corrida. On est revenu à la réalité : les costumes sont un peu ridicules, les bas roses sont grotesques, les hommes sont faibles ; les taureaux, de pauvres bêtes...

La corrida n'est pas seulement un affrontement public entre deux êtres, c'est aussi la manifestation éclatante de la supériorité de l'un sur l'autre. Le torero a donc pour fonction de *dominer* son adversaire et pour vertu d'en faire montre. Être torero, c'est exhiber son omnipotence, et plus particulièrement montrer le triomphe de la volonté sur l'instinct. Tout, dans la conduite du combat, doit révéler cet empire : c'est l'homme qui, d'un coup de menton ou d'un geste, commande les emplacements choisis pour

« son » taureau, ceux qu'il impose à ses picadors ou à ses banderilleros. Dans le face-à-face, c'est l'homme qui doit commander tous les mouvements du taureau, lui qui doit choisir le terrain de l'affrontement, lui qui est immobile et l'adversaire mobile, lui qui impose la ligne courbe, et l'évitement, quand le taureau veut la ligne droite, et la prise, lui qui impose la lenteur quand le taureau veut la rapidité, etc. Mais cette toute-puissance du torero ne se manifeste pas seulement dans la conduite du combat ou dans son rapport au taureau. Ce devoir d'état, cette vertu propre à l'office, doit pouvoir s'exprimer à tout moment : face aux accidents du déroulement du combat, face aux décisions de la présidence, face aux manifestations du public, face à la pluie, au vent. Toute la conduite du torero montre que, même ces événements dont il n'est pas maître, il ne les subit pas. N'étant pas touché par eux, il résiste à leur pouvoir et leur oppose son indifférence – qualité stoïcienne par excellence : rien n'existe que ce qui dépend de lui. Mais cette toute-puissance du torero qui doit se réaliser pleinement dans le combat du taureau, qui s'étend ensuite de proche en proche aux événements du monde, l'enveloppe enfin, ou peut-être d'abord, lui-même, ses gestes, dont il demeure maître, ses émotions, qu'il contient, ses passions, qu'il domine, sa souffrance, qu'il ne manifeste pas, sa chair, qui n'existe plus. Est torero celui qui peut dire, en paraphrasant la formule de l'Auguste stoïcien de Corneille : « Je suis aussi maître de moi et de l'univers que je le suis de mon adversaire. » Ainsi est José Tomás.

Enfin, du fait que le quatrième office du torero consiste à terrasser son adversaire en duel, la quatrième vertu de son éthique « torera » est la loyauté – qui est en même temps une des vertus traditionnelles de toute éthique agonistique. Double loyauté, selon les deux faces où le torero s'expose. Il s'expose face au public ; il s'expose face au taureau. Du premier il risque une sanction, la perte de sa *vergüenza* ; du second il risque une autre sanction, la perte de son intégrité physique. De là la double exigence : s'exposer, entièrement, à l'un et à l'autre. Est torero qui s'expose à la corne et au regard, à la blessure qui transperce et à la honte qui rôde, au taureau qui gravite et au public qui vous entoure.

S'exposer : ce mot, dans son ambiguïté, révèle les deux dimensions de la vertu « torera ». C'est d'abord braver le danger, exposer son corps au risque de la blessure. Est torero qui consent, qui aspire à s'exposer au taureau. Soutenir sa charge. Et non seulement refuser de fuir ou de fléchir, mais se placer délibérément là où il devrait venir. Se montrer là où justement le taureau ne pourra pas le supporter. Et là, le supporter, lui. Avancer la jambe, « charger la *suerte** », comme on dit. Présenter son corps, l'offrir à la corne. Le proposer au taureau. Mais c'est en un autre sens que le torero est exposé. Non plus au taureau, c'est-à-dire à la blessure, à la mort, mais exposé au public, à la honte, au déshonneur. Est torero qui consent, qui aspire à s'exposer aux regards. La corrida est un spectacle, pourquoi le nier ? Mais c'est plus qu'un simple spectacle : c'est *le* spectacle, puisqu'il est sans coulisses. Tout le cercle de la piste est vu du cercle concentrique de l'arène. Tout est exposé. L'arène est un panoptique où les regards se focalisent sur le corps du torero. Celui-ci est prisonnier de cette vigilance sans trêve. Tout son corps est exposé aux yeux de tous, devant, derrière, de face, de profil, sans abri pour le geste maladroit, sans retraite pour la jambe qui voudrait reculer sous la cape. Ni la grimace qui dit la douleur ou la peur, ni le geste gauche qui trahit l'impéritie, ne peuvent être déguisés ou voilés. Il n'y a pas de refuge ni de pitié pour le tic. Il n'y a pas de fond de scène comme dans un théâtre à l'italienne pour dissimuler la moitié de soi. Il n'y a pas de champ-contre champ pour se remettre un instant entre deux coups d'œil, l'exposition est toute en même temps. S'exposer jusqu'au bout et à la fin plus encore : plonger l'épée de face pour exposer son corps à la corne invisible – moment de la plus grande exposition à la blessure et au regard du taureau, car le taureau voit l'homme, et l'homme ne voit plus la corne à laquelle il s'expose. Et le public voit tout.

C'est au centre de la piste qu'on est le plus exposé. C'est là qu'on ne peut être que loyal, face à ces deux regards qui vous font face : ceux du taureau, ceux du public. Au centre, on est loin de tout et de tous, exposé en pleine lumière à la blessure et au public. Là rôdent les plus grands dangers : être pris en défaut, être pris par le taureau. On est plus loin des hommes qui pourraient vous porter secours. On est plus loin du refuge des barrières. On est plus près du taureau, qui, se sentant défié au milieu de son terrain, est combatif plus que partout ailleurs. Au centre, le taureau est partout. Et l'homme est plus en vue. Ce centre, le plus à la portée des cornes venues de toutes parts et des regards qui vous cernent, c'est le lieu des plus grandes *faenas** de José Tomás.

Il faut s'exposer au double regard. Il faut se laisser voir du public et du taureau, sans quitter des yeux le taureau ni se regarder soi-même. Rien n'est mieux. Et rien n'est pire que l'inverse : se *faire* voir du public sans se *laisser* voir du taureau. Par exemple aveugler le taureau au moment de l'estocade. Ni vu ni connu. Truc déloyal. Ou encore, se jeter spectaculairement à genoux quand les cornes sont passées ; ou quitter les cornes des yeux au milieu de la passe pour faire mine de regarder les gradins – mais sans vrai risque si l'on s'est d'abord mis hors d'atteinte. Trucs de cabotin. Car il faut se montrer, pour être loyal, mais sans *montrer* qu'on se montre ; il convient d'être entièrement visible sans exhiber cette visibilité, sans « communiquer » avec le public, sans « faire du spectacle », chercher l'effet qui ne serait pas d'abord un effet sur le taureau, c'est-à-dire un effet voulu par le torero, un accomplissement de sa fonction de torero. Rien n'est pire que de faire semblant. Mais, face au taureau, on ne fait pas semblant longtemps. Être torero est un rôle, non un masque, ou c'est le taureau qui le démasque.

Pour s'identifier à sa fonction, le torero doit donc faire preuve de quatre vertus canoniques du combattant : le courage (*andreia*), par lequel il aspire à mettre son combat au-dessus de sa vie, la vergogne, par laquelle il place l'image publique de soi au-dessus de la préservation de soi, la domination sur toutes choses et d'abord sur soi-même, et la loyauté, qui expose le « soi » à une double contrainte, celle du taureau et celle du public. Quatre fois soumis à son office, le *soi* du torero est sans autre qualité que celle qu'il s'est donnée à lui-même.

On voit tout ce qui apparente l'éthique du torero à l'éthique stoïcienne : c'est une éthique de l'ascèse (par opposition aux morales du bien-être), c'est une éthique de l'être (par opposition aux morales de l'action), c'est une éthique de l'individu d'exception, sage ou héros (par opposition aux morales communes), c'est une éthique internaliste de l'identification à son office – à son costume si l'on veut –, par opposition aux morales de l'obéissance à des commandements extérieurs. C'est une éthique de la mise en scène de son propre détachement vis-à-vis de l'accidentalité et de la mort (par opposition aux morales de l'authenticité). C'est une éthique de la liberté par le combat – contre soi et le monde, contre la vie et la mort –, par opposition à la liberté d'agir à sa guise. On voit que tous ces éléments forment bien un échafaudage proche du système stoïcien, plus particulièrement dans sa version romaine, telle qu'on la trouve formulée au mieux chez Épictète, l'esclave maître des empereurs.

On a pu dire que la corrida moderne est née au XVIIIe siècle, lorsque les classes populaires s'emparèrent d'une pratique aristocratique, lorsque le matador devint l'homme du peuple tout en assumant les valeurs et la tradition chevaleresques. Au plan historique, cette vision est trop simpliste, comme ont pu le montrer certains historiens tels Bartolomé Bennassar ou Araceli Guillaume-Alonso ; mais elle contient une part de vérité du point de vue des valeurs. L'éthique du torero est l'éthique aristocratique du peuple, comme était la morale stoïcienne dans l'Antiquité, morale des esclaves maîtres.

Bien sûr, tout cela ne décrit pas la *réalité* vécue au jour le jour. Et heureusement ! Les toreros, en fait, sont rarement *prêts* à mourir ou « à laisser leur corps à la maison » (José Tomás), même si cela arrive quelquefois. Mais les valeurs ne sont pas faites pour décrire les conduites moyennes, mais pour définir des limites. Et ces vertus dessinent un idéal, celui auquel les toreros se mesurent (ils n'ont pas besoin de nous pour cela), quelquefois, dans leur chambre d'hôtel, entre peur du taureau et peur de mal faire, cet idéal qui continuera d'alimenter des rêves de jeunes gens, entre amour du taureau et soif de gloire.

## Appendice

### *Les dix commandements du torero pour être torero*

L'éthique du torero n'est pas une morale de la Loi. On n'obéit pas à des commandements, on fait son devoir. On peut pourtant s'efforcer d'exprimer, en quelques sentences lapidaires, les normes implicites de cette éthique. Ce petit exercice permettrait peut-être de mieux saisir tout ce qui l'oppose à la morale commune. Que seraient donc les dix commandements du torero ? Non pas, comme dans un traité de tauromachie classique, quelques règles fondamentales pour bien toréer les taureaux, mais quelques maximes élémentaires pour devenir torero.

**Premier commandement**

La morale universaliste est une morale de l'acte. Elle sépare le bien et le mal et dresse des obligations ou des interdictions.

L'éthique « torera » est une éthique de l'être. Son premier commandement énonce donc :

***Tu seras torero, c'est-à-dire tu seras d'abord, toujours, et absolument conforme à ton office.***

Autrement dit : ton « être torero » précède, détermine et valorise tes actes de torero, même lorsque tu n'es pas en train de les accomplir, et même si tu les accomplis mal.

**Deuxième commandement**

La morale universaliste est une morale commune. Elle formule des principes qui ne valent que parce qu'ils s'appliquent à tous les hommes, également et sans distinction.

L'éthique « torera » est une éthique héroïque : elle formule des principes qui ne valent que parce qu'ils s'appliquent à des individus hors du commun. Le second commandement énonce donc :

***Tu feras toujours et autant que possible ce qui est impossible à tout autre.***

Autrement dit : tu peux être un idéal, mais non un exemple pour les hommes ordinaires ; ils peuvent t'admirer, non t'imiter.

**Troisième commandement**

La morale universaliste est une morale qui défend la vie des hommes en général et l'existence de chacun en particulier. Les devoirs de chacun ont pour but de préserver la vie de tous, y compris de soi-même.

L'éthique « torera » est une éthique de l'office. Elle place son accomplissement au-dessus de toutes les autres valeurs. Le troisième commandement énonce donc :

***Tu mettras ton être torero au-dessus de ton propre être.***

Autrement dit : la valeur de ton office est supérieure à celle de ton existence.

De ces trois premiers commandements se déduisent les sept suivants, qui dépendent de la définition de l'office du torero : combattre et tuer des taureaux en public.

**Quatrième commandement**

La morale universaliste est une morale de l'intériorité, qui valorise l'aveu et la franchise. Elle énonce : montre-toi tel que tu es.

L'éthique « torera » est une éthique de l'extériorité, qui valorise la mise en scène de soi-même. Elle énonce donc :

***Tu seras tel que tu te montres.***

Autrement dit : tu vaux d'abord par l'image que tu donnes de toi-même.

**Cinquième commandement**

La morale universaliste est une morale iréniste. Elle impose l'amour du prochain.

L'éthique « torera » est agonistique. Elle suppose le respect de l'adversaire. Elle énonce donc :

***Tu combattras ton adversaire quel qu'il soit, et sans te soucier de toi-même : de tes sentiments, de ta souffrance, de ton intégrité physique.***

**Sixième commandement**

La morale universaliste préserve la vie. Elle interdit le meurtre.

L'éthique « torera » s'adresse à un « matador ». Elle énonce donc :

***Tu tueras ton adversaire, quoi qu'il arrive et quoi qu'il t'en coûte.***

**Septième commandement**

L'éthique universaliste est égalitariste. Elle ignore les rapports de domination.

L'éthique « torera » est une éthique de la puissance de la volonté. Elle énonce donc :

***Tu seras toujours maître : de ton adversaire, de l'adversité, de toi-même ; c'est-à-dire de tes gestes, de tes réactions, de tes émotions.***

**Huitième commandement**

La morale universaliste définit et exalte des relations libres et égales entre les hommes.

L'éthique « torera » définit et exalte la victoire de l'homme sur la nature. Elle énonce donc :

***Tu tromperas ton adversaire sans lui mentir.***

Autrement dit, tu combattras avec toutes les ressources de l'intelligence, mais en toute loyauté.

**Neuvième commandement**

La morale universaliste suppose des rapports symétriques entre les hommes et facilite des relations d'échange mutuelles. Elle interdit donc la duperie et la duplicité.

L'éthique « torera » suppose des rapports entre hommes en position asymétrique, dont les uns sont spectateurs de ce que font les autres. Elle énonce donc :

***Tu dissimuleras aux spectateurs ce que tu penses sans les tromper sur ce que tu fais.***

Autrement dit : tu ne feras spectacle de rien de ce qui est étranger à ton office de torero ; tu t'abstiendras en particulier de l'expression de tout sentiment ou opinion étrangers à ton office, mais tu ne feras rien pour les tromper dans l'accomplissement de ton office.

**Dixième commandement**

La morale universaliste ne règle que les relations symétriques avec autrui.

L'éthique « torera » implique deux types de relations asymétriques : au taureau pour le combattre, aux spectateurs pour qu'ils admirent ce combat ; mais les unes et les autres sont réglées par la même exigence :

***Tu exposeras entièrement ton corps au spectateur comme à l'adversaire.***

Autrement dit, tu dois t'exposer à l'un et à l'autre de la même façon et dans la même mesure. Tout effet sur le taureau n'a de valeur que si tu t'exposes à lui. Tout effet sur le spectateur n'a de valeur que si tu t'exposes à lui et s'il correspond à un effet sur l'adversaire.

Quand parfois, un dimanche, tel ou tel torero a respecté ces règles qui l'ont rendu conforme à ce qu'il est, alors nous autres, pauvres mortels impuissants qui nous rêvons toreros, pouvons lui crier notre admiration d'un seul mot : « Torero ! Torero ! »

# Chapitre 4

# Deux éthiques de la liberté
## Le *toreo* de Paco Ojeda et celui de José Tomás

### *De la « résistance »*

Un taureau vous fonce dessus. Vous fuyez. Normal : vous êtes homme, après tout. Un taureau fonce sur le torero. Il demeure où il est. Normal : *il est torero*, après tout. Cette attitude « torera », consistant justement à ne rien faire – ne pas fuir, ne pas reculer, ne pas rompre, ne pas ciller –, c'est ce qu'on appelle l'*aguante**. C'est un des rares termes intraduisibles du vocabulaire taurin (maintien ? endurance ? fermeté ?). Nous avons choisi « résistance », qui évoque la fermeté défensive du combattant qui protège son territoire. *¡ No pasaran !* Il ne passera pas. L'ennemi. Plus modestement ici, l'adversaire, le taureau. Ou plutôt : il passera, mais pas par moi. Il passera, mais là où *je* le ferai passer.

La « résistance » est tout uniment un acte et une vertu. Ce n'est pas encore la tauromachie, mais c'en est le fondement. « Le torero droit comme un cri. Tout près de lui, le souffle. Et tout autour, la rumeur » (Michel Leiris, *Miroir de la tauromachie*). Défi de l'homme face à l'animal : « Fonce-moi dessus, je ne bougerai pas. » Non pas le défi pur, la bravade gratuite qui s'épuise dans l'instant et achève une figure (le *desplante**). L'*aguante** ne se conjugue pas au présent mais au futur, il précède toute figure : je tiendrai. Ce n'est pourtant pas un pari, plutôt un serment : je suis ici et ici je resterai. Ce n'est pas encore pour l'homme la maîtrise sur l'animal, c'est déjà sa promesse par la maîtrise de soi. C'est l'affirmation que le repos est plus fort que le mouvement. Avec la passe, plus tard, dans une seconde, viendra la ruse et le pouvoir. Dans l'*aguante**, le pouvoir est encore à venir, mais il est déjà proclamé, il est tout entier *en puissance*. Et cette puissance doit s'affirmer de nouveau dès qu'elle ne s'exerce plus : que le pouvoir du torero se suspende brusquement, que le taureau s'arrête, et toute la domination n'a d'autre issue que de redevenir puissance – par l'*aguante** – ou de se rompre. L'*aguante** est à la fois la réserve et la retraite de la maîtrise, comme l'actuel naît du virtuel ou y retourne.

Le terme *aguante** ne se laisse guère traduire, mais la chose se laisse assez facilement décrire. Un torero qui « a de l'*aguante** » a une seule place pendant les trois temps de la passe. Un torero qui n'en a pas a au moins trois places : celle qu'il a choisie pour appeler le taureau, celle que lui impose le taureau dans la violence de la passe (ou celle où il est de lui-même rejeté en cas d'arrêt inopiné du taureau au cours de la passe), et celle qu'il doit regagner pour aller effectuer la passe suivante. On pourrait aussi distinguer trois formes d'*aguante** : une résistance longue, consistant à attendre sur place l'animal lancé de loin au grand galop avant de le recevoir dans les plis du leurre; une résistance courte, consistant à demeurer immobile pour enchaîner des passes, par exemple passes « naturelles* » et « changées », lors des allers-retours du taureau; enfin une résistance d'arrêt, consistant à rester sur place lorsque l'animal s'arrête net à hauteur d'homme au risque de décocher une cornade latérale. Trois manifestations d'une même *vertu*. Car *aguantar*, c'est « tenir » toujours le même terrain, celui où l'on est déjà ou celui qu'on a choisi d'occuper. Avant, pendant, après. Même si c'est une vertu qui repose sur des qualités techniques essentielles (le sens du placement et de la distance, la science du *cite** et l'art du *toque**, la capacité à recevoir et à détourner la charge, etc.), elle semble en elle-même la moins technique, la plus physique des vertus « toreras », la plus liée à l'idée toute pure (ou fruste) de la tauromachie, au sens le plus profond (ou archaïque) du terme : se mettre face à un animal sauvage effrayant et lui « tenir tête », tout simplement. C'est pourquoi c'est la première qualité qui définit le jeune torero prometteur, c'est aussi la première qui s'en va quand un torero est en baisse : il « perd le *sitio* * (lieu) », dans le double sens de l'expression. Littéralement : il n'arrive plus à tenir sa place, son terrain, face au taureau dans l'arène, il n'arrive plus à tenir sa place, son rang, face aux autres toreros dans la tauromachie.

Cette vertu est la clé de toutes les autres, techniques ou artistiques. On peut les avoir toutes et ne rien pouvoir si l'on ne peut plus « résister ». Quelquefois, après une blessure grave, le corps refusera de revenir s'offrir à la corne. La volonté dit oui, le corps dit non. Et alors il n'y a plus de torero : c'est ainsi que finissent parfois les meilleurs toreros, voir jadis Niño de la Capea. Qui possède cette vertu triomphe tant qu'il la possède, quelles que soient ses autres vertus, voir César Rincón années 1990. Qui la perd, perd tout, éphémère comme les saisons de gloire, voir le sort jadis d'un Antonio José Galán, qui avait « résisté », en s'exposant jusqu'à la démesure, aux cornes comme au public, dans les années 1972-77 ; un jour, son corps lui résista et refusa obstinément de résister à la charge des taureaux : Galán s'enfonça dans les oubliettes. La résistance ne résiste parfois qu'une saison, voir Manili (ce fut la saison 1988).

Si c'est la plus physique, ou du moins la plus « émotive » des vertus « toreras », au sens où elle est liée pour le torero à la maîtrise de ses émotions, c'est aussi celle qui déclenche chez le spectateur le plus physique, le plus « émotif » des plaisirs. L'*aguante** provoque effroi (« il peut se faire prendre, il devrait se faire prendre, il va se faire prendre ») et admiration (« il a tenu, il tient, il tient toujours »). On dit que le *toreo** tient en trois commandements (*parar*/*mandar**/*templar**), qui sont aussi trois temps logiques : recevoir la charge pour la commander, la commander pour en accorder la vitesse. Ces trois conditions du *toreo* définissent aussi, sans doute, trois types de plaisir du spectateur : le plaisir intellectuel face à l'intelligence du torero qui domine (*manda*) une force brute, le plaisir esthétique face au *temple* du torero qui, harmonisant la charge, harmonise nos sensations et crée l'œuvre d'art, le plaisir physique et immédiat de la résistance face à l'affrontement physique de la réception de la charge.

Avoir de l'*aguante**, c'est évidemment avoir du courage. Mais pourtant l'*aguante** n'est pas le courage, ce n'en est qu'une forme très particulière, s'il est vrai que la corrida requiert différents courages très hétérogènes. On ne peut pas être un grand torero sans avoir du courage, on ne peut pas l'être non plus sans avoir un peu d'*aguante**, mais on peut être un grand torero sans avoir beaucoup d'*aguante**. Car, pour ne pas rompre dans la charge, c'est moins le courage qui compte que le *sang-froid*, et celui-ci suppose une autre qualité « physique », différente du courage pur, la maîtrise de soi (de son corps, de ses nerfs, de ses émotions), et une qualité « intellectuelle », la confiance en soi (en ses moyens, en son pouvoir). C'est le sang-froid qui permet l'impassibilité. Et c'est pourquoi la « résistance » debout face à la charge se distingue du courage de la roulette russe, celle qu'on fait tourner en attendant le taureau devant la porte du toril : pari fou et aveugle plus que serment lucide. (On ne sait exactement ce qui va sortir, ni où ni comment, car le taureau, aveuglé brusquement par la lumière du jour, ne sait sur quoi il fonce ni où ni comment). L'*aguante** au contraire suppose qu'on *se laisse d'abord voir* par le taureau. Il se distingue aussi du courage « à genoux » : car, à genoux, on peut tricher plus facilement (en se plaçant moins visiblement hors de la ligne de charge, en « améliorant » insensiblement son terrain, en « conduisant » peu ou pas du tout), mais surtout, on n'est pas obligé à chaque instant de commander l'immobilité à ses jambes, puisqu'elles sont déjà tenues par l'immobilité de l'attitude. C'est pourquoi certains toreros, qui patinent, « dansent », et

« récupèrent » sans cesse leur terrain, qui ne parviennent pas à commander l'impassibilité à leur corps *au cours* de la passe, ou entre les passes, ont parfois le courage de s'y forcer eux-mêmes en se jetant à genoux – comme Ulysse se savait capable de résister à l'appel des sirènes, à condition d'avoir pris la précaution de s'attacher au mât.

Il y eut, ces trente dernières années, beaucoup de grands « résistants » au taureau : Diego Puerta, El Cordobés, Ruiz-Miguel, Dámaso Gonzalez, Victor Mendes, César Rincón, El Juli, Sébastien Castella et beaucoup d'autres. Mais il y eut deux toreros exceptionnels qui, à une quinzaine d'années de distance, firent de l'*aguante* une vraie philosophie du *toreo**. Deux toreros imparfaits mais immenses, les deux seuls génies de l'arène, peut-être, de cette période : Paco Ojeda (années 1980) et José Tomás (années 1990). Les rapprocher, les opposer, c'est comprendre un peu mieux ce que signifie la « résistance » et donc ce qu'implique cette éthique du *toreo**.

## *Images inversées*

Il faut entrer dans le *toreo** d'Ojeda et de Tomás. Pénétrons-y d'abord de l'extérieur, en nous fiant à quelques impressions immédiates. Laissons-nous guider par quelques clichés d'arène d'un photographe amateur. Le paradoxe est saisissant : voilà deux *styles* totalement opposés – alors même que, pour un regard plus analytique, ils reposent sur une même *valeur* : la « résistance ».

Sur le sable, loin du taureau, la démarche de Paco est rapide, déterminée, un peu lourde ; celle de José est lente, invariable, impénétrable. Du taureau, Paco s'approche à pas comptés et larges, le corps cambré, la poitrine en avant, la jambe avancée à l'oblique, la pointe du pied piquant en premier, comme un chasseur aux aguets ; José se glisse vers son lieu propre en quelques pas, et parfois, lorsqu'il est tout à fait de face ou complètement de profil au fil des cornes et qu'il a capté le regard du taureau mais pas encore sa ligne de charge, il se laisse voir à petits pas frémissants, les pieds presque joints, la plante bien à plat, comme pour être ailleurs sans jamais y aller.

Paco s'éloigne rarement des raies périphériques tracées sur le sable, José cherche systématiquement le centre de la piste. Le compas des jambes de Paco est ouvert plus que nécessaire, les pieds sont rivés au sol, enracinés une fois pour toutes dans le sable. Le compas de José est étroit, il se tient souvent pieds joints, surtout en fin de *faena**; Paco, au contraire, augmente l'ancrage de ses jambes dans le sable à mesure que progressent la *faena** et son emprise sur le taureau. À voir le bas du corps, deux images s'imposent : le chêne et le roseau, les racines de chêne boisé de Paco contre les cannes de jonc de José.

Mais, pour le buste, les images sont inverses : Paco, c'est le roseau plié, ployé, tordu, enroulé sur lui-même, dans les appels du taureau comme dans les enchaînements des passes. José, c'est la rectitude altière ; parfois, bien en face du taureau, la muleta avancée de la main gauche, le corps s'incline, très légèrement, sans ployer, pour peser du côté de la main qui torée, poignet et ceinture assurant seuls la dynamique de la passe. Deux verticalités : l'une, chtonienne, tend naturellement à s'enfoncer ; l'autre, aérienne, aspire à se dresser.

Paco domine de sa main droite, José est à l'aise à gauche. L'un a le leurre ample (surtout la cape), l'autre le veut réduit au minimum. L'un lie des passes en un seul mouvement, les reprend, les inverse, intervertit, transpose, module, répète, insiste, se présente de dos pour dessiner un cercle complet, toujours à droite, puis un autre, le retourne, se retourne lui-même, toujours sur place, le bras seul est mobile et caresse le sol pour une sorte d'unique « naturelle-passe-de-poitrine* » puis une autre, le bras tourne et invente une autre liaison, « trois en un », « cinq en un », et encore, et encore, et encore. L'autre semble sculpter sur place, dans l'instant, chaque mouvement ; il a fait le vide autour de lui, il n'y a plus que l'espace nu, réduit à un lieu, à un point, un point sur un i, la passe aussi est nue, ramenée à sa nécessité, tout se concentre dans la netteté de l'acte, la précision du geste d'où fuit tout ornement. L'un est tout en courbes, l'autre tout en droites. L'un semble occuper sans bouger de sa place toute la piste, l'espace est tout à lui, comme un allongement de son bras, comme une expansion de son univers ; l'autre semble concentrer en lui tout le territoire de l'arène, l'espace s'est refermé sur lui, il est comme un condensé du monde. L'un est tout en excès, en dilatation maximale, l'autre est tout en réduction, en simplification, en épuration. Ainsi de leur *chicuelina*, passe de cape dans laquelle le torero fait un demi-tour dans le sens inverse de la charge et se drape dans les plis de l'étoffe : chez Paco, c'est une sorte de torche vivante, sauvage, toute en étoffe et en mouvement. Appelée de face et jointe à la précédente par un simple pivotement du corps, elle se fait chez José sans froufrou, d'un repli minimal de la cape que le taureau lui-même semble creuser dans la hanche du torero – démonstration de statisme d'autant plus paradoxale que la passe semblerait exiger mobilité et arabesques.

Les enchaînements des passes sont conçus à l'inverse. L'un fait une unité d'une pluralité, l'autre fait une pluralité d'une unité. Immobile, Paco efface les césures, fond les passes en une seule. Immobile lui aussi, José semble briser une ligne continue en une série de passes individualisées. La série accomplie, Paco sort du taureau en vainqueur et regarde d'un demi-sourire les spectateurs, les yeux légèrement levés, comme un empereur romain accéderait calmement devant son peuple à l'apothéose méritée. L'autre s'éloigne du taureau lentement, les yeux légèrement baissés, encore ailleurs, comme le guerrier incrédule sort indemne du combat et demeure pour longtemps sourd aux acclamations venues de l'autre monde, du monde des civils inconscients, de ceux « qui n'ont pas vu cela et ne peuvent pas savoir ».

Pendant le tour d'honneur, Paco longe lentement la barrière et recueille, épanoui, les cris d'admiration des gradins. José presse le pas, souriant à peine, comme embarrassé de cette ferveur, entre les raies, loin des barrières, regrettant encore ce centre du rond où il se sentait si bien, loin de tout, loin des hommes, si près de l'animal, en communion secrète.

Tout cela les oppose, presque trait pour trait. Qui aime les classifications rapides dirait : « baroquisme » contre

« classicisme ». C'est sans doute vrai. Mais tout cela, ce ne sont que des images fixes qui n'expliquent rien, des instantanés volés qui ne pénètrent pas dans la tauromachie de Paco ou de José parce qu'ils restent fixés sur l'homme. Il faut élargir la focale et regarder le rapport de l'homme au taureau. Or, de ce point de vue, un point commun, *essentiel*, rapproche Paco Ojeda et José Tomás. Toréer, c'est d'abord, pour l'un comme pour l'autre, déterminer *sa* place face au taureau et *la tenir coûte que coûte*, non seulement au cours de la passe, mais au cours de la série. C'est certes la « résistance ». Mais c'est une certaine forme de résistance, qu'on a pu appeler la « verticalité », qui repose sur la combinaison d'une finalité et d'une vertu. Dans la verticalité, le moyen essentiel mis en œuvre pour dominer le taureau et saisir les publics consiste à se situer le plus loin possible à l'intérieur du terrain du taureau, c'est-à-dire à pénétrer au moment du *cite** sur sa ligne naturelle de charge, voire au-delà, tout en faisant preuve d'une « résistance » absolue qui conjugue sens du placement et immobilité.

Comment expliquer que cette même valeur, la « résistance » sous sa forme « verticale », soit servie par deux styles si opposés ? Quelle idée se font-ils l'un et l'autre de l'*aguante** ? Quelle éthique expriment-ils par cette idée ?

## *Les usages de la « résistance »*

La « résistance » est le fondement de la tauromachie, mais ce n'est pas encore la tauromachie. On peut « résister » et ne pas toréer : « tenir » pour tenir n'est alors qu'une sorte d'exploit gratuit, de numéro de cirque, voire de *trancrédisme*[1]. Inversement, on peut toréer avec *aguante** et exprimer des choses très différentes, tout dépend de l'*usage tauromachique* que l'on fait de cette « résistance ». Il y en a de deux sortes, très différents. Ojeda et Tomás les représentent typiquement. On repérera leur usage singulier dans ce que chacun fait d'exceptionnel. Rappelons donc leurs prodiges. Ils nous montreront leur « résistance » *à l'œuvre.*

Les prouesses de Paco Ojeda sont de deux ordres : la virtuosité inouïe dans l'enchaînement des passes et l'emprise de fakir sur le taureau. Comme on l'a souvent remarqué, le pouvoir de Paco sur l'animal est tel, dans ses grandes après-midi, qu'il semble parfois dépasser la puissance du belluaire pour atteindre en quelques instants au dressage du dompteur. Le taureau s'arrête ou repart d'un geste, d'un regard même, dirait-on. Il n'est pas seulement conduit, il obéit. Mieux : il semble acquiescer à tout, subjugué. Parfois même, on croit avoir rêvé ; on jurerait que, au cours d'une *faena** hallucinante (Nîmes, taureau de Marca, 8 juin 1987), pendant laquelle le taureau, envoûté, consentait à tout, Paco a réussi un prodige d'*aguante** : le taureau s'arrête dans la passe, le torero impassible interrompt le mouvement de son bras, puis il remet calmement la muleta sous le mufle du taureau, l'avance dans le sens

1. Du nom de Tancredo Lopez, torero raté qui, au début du siècle dernier, conçut une attraction populaire consistant, vêtu, coiffé et enduit de blanc, monté sur un piédestal au milieu de la piste, à attendre dans une immobilité absolue, les premières charges d'un taureau ; généralement la bête s'arrêtait après avoir foncé sur lui. La difficulté était évidemment de s'en tirer après… Don Tancredo mourut, comme il se doit, oublié et dans la misère.

contraire, doucement, et doucement… le taureau *recule*! Miracle ou hallucination? Mais alors de qui? du taureau? des spectateurs? Une sorte de miracle comparable est à mettre à l'actif de José Tomás parvenant à toréer à la passe « naturelle », d'une muleta rétrécie au maximum, avec une limpidité parfaite, au centre de l'immense piste du Puerto de Santa Maria, sans broncher, un jour de grand vent, et à faire pour ainsi dire s'arrêter le vent (Puerto, taureau de Jandilla, 6 août 2000)! Tel est le pouvoir de certains magiciens de paraître enfreindre les lois de la nature. Quant aux enchaînements invraisemblables de passes de Paco Ojeda, sur le même terrain, il faut citer ceux de Malaga, de Nîmes et du Puerto : trois séries successives, en fin de *faena**, de circulaires inversées liées à la passe de poitrine, sans décoller les pieds (Malaga, Jandilla, 10 août 1985), surpassées par les enchaînements qu'il prodigua, un jour de folie nîmoise (19 mai 1986), à un taureau de Sepulveda que, épuisé, déprimé, vidé, il ne parvint pas à estoquer. Le comble fut atteint par la fameuse unité des dix passes de Ronda (Torrestrella, 12 septembre 1987). Il y a là comme une ivresse de la virtuosité pure, un débordement « dionysiaque » de puissance pour le plaisir, de glorification joyeuse de la domination, pouvoir pour pouvoir.

Les exploits de José Tomás sont aussi de deux ordres, mais ce ne sont pas les mêmes. Certes, il lui est arrivé d'inventer des liaisons originales (voir par exemple la « granadina[1] »). Mais l'essentiel n'est pas là. Ce qui frappe d'abord

1. L'analyse en a été faite par Jean-Pierre Hédoin dans son très bel article : « Les figures du paradis de la liaison », *Clarín Taurino*, Bilbao,

dans l'usage singulier que José Tomás fait de l'*aguante**, c'est l'espace dans lequel il s'exerce : c'est *son propre terrain* qui est réduit à l'extrême et que le torero paraît vouloir resserrer au-delà du raisonnable. Dans ses passes immobiles («statuaires») de début de *faena** ou dans ses *manoletinas** de fin de *faena**, cette impavidité est particulièrement impressionnante : le torero se présente de face, au plus près, totalement immobile; sans le moindre appel, la bête bondit d'un coup et semble jaillir du corps du torero. Mais c'est dans le *toreo** fondamental que l'enfermement volontaire du torero est le plus admirable et c'est dans l'enchaînement, sans aucune récupération de terrain, d'une passe «naturelle» longue et pure à une autre de même facture que Tomás est sans rival. Il torée, notamment à gauche, avec un «serré» insurpassable, atteignant une *limite* que n'a probablement jamais frôlée aucun autre torero avant lui. C'est d'autant plus saisissant qu'il demeure droit, qu'il torée en passes très longues grâce à sa souplesse de poignet, qu'il conduit le taureau loin vers le bas et vers l'intérieur, et qu'il enchaîne les figures sur le même terrain, souvent au centre, alternant séries citées de face et de loin et séries citées de profil au fil des cornes, en variant les hauteurs (les cornes frôlent tantôt les chevilles, tantôt les hanches), en modifiant les appels d'un léger frémissement de muleta (les *toques**), parfois même sans *toque**, tant le dépouillement touche à l'ascétisme. L'abandon de son corps immobile à la charge de la bête est parfois si total que, on a pu le dire, il semble chercher «à s'immoler».

---

2002 : «passe des fleurs, changement de main dans le dos, gauchère haute avec la pointe de la muleta vers l'intérieur».

«À la fin du XX$^{e}$ siècle, écrit de lui Jacques Durand dans son magnifique *José Tomás Román* (Actes sud, 2004, p. 15), sur la terre de don Quijote et du *tinto de verano* – rouge, limonade et citron facultatif –, un jeune homme se met à se suicider devant les *toros*. Consciencieusement. Avec un air de bouder ajouté à une résolution glaciale.» Le nombre de coups reçus en cours de *faena** et de blessures graves en cours de saison est d'ailleurs tel qu'il alimente ce fantasme. Souvent il est renversé, se relève (blessé ou non), et reprend de plus belle, grisé d'avoir *touché la limite*, ou peut-être enivré de se sentir immortel. Par exemple, Saragosse, 9 avril 2000 (taureau de Marca). Lisons Francis Marmande : «José Tomás voit venir le taureau sur lui et ne tressaille jamais. Il grimpe debout, raide planté au bout des cornes. Le *toro* le brandit tel une lance, pendant un instant qui semble trois secondes [...]. José Tomás se relève, coupé à l'arcade sourcilière. Il reprend simplement le temps où il l'avait laissé [...]. Il ne s'est rien passé. Du trou comme un œillet tout en haut de sa cuisse coule un filet de sang. Cinq naturelles plus loin, profondément rythmées [...] il est repris de nouveau droit comme un cyprès au bout des cornes, les lèvres pincées, le visage calme [...]. José Tomás, les rares fois où il lui arrive de desserrer les lèvres dit : "De toute façon, en partant, je laisse mon corps à l'hôtel"» (*À partir du lapin*, Verdier, 2002, pp. 155-156).

Il y a une autre limite que semble vouloir atteindre la «résistance» de José Tomás, c'est celle de sa dilatation dans le temps. Il torée avec une lenteur bien en deçà des exigences du *temple**, une sorte de lenteur hallucinatoire, presque surhumaine, de rêve ou de vision. De quelques grands artistes andalous de la cape (Curro Romero, Rafael de Paula, Fernando Cepeda, Morante de la Puebla, etc.), on a pu dire qu'ils enchaînaient des véroniques avec une lenteur majestueuse. Mais a-t-on déjà vu série de véroniques de réception du taureau aussi lentes (et données avec aussi peu d'étoffe) que celles de José Tomás le 16 août 2000 à Malaga (taureau de J.-P. Domecq), ou des passes « naturelles » exécutées avec une lenteur aussi énigmatique que celles qu'il donna à Séville le 28 avril 2001 (taureau de Joaquin Nuñez) ? Ni même El Viti. Il s'agit là encore d'un usage de la « résistance », et là encore d'un usage radical, puisque ce ralentissement extrême semble vouloir s'approcher asymptotiquement du point d'arrêt total, là où le mouvement continu se ferait de lui-même immobilité parfaite, point qu'il ne peut ni ne doit pourtant jamais atteindre, exactement comme le resserrement de sa distance à l'animal semble vouloir s'approcher du point de contact qu'elle ne devrait jamais pouvoir atteindre. Dans les deux cas, la tension est maximale entre l'équilibre conquis à chaque instant et la menace que l'instant suivant fait peser sur lui.

Nous entrevoyons l'explication de nos premières impressions. Si Ojeda et Tomás sont des artistes immenses mais fragiles, des artistes exceptionnels mais polémiques, des artistes uniques mais irréguliers, c'est qu'ils flirtent avec les limites. Comme tous les artistes introvertis, ils recherchent obstinément, résolument, continuellement, à atteindre *quelque chose*, toujours la même chose, une chose singulière et inaccessible. De là leur vulnérabilité, les aléas de leurs saisons, de leurs carrières : lorsqu'ils atteignent ce « point idéal » pendant quelques saisons, ou quelques minutes, face à quelques taureaux, ils accèdent à des sommets d'art et d'émotion auxquels ne peuvent jamais prétendre les toreros ordinaires, même les plus grands. Tel est leur point commun. Mais la limite qu'ils recherchent obscurément tous les deux, n'est pas identique pour l'un et pour l'autre, même si elle semble emprunter des voies semblables, celles de la « résistance » et de la verticalité. Car ils en font un usage opposé. Dans ses deux types d'exploits, Ojeda se sert de son *aguante** singulière comme d'un moyen radical *pour réduire à l'extrême le terrain du taureau et imposer de façon absolue le sien,* afin que, sur ce terrain conquis, tout mouvement du taureau décidé par l'homme devienne possible. En revanche, dans la manière dont il joue avec les limites, Tomás use personnellement de son *aguante pour augmenter à l'extrême le terrain du taureau et réduire le sien jusqu'aux limites du supportable* : au centre de cet espace vide d'où il émerge comme un héros (ou un martyr) solitaire, il impose la figure d'un ordre d'une lenteur implacable – toujours sur le point de s'anéantir.

De là une opposition esthétique de style – baroque chez Ojeda, classique chez Tomás. Mais de là aussi une opposition d'éthique.

## *Deux philosophies de la « résistance »*

Par leur *aguante** exceptionnelle, Ojeda et Tomás jouent avec les limites, et c'est pourquoi ils sont imparfaits – même s'ils peuvent être parfois géniaux. Les toreros parfaits, ou presque (comme Enrique Ponce), ne cherchent pas à repousser les frontières de leur art, ils veulent en exprimer le concept : bien toréer chaque taureau, toréer le mieux possible tous les taureaux. Ils nous donnent des émotions souvent profondes mais connues. Ce que les toreros géniaux cherchent en revanche, dans la *faena** ou dans chaque taureau, c'est le moyen de dire quelque chose, une chose unique et sans doute indicible sans taureau, autrement dit à *incarner une idée*. Les grands toreros sont magnifiques, ils s'imposent aux taureaux et aux publics par leur courage, leur science ou leur art. Mais, le plus souvent, ils n'incarnent *rien*. Ce n'est pas qu'ils manquent de personnalité. Au contraire. Camino, Manzanares, Niño de la Capea, Espartaco, Ponce, El Juli, ont une immense personnalité : on reconnaît immédiatement leur style, leurs attitudes, leur *toreo**. Ils font école. Mais certains toreros, moins parfaits, incarnent une idée. C'est pourquoi ils sont imités (mal), mais ne font jamais école. Cette idée, on peut tenter de la dire, au risque de la réduire à une formule et de laisser échapper l'essentiel. L'essentiel tient en ceci : il y a des toreros qui imposent à leur *toreo** une forme unique, dans laquelle nous reconnaissons confusément une figure de l'humanité, une manière saisissante, et typique, d'être homme – à laquelle nous *pourrions* nous identifier. Ça a été le cas du Cordobés, « histrion rebelle ». C'est le cas, presque caricatural, de Curro Romero, incarnant quelque chose comme la beauté « impériale ». C'est le cas d'El Viti, image de la « rigueur monacale », de Dámaso Gonzalez, dans lequel on peut voir quelque chose comme l'« opiniâtreté paysanne » (Jacques Durand), d'Emilio Muñoz, incarnation de la « douleur baroque », de Javier Conde, la « naissance de la danse », de Morante de la Puebla, la « souffrance consentie », etc. Et c'est le cas, par excellence, de Paco Ojeda et de José Tomás, qui sont des toreros immenses et qui en outre incarnent une idée. Quelle est cette idée, ou plutôt quelles sont ces idées, puisqu'elles sont opposées ?

Pour incarner une idée en tauromachie, il faut accepter l'échec et l'imperfection. L'Idée ne peut s'incarner en toute matière. Quand le grand torero se reconnaît à ses vertus uniques, le torero exceptionnel se comprend d'abord par ses défauts. Écoutons donc leurs adversaires, ils permettent de mieux les appréhender. Que reproche-t-on à Ojeda ? D'« étouffer la charge » de ses taureaux, de réduire en quelques séries l'adversaire à rien, une sorte de chien dressé qui suit bêtement le leurre ou une dérisoire machine à trottiner. En somme, il soumet *trop* ses taureaux au risque de les rendre insignifiants. Que reproche-t-on à Tomás ? Sa muleta accrochée, ses désarmés, ses bousculades. En somme, il torée *trop* près et *trop* lentement au risque de se faire prendre le leurre ou le corps. Leurs excès montrent ce qu'ils cherchent l'un et l'autre, et l'idée opposée qu'ils incarnent.

Paco Ojeda incarne le « triomphe absolu de la volonté ». Ce qu'il montre, ce qu'on voit, ce qu'on comprend, c'est la toute-puissance de l'homme, le pouvoir infini qu'un homme peut à lui seul exercer sur une nature brute. Une sorte de héros prométhéen, capable de soulever le monde avec pour seul levier un chiffon de flanelle et pour seuls points d'appui ses deux pieds enfoncés. Et ce *conquistador* aurait la conscience de son absolue liberté face à l'adversité. À Sartre qui disait, par goût du paradoxe et provocation, « nous n'avons jamais été aussi libres que sous l'occupation allemande », semble répondre en écho, mais tranquillement, sans la moindre provocation, le résistant Ojeda : « Je ne suis jamais aussi libre que face aux cornes. » Rien ne peut déterminer une conscience, la mienne. C'est moi qui toujours choisis. Ojeda, c'est le héros sartrien qui assumerait pleinement, c'est-à-dire sans « angoisse », que tout alentour et le monde entier dépendent de lui, et qui ne dissimulerait pas cette écrasante responsabilité sous le refuge de la « mauvaise foi ». L'ivresse dionysiaque de la toute-puissance (qui s'exprime dans la démesure de la virtuosité) est tempérée par la lucidité prométhéenne de la technique. Et de là tout s'explique, depuis les premières impressions qui émanent de lui jusqu'aux prouesses singulières dont il est capable : l'image de chasseur aux aguets, le chêne indéracinable, tout l'espace comme une expansion de lui-même, l'ampleur conquérante du leurre, le regard de vainqueur, l'emprise absolue sur l'adversaire réduit à un jouet, les spirales gratuites infinies dans lesquelles il l'entraîne, par jeu, par jouissance de sa propre maîtrise. Dans l'univers ojediste, *tout est possible*.

José Tomás incarne au contraire la « sérénité suprême du sage », tantôt surhomme, tantôt martyr, toujours imperturbable. Tout peut arriver, rien ne peut l'atteindre. L'image que son *toreo** cherche à transmettre, ce n'est pas celle de la toute-puissance de la volonté humaine sur la nature, comme chez Ojeda, c'est celle de sa toute-puissance à se commander à lui-même en dépit de son refus de commander au monde. Ce qu'on peut voir, dans la tauromachie de Tomás, ce n'est plus la liberté absolue par la conquête des autres et le pouvoir sur les choses, c'est la liberté absolue par la conquête de la liberté intérieure et le pouvoir sur soi-même. Ce qu'on voit à l'évidence dans son *toreo**, ce n'est pas la réduction à néant de la volonté du taureau, c'est au contraire le pouvoir effrayant du taureau. Quand le *toreo** d'Ojeda exhibe la puissance indéfinie de l'homme, celui de Tomás dévoile la puissance indéfinie de l'animal. Il doit donc lui concéder toutes les armes : le champ (le leurre est réduit au minimum), le terrain (le centre) et l'espace (tout refuge est impossible pour l'homme). L'adversaire, l'Autre, n'est plus une figure de la nature brute et conquise, comme chez Ojeda, mais l'instrument de l'ordre cosmique inexorable, du destin et de la Nécessité. Dans l'univers tomasiste, *tout est nécessaire*. Rien de ce qui est montré n'est superflu (dépouillement total du geste), ni gratuit (caractère inflexible des événements). Tout se passe inéluctablement, comme le montre la lenteur d'exécution. La composition des *faenas** transmet cette même implacabilité : soit une progression continue, où la distance se rétrécit inexorablement (longues passes droitières, longues « naturelles* », courtes « naturelles », *manoletinas**), soit une symétrie parfaite : aller vers le centre par une série de *trincheras**, *faena** gauchère au centre, retour vers la barrière par une série de *trincheras** (Puerto, taureau Jandilla, 6 août 2000). Tout ce qui arrive *doit* arriver, sans marge de jeu ni de liberté. Ainsi, nos premières images prennent sens : les blessures dont le torero se relève sans s'émouvoir, la mort qu'il défie, le roseau qui ploie sans bouger, l'espace qui se referme sur le sage impassible, le réduisant à son refuge fixe et solitaire au centre du monde, loin des foules, etc. Dans ce *toreo,* il convient de reconnaître à l'adversité tous les pouvoirs, du moins toute la puissance extérieure, et de s'en démunir soi-même le plus possible, afin de garder pour soi la seule *maîtrise de soi*, nue mais absolue, celle à partir de laquelle se déploie le territoire infini de la liberté *intérieure. Rien ne peut arriver au sage qui se maîtrise lui-même*, telle est la morale du stoïcisme impérial – et l'éthique tomasiste. Même la mort ne lui « arrive » pas, puisqu'elle ne l'affecte pas. Tandis que le héros ojediste pourrait dire : je suis maître de l'univers et c'est ainsi que je le suis de moi, le sage tomasiste dirait : je suis maître de moi et c'est ainsi que je le suis de l'univers. Le héros ojediste *peut* tout faire, il peut transformer la nature à sa volonté, c'est pourquoi il demeure immobile, occupant souverainement tout le terrain. De là aussi le plaisir du jeu gratuit et de la virtuosité, les inventions débridées de l'imagination. Le sage tomasiste ne peut rien faire à sa fantaisie ni à son caprice, mais il reste absolument libre, puisque rien de ce qui arrive n'atteint sa « citadelle intérieure » (Marc Aurèle) : c'est pourquoi il demeure immobile, acceptant sans bouger les coups qui le frôlent. Ces deux immobilités ont donc bien des sens opposés : l'empire ou l'impassibilité. Puissance active *versus* force passive. L'émotion qui se dégage du *toreo** d'Ojeda est une émotion *épique*, celle des sommets et des victoires, l'exaltation de la toute-puissance, l'ivresse des transgressions. Le sage tomasiste n'est pas un héros épique, c'est un héros tragique : l'émotion qui se dégage de son *toreo** est faite de « crainte et de pitié » (Aristote, *Poétique*), et elle est portée par le sentiment obsédant de la présence du Destin.

Ces deux éthiques sont inconciliables, sans doute. Elles sont à l'opposé, comme les deux formes d'humanité, et de liberté, qu'elles incarnent. C'est pourquoi on peut être aussi sceptique qu'admiratif devant ceux, ou plutôt celui, le seul, qui inscrit son *toreo** dans ce double héritage : Sébastien Castella. C'est sans doute, lui aussi, un torero de la « résistance » et un héros de l'extrême, là où le courage rejoint la folie : tenir son propre terrain à tout prix, pénétrer le plus loin possible dans celui du taureau, aller au-delà de la limite, là où la technique ordinaire n'est plus valable. Il ne fait guère de doute qu'il emprunte à la fois aux deux génies de l'*aguante**. Au début des années de formation, son style était de type « ojediste », avec la « résistance », mais sans la domination, sans l'invention. Et puis le *toreo** s'est apaisé, il s'est approfondi, plus classique, il a conquis la mi-distance, tout en continuant à toréer incroyablement serré. Et c'est alors que l'influence tomasiste est devenue sensible. Depuis le milieu des années 2000, il a atteint l'équilibre. À Ojeda, il emprunte la virtuosité dans les enchaînements sur place et même sa syntaxe (par exemple la succession dans un même mouvement d'une *trinchera** et de passes droitières en rond, ou d'une droitière immédiatement unie, sur le retour de la bête, à une « naturelle* » de la gauche par un prompt changement de main de la muleta dans le dos, etc.), virtuosité grisante, souvent jusqu'à l'ivresse, parfois jusqu'à l'absurde : un tour dans un sens, un tour dans l'autre sens, inversé, sans bouger les pieds, et puis un « pendule », la muleta derrière les jambes pour un faux appel à gauche, un autre à droite, et on se retourne sur place pour une passe changée qu'on transforme soudain en une passe circulaire, et un nouvel appel à gauche, et un à droite, et c'est cette fois une longue circulaire inversée, indéfiniment prolongée, et puis on reprend, sur place encore, un faux appel, circulaire et demie, pour une longue passe de poitrine qui s'achève sur l'épaule… (Vocalises, trilles, arpèges, sons filés, voix de *coloratura*, et finalement ce contre-sol !) À Tomás, il emprunte cette sérénité au centre du rond, ces *cites** à gauche à mi-distance, l'air de rien, sans rien, dépouillement total du geste et de l'attitude, cette façon d'appeler la charge, parfois d'une simple posture du bras sans l'aide de ce frôlement d'étoffe qui indiquerait la cible, afin de prouver que le corps, lui, ne craint rien, et cette incroyable quiétude dans le regard face aux cornes, qui semble provoquer la mort, et puis aussi cette façon d'avancer de profil, à tout petits pas, la muleta pendante à bout de bras, pour atteindre et franchir insensiblement cette ligne invisible de la ligne de charge qu'on ne traverse pas sans savoir, et sans montrer, qu'on pourrait ne pas revenir. Ce ne sont plus les vocalises de la soprano, ce sont les puissantes notes graves tenues du baryton. Ce double héritage des deux styles de résistance a atteint son point d'équilibre depuis le milieu des années 2000, une décennie après Tomás et deux décennies après Ojeda. Et cela seul suffirait à ranger Sébastien Castella dans les grands toreros de l'époque contemporaine.

Mais sans doute s'agit-il de syncrétisme, car la véritable synthèse est impossible. Ou plutôt : le répertoire, le style, le mode de résistance pourront tenir à la fois de l'ojedisme et du tomasisme, jamais on ne pourra concilier les Idées qu'Ojeda et Tomás ont incarnées dans l'arène ni le sens de leurs tauromachies équipotentes.

Un jour Castella, ou un autre, incarnera une autre Idée et nous dira alors, à sa manière, c'est-à-dire d'une autre manière, ce que signifie pour un homme de *mettre sa liberté au-dessus de sa vie* – ce qu'implique donc de faire de la tauromachie une éthique. Car peut-être s'agit-il là du message le plus profond de la corrida, du moins de cette étrange vertu sur laquelle elle repose et que nous avons appelée la « résistance ». Ce message est hégélien. Un Hegel revu par Alexandre Kojève. Est maître, c'est-à-dire devient véritablement *libre*, celui qui aura su risquer sa vie ; celui qui, dans sa lutte contre l'Autre, aura su mettre sa vie libre au-dessus de sa propre existence animale : c'est en conquérant cette liberté qu'il reconquiert cette vie, qu'il affirme que la conscience s'est hissée au-dessus du simple désir animal de survivre. « Pour que l'homme soit vraiment humain, pour qu'il diffère essentiellement et réellement de l'animal, il faut que son désir humain l'emporte effectivement sur son Désir animal. Or [...] la valeur suprême pour l'animal est sa vie animale. Tous les désirs de l'animal sont en dernière analyse une fonction du désir qu'il a de conserver sa vie. Le Désir humain doit donc l'emporter sur ce désir de conservation. Autrement dit, l'homme ne "s'avère" humain que s'il risque sa vie (animale) en fonction de son Désir humain. C'est dans et par ce risque que la réalité humaine se crée et se révèle en tant que réalité ; c'est dans et par ce risque qu'elle “s'avère”, c'est-à-dire se montre, se démontre, se vérifie et fait ses preuves en tant qu'essentiellement différente de la réalité animale, naturelle [...]. Sans cette lutte à mort de pur prestige, il n'y aurait jamais eu d'être humains sur terre » (A. Kojève, *Introduction à la lecture de Hegel*, Gallimard, p. 14). C'est ce que nous montrent quelquefois ces toreros qui incarnent, par la vertu de résistance, l'idée même de la liberté. On dirait presque que Kojève, lisant la « dialectique du maître et de l'esclave » de Hegel, pensait à l'éthique du torero ! (En tout cas, s'il n'avait vu toréer ni Ojeda ni Tomás, et pour cause, il eut pour auditeur un certain Michel Leiris, qui voulut inscrire cette éthique dans la littérature...)

Quoi qu'il en soit, cette Idée unique de l'homme, Paco Ojeda et José Tomás l'ont incarnée dans l'arène, et les deux sens possibles de cette liberté, ils nous les ont montrés par leur œuvre singulière et leurs génies contraires, ils nous les ont dits en silence, sans éclat, mais avec une clarté éblouissante et une distinction assourdissante.

# Chapitre 5

# Voir la corrida comme un art

Le *toreo** est-il un art? La question n'a guère de sens. Tout dépend de ce qu'on entend par art. Certes, le *toreo** n'est pas répertorié dans la liste ancienne des beaux-arts, mais la majorité des arts actuellement vivants n'en fait pas partie non plus. Et il serait facile de trouver une définition de l'art (il y en a tant!) qui soit assez inclusive pour y accueillir n'importe quel spectacle ou n'importe quel savoir-faire, à condition peut-être qu'il y entre une dose de talent individuel : alors pourquoi pas aussi l'art de Cuchares, on parle bien d'un art du pâtissier ou du jardinier. On pourra donc disputer à l'infini pour savoir si la corrida est un « art », sans s'apercevoir qu'il y a là une querelle de mots sur « art » plus qu'une controverse sur la corrida.

Il est vrai que « art » ne fait pas seulement partie des concepts classificatoires, mais des notions évaluatives. Dire d'une pratique « c'est un art », ce n'est pas seulement dire ce qu'elle est, c'est aussi affirmer ce qu'elle vaut, ou du moins l'estime dans laquelle on la tient. Qui proclame « mais, en fait, la corrida est un art ! » contre des détracteurs qui n'y verraient que boucherie (mais n'y a-t-il pas, aussi, un art du boucher ?), ne dit donc rien de bien intéressant sur le sens du *toreo**, mais se contente de défendre sa passion. Il est vrai aussi que la même phrase prononcée entre *aficionados* sera un peu plus informative. Elle signifiera qu'on considère le *toreo** de l'œil de l'esthète, sensible à l'élégance de l'exécution des passes ou à la composition des *faenas**, plus qu'à la domination du fauve ou à la bravoure des deux adversaires. De là l'éternel débat entre l'Art et le Courage (*¿arte o valor?*) et l'alternative entre toreros artistes et toreros combattants, les premiers étant supposés plus fragiles et plus fantasques mais aussi plus géniaux (parfois), les seconds plus techniques et plus puissants mais aussi plus talentueux (toujours). En somme, on reprendra (pour le seul plaisir de reboire un verre) l'éternelle antienne de la gigantomachie entre les deux Sévillans de l'Âge d'or (les années 1910...) : qui était meilleur, du docte José (Gómez Ortega dit « Joselito ») ou de l'artiste Juan (Belmonte) ? Mais, comme on sait, ce ne fut pas le plus vulnérable qui mourut sur le sable de l'arène... Relativité des lieux communs...

Au-delà de ces chicanes verbales ou de ces questions de goût, on prendra ici le parti de considérer la corrida, ou plutôt le *toreo**, *comme un art*, au sens fort du terme : le voir comme un des beaux-arts. On ne cherchera pas à dire *ce qu'est* la corrida – qui est évidemment à la fois bien plus et bien moins. Bien moins : il lui manque la légitimité et l'universalité des beaux-arts classiques, entre autres parce que, à l'instar des arts de la performance, du moins dans leurs formes improvisées (danse, art dramatique…), le *toreo** ne produit pas d'*œuvres* tangibles et pérennes qu'on puisse exhiber ou posséder, sinon en sa mémoire. Mais elle est aussi bien plus, on l'a dit assez : rite, spectacle, fête populaire, combat… Elle est aussi une éthique. Elle est donc à la fois plus et moins qu'un art.

Que signifie donc *voir la corrida comme un art*? De même que, selon Wittgenstein, on peut bien *voir* (et non seulement « interpréter ») le même dessin équivoque *comme* un lapin (avec ses oreilles bien tirées en arrière) ou *comme* un canard (avec son long bec bien tendu vers l'avant), de même on peut voir la corrida comme un combat ou comme un art. Il ne s'agit pas par là de percevoir *ce qu'elle est vraiment* comme si elle avait une essence dicible qui en épuisât le sens, pas plus qu'il n'est pertinent de se demander « ce qu'est l'art » comme s'il n'y en avait qu'un concept. Il s'agit de voir ce que la corrida vue comme un art nous fait voir de la corrida et nous enseigne de l'art.

Voir la corrida comme un art, c'est déjà ne pas voir *toute* la corrida, avec ses trois tiers*, les piques, les banderilles, la mort. Ne regardons donc pas le déroulement du rituel, la conduite du combat par le torero, l'évolution du comportement du taureau au cours de cet affrontement, en somme oublions l'essentiel ! Car ce n'est pas tout cela qu'on peut voir comme un art. Focalisons le *toreo** : le face-à-face du torero et du taureau. C'est cela qu'on veut ici voir *comme un art*. C'est en toréant, en faisant « passer » et repasser le taureau, en dessinant ses séries, en construisant sa *faena**, que le torero peut « faire de l'art ».

Pour voir la corrida comme un art, il ne faut pas seulement considérer la manière ou le talent très particuliers des toreros dits « artistes ». La liste de ces stylistes est un peu toujours la même et, si l'on s'en tient aux trois dernières décennies, on citera forcément : Curro Romero, Rafael de Paula, Morante de la Puebla, et ces créateurs plus éphémères ou (encore) plus instables que sont ou furent Curro Vasquez, Fernando Cepeda, Pepin Jimenez, Julito Aparicio, Javier Conde, Manuel Sanchez-Mejias… Il est vrai pourtant que, dans les œuvres – rares et puissantes – de ces créateurs, on voit *mieux* la corrida comme un art, on voit, sinon plus clairement du moins plus distinctement, ce qui fait d'elle le plus déchirant et le plus impur des beaux-arts. Il faut cependant élargir le cercle du regard à tous les grands toreros de cette époque, tous ceux du moins qui, par leur style, et chacun dans le leur, cherchèrent à dire une certaine pureté, c'est-à-dire sans doute aussi une certaine vérité du *toreo**, les Viti, Camino, Manzanares, Robles, Ortega-Cano, Yiyo, Muñoz, Joselito, Ojeda, Finito, Ponce, Tomás, Cid, Juli, et l'on en passe, sans doute, de la jeune génération…

Il y aura au moins une leçon à tirer de cet exercice auquel on soumet son regard, lorsqu'on décide de le porter sur le *toreo**. Voir la corrida comme un art ou comme un combat, ce n'est pas la même chose; c'est même, en un sens, tout le contraire. Mais le paradoxe veut qu'on ne peut voir vraiment, profondément, la corrida comme un art, qu'à condition de la voir en même temps comme un combat.

## *De la matière à la forme*

Toréer, c'est leurrer par une étoffe un animal qui cherche à défendre sa vie et attaque celui qui la menace : voilà pour le réel – c'est le combat. Où est l'art? L'art, c'est d'abord l'inverse : cela consiste justement à ne pas « faire passer » le taureau, c'est-à-dire à esquiver passivement ses assauts; c'est *faire* quelque chose, faire *par là même* à l'animal quelque chose; c'est transformer activement sa conduite naturelle, contrarier ses tendances, l'obliger par cette étoffe à agir au rebours de ses impulsions brutes. Les amateurs de Grands Récits voient dans cette action du *toreo** la lutte de la Culture contre la Nature, la victoire éclairée de l'intelligence sur l'instinct. C'est ce qu'on *peut* voir en effet. Mais on peut voir aussi cette geste comme le geste même de l'Art. Car qu'est-ce que l'art en son principe? Hegel l'a écrit, sans doute définitivement : « Le besoin général et absolu auquel répond l'art tire son origine du fait que l'homme est doué de conscience et doit se placer en face de ce qu'il est et en faire un objet pour soi

[…]. L'œuvre d'art est un moyen à l'aide duquel l'homme extériorise ce qu'il est […]. De ces rapports avec le mode extérieur naît le besoin de transformer ce monde, comme lui-même, dans la mesure où il en fait partie, en lui imprimant son cachet personnel. L'homme agit, par sa liberté de sujet, pour ôter au monde extérieur son caractère foncièrement étranger et pour se reconnaître lui-même dans la forme des choses […]. On saisit déjà cette tendance dans les premières impulsions de l'enfant : il veut voir des choses dont il soit lui-même l'auteur […]. À travers les objets extérieurs, et en particulier les œuvres d'art, l'homme cherche à se reconnaître lui-même […]. » (*Introduction à l'esthétique*). L'origine de l'art, c'est le besoin pour l'homme de faire d'un monde étranger, voire hostile, un monde familier, à sa propre image, et donc de modeler un objet naturel pour lui imprimer sa marque propre. En d'autres termes, l'Art est l'inscription d'une forme (humaine) dans une matière (brute). Mais n'est-ce pas justement ce que d'aucuns ont pu dire de la tauromachie [1] ? L'homme imprimerait sa forme (l'intelligence) à l'animalité (sauvage). C'est peut-être vrai des autres tauromachies ou de la corrida elle-même jusqu'au milieu du XIXe siècle, quand il s'agissait essentiellement de s'imposer au taureau et de le tuer en esquivant ses attaques. Mais la corrida moderne, *vue comme un art*, c'est autre chose. Car ce à quoi l'artiste impose sa marque et, ce faisant, crée l'œuvre d'art, ce n'est

1. Voir par exemple, dans *Tauromachie, art profond*, Paris, Éditions du Tambourinaire, 1951, l'article de G. Hilaire, « L'apport esthétique de la corrida », p. 95 *sq*.

pas (du tout) à l'animal lui-même, c'est à *sa charge*. Telle est la grande différence entre voir la corrida comme un combat (ce qu'elle est sans doute, car c'est bien une tauromachie), et la voir comme la création d'une œuvre (ce qu'elle est devenue depuis la fin du XIXe siècle, et en tout cas depuis le début du XXe siècle). Comme l'écrit justement José-Carlos Arévalo dans son beau livre *Le Mystère taurin* (Bordeaux, Culture Suds, p. 20) : «Tout comme la *lidia** [les canons du combat contre le taureau] est l'œuvre principale du XIXe siècle, en herbe depuis le XVIIIe, le *toreo** est le grand apport du XXe, en gestation durant le XIXe.» Toute l'équivoque (et la force) de la corrida est là : c'est que, en même temps qu'il affronte le taureau, le torero modèle sa charge et en fait son œuvre. L'un, l'animal, est son adversaire, l'autre, sa charge, est la matière de sa création – et donc son partenaire. Le torero est sur deux fronts : il résiste à l'assaut du taureau, il s'exprime lui-même par sa charge. Telle est l'ambiguïté du rapport du torero au taureau. De cette équivoque naissent aussi quelques malentendus, quelques différends (entre *aficionados*), selon qu'on a vu la même corrida, le même corps à corps, la même série ou la même passe, *comme* l'acte du combattant ou *comme* le geste de l'artiste. Comme on peut voir le même dessin comme un lapin ou comme un canard…

Continuons donc de voir le *toreo** comme un art. L'homme inscrit sa marque dans la charge du taureau. C'est la matière première de l'artiste. Mais voici le paradoxe, la corde raide où se tient le torero : le combattant qu'il est a pour fonction d'anéantir au plus vite cette charge, puissance meurtrière de son adversaire (c'est ce que faisaient les toreros du XIX^e siècle, et ce à quoi sont condamnés souvent ceux de maintenant lorsqu'ils affrontent des taureaux rétifs), cependant que l'artiste qu'il est aussi a besoin de maintenir cette même charge vive parce qu'elle est le matériau qu'il devra plier à son image pour en faire son œuvre. La création du torero comme artiste nécessite une *charge* que le torero comme matador a pour fonction d'abattre. Or, qu'est-ce que cette matière première ? Une force vitale, par définition finalisée. Le taureau charge pour *vivre* et pour *atteindre* sa proie. Cette charge a pour principe la survie de l'animal et pour fin le corps qui lui fait obstacle. La première œuvre de l'art consiste donc, non pas à l'empêcher, à l'amoindrir, à la nier, ce qui priverait l'artiste de toute matière, mais au contraire à la manifester, à l'exprimer, à l'exalter même, et si possible dans toute sa plénitude (vive, droite, longue, puissante, accélérée), voire à la susciter, à la ressusciter parfois – mais évidemment en la *privant* de sa finalité naturelle, sa cible. La charge naturelle vise la proie qui s'offre à elle, mais, ne rencontrant que le vide ou le chiffon de l'homme, elle se trouve déjà dénaturée. Tel est le premier effet de l'art.

## *Donner forme à une matière dans l'espace*

### *Courbures*

Pourtant, même ainsi détournée de sa finalité et privée de son principe naturel, cette matière n'a pas encore acquis forme humaine. L'œuvre de l'art commence, et le plaisir esthétique s'éveille, lorsque la nature même de la charge s'inverse, lorsque l'homme l'accorde à sa propre finalité et que l'artiste lui imprime sa marque, son style et sa personnalité.

Cet assaut que le taureau dirige sur l'homme, son but, c'est l'homme qui désormais le dirige sans but : inversion des rôles. Le torero a fait sienne la charge du taureau, la forme s'est emparée de la matière. Ce détournement d'une finalité naturelle au profit du geste gratuit est la promesse de l'art. Et la force expressive de cette promesse se mesure d'abord à la longueur de la charge du taureau, ou plutôt, car celle-ci est matière, à la longueur de la conduite de cette charge, car ainsi dirigée, formée par l'homme, elle peut devenir œuvre. Tel est le secret de tout art, voyez la statuaire. Plus le matériau est initialement lourd, massif, rebelle, plus la légèreté de la forme que lui imposera l'artiste sera expressive. Et puis, cet assaut animal, naturellement rectiligne pour frapper, l'homme l'incline, le *courbe*, l'arrondit – comme ça, pour rien, pour signifier qu'il est vain, qu'il n'atteint pas son but naturel, qu'il a désormais forme humaine et que le taureau n'en est plus l'auteur, que c'est l'homme qui en est le créateur. Ou plus exactement qu'il est l'auteur de sa *forme* quand le taureau n'est plus que l'agent de sa *matière*. La charge devient dès lors leur œuvre commune : le taureau la met en mouvement, l'homme en dessine le contour. C'est par la courbure de cette charge fonctionnellement droite que commence l'œuvre propre du *toreo**, art plastique. « Le *toreo** fut inventé par celui pour qui la ligne droite en se soumettant devint courbe », écrit joliment José-Carlos Arévalo (*op. cit.*, p. 30). L'art véritable est né sur le sable de l'arène lorsque, avec Juan Belmonte, la courbe est devenue la « finalité sans fin » du *toreo**. Finalité de l'art, sans autre fin qu'elle-même, sans fin proprement défensive, vitale. Ainsi, au-delà du caractère fonctionnel dans lequel étaient jusqu'alors cantonnées les premières véroniques*, celles par lesquelles on reçoit le taureau à la sortie du toril (canaliser les premiers assauts du fauve tout en les évitant), ces passes de réception à la cape acquièrent avec Belmonte un caractère purement *formel*, dans lequel ce qui compte, c'est la création propre de l'homme, le tracé qu'il impose à la charge, ce n'est plus l'esquive, aussi experte que passive, de son adversaire. Car si la droite est l'image de la finalité pratique, utile, vitale (c'est le plus court chemin pour aller quelque part et le plus sûr moyen d'atteindre sa cible), le cercle, symbole de l'éternité, est l'image des activités qui trouvent en elles-mêmes leur propre justification et n'ont d'autre but qu'elles-mêmes, se prolongeant et se reproduisant sans fin. D'un principe vital, la charge, l'homme fait un jeu gratuit, une grâce, une offrande, un voyage à deux qu'on s'accorde pour le plaisir de la chose même. Ou plutôt pour montrer, à la face du monde et d'abord de soi-même, que ce que la nature produit de plus brut, de plus étranger et même de plus hostile à l'homme, on peut s'en rendre maître, on peut le faire *sien*, lui donner forme humaine, le *styliser* par conséquent – ce qui est la finalité interne de toute œuvre d'art.

*Séries*

Et la pointe de la courbe, c'est lorsqu'elle ne fait qu'annoncer une autre courbe (c'est ce qu'elle fait depuis

Belmonte), et puis encore une autre, un autre jeu en rond, et une autre courbe, toujours aussi vaine pour la charge : car celle-ci n'atteint jamais son but naturel, elle s'épuise à se vider de sa substance interne qui la voudrait rectiligne, elle prend ainsi progressivement son visage humain, œuvre de l'art et sourire de la raison. Ainsi, par exemple, les fameuses cinq véroniques* de Belmonte enchaînées sur place à la réception du taureau dès sa sortie, le 11 avril 1913 à Madrid, marquent par leur courbure un tournant de l'histoire. À la date du *Sacre* de Stravinsky, un nouvel art est né en ce même printemps. C'est dans l'enchaînement des passes, ou mieux, dans la liaison des courbes, lorsque l'artiste parvient à faire naître le début de l'une dans la fin de l'autre, à fondre l'un dans l'autre les deux assauts du taureau en une seule charge et à faire des deux courbes une même ronde, que l'art du *toreo** se met à vivre. Dans une contribution essentielle (*Clarín Taurino*, Bilbao, 2002), « Les figures du paradis de la liaison », Jean-Pierre Hédoin a pu montrer comment se constitue et se développe, au cours du XX^e^ siècle, le *toreo** lié. Il montre en particulier comment ses trois composantes, d'abord distinctes et indépendantes, se fondent progressivement : l'enchaînement, sans récupération de terrain par le torero, des deux passes fondamentales (l'aller de la bête et son retour), par exemple passe naturelle et passe de poitrine (Belmonte) ; la succession en rond de deux passes courbes de même nature, deux passes naturelles par exemple (Joselito « El Gallo », Domingo Ortega, et surtout Chicuelo – Madrid, 1928) ; la continuité dans la succession de passes différentes, ce qui implique de plus en plus l'immobilité du torero au cours de la série, sa fixité en un même point, la « verticalité » de son attitude (Rafael « El Gallo », Manolete). La deuxième moitié du XXe siècle, c'est l'histoire des différentes synthèses de ces trois constituants de la liaison : Antonio Ordoñez, Paco Ojeda, José Tomás. Ce que montre toute cette évolution, c'est que l'exigence de liaison entre les passes est au fond la contrainte formelle de plus en plus pressante de l'histoire du *toreo**, et peut-être même le moteur principal de l'histoire de cet art au cours du XXe siècle.

Cette histoire a un sens. Si la *tauromachie* est une pratique immémoriale, si l'ordonnance de la *corrida* telle que nous la connaissons a un peu plus de deux siècles, l'art du *toreo** ne date que d'un siècle. Et son fondement est la liaison entre les passes, pour des raisons qui tiennent à la définition même de toute création, c'est-à-dire à ce qu'implique de donner forme artistique à une matière. Une passe, dès lors qu'elle est courbée, c'est-à-dire contre-nature et humanisée, ouvre certes sur la *possibilité* de l'art. Mais les courbures de la charge ne sont encore que les prémices d'une création artistique possible, ses constituants élémentaires, au mieux ses signes précurseurs. Une passe longue, arrondie, mais isolée, peut être *belle*, élégante, admirable, et même « artistique » si l'on veut, mais elle ne fait qu'annoncer l'œuvre possible, elle n'en est pas encore la réalisation effective. Une belle passe, si belle soit-elle, n'est que l'esthétisation de l'exécution d'une esquive. Elle est la stylisation (la mise en courbe) d'une fonction : éviter l'assaut, détourner la charge, faire passer.

On peut user « poétiquement » du langage sans cesser de l'user fonctionnellement : il suffit de jouer sur les sonorités et le rythme des mots – c'est ce que Roman Jakobson appelait justement la « fonction poétique », celle qu'utilisent les slogans, les devises ou les comptines : certaines ne manquent ni de charme ni d'élégance, mais la poésie, c'est quand même autre chose ! On peut user « poétiquement » du leurre pour dévier le taureau, faire une passe élégante, mais le *toreo**, c'est quand même plus ! Ce n'est pas la seule mise en évidence de la forme derrière la fonction, c'est la mise en forme *de la forme elle-même*. Il en va de même dans *tout* art. Soit une fonction : représenter. Pour accomplir cette fonction, on peut faire un croquis, une figure. On peut aussi vouloir *esthétiser* ce croquis et joindre à la réussite ou à l'efficacité du résultat (« il représente bien ») le charme du beau (« il plaît ») ; alors on épure, on stylise, on soigne les propriétés *formelles* de l'objet : par exemple, on le veut plus simple, on le rend plus élégant, on le fait plus équilibré, etc. C'est un « beau dessin ». Ce n'est pas encore l'art du peintre. Cet art naît lorsqu'un créateur ne vise plus *seulement* les propriétés formelles de l'objet (encore) fonctionnel, mais des *propriétés formelles au second degré*, c'est-à-dire la mise en relation, elle-même formelle, des différents éléments ou des différentes propriétés formelles de l'objet – qui dès lors devient, par ce geste même, une œuvre. (Notons que cela n'implique nullement, comme un certain formalisme de l'histoire de l'art contemporain a pu jadis le faire accroire, que l'art « par essence » serait l'abandon de toute référence externe ou devrait se détourner de tout objectif « fonctionnel », pour n'être qu'un pur jeu gratuit et autoréférentiel, voire autotélique, de la seule forme : par exemple l'arrangement et la composition des éléments, qui *devraient* en eux-mêmes (sous peine d'être « réactionnaires ») être absolument non figuratifs, en peinture, ou anti-narratifs, en littérature, ou atonaux, en musique.) Ainsi le peintre, bon ou mauvais, peu importe, visera-t-il à mettre en rapport d'harmonie, de contraste ou d'opposition les différents éléments de la composition, les différents plans de la mise en espace global, les différentes couleurs du tableau, etc. Le musicien ne cherchera pas simplement à faire un air de danse, une ritournelle de marche, ou une rengaine qui réveille (musiques fonctionnelles), ni même à les rendre plaisants à l'oreille (esthétisation de la fonction), mais il devient *compositeur*, comme son nom l'indique, lorsqu'il saura mettre en relation (verticale : harmonie; horizontale : contrepoint), les différents composants formels de l'univers sonore. L'élément fonctionnel demeure présent la plupart du temps, et il est même d'autant plus actif – « efficace » pour le spectateur ou l'auditeur – que la composition est artistique : le tableau *représente* tellement bien, c'est vraiment un extraordinaire portrait d'Innocent X – et le dernier mouvement de la *Septième symphonie* donne réellement envie de danser. Mais la fonction est en quelque sorte épurée deux fois : l'œuvre n'est pas la formalisation de la fonction, mais la formalisation d'une fonction elle-même déjà prise dans sa forme. Cela implique en particulier que tout élément puisse être considéré, en même temps que pour lui-même, comme partie d'un tout qui le dépasse et par lequel il prend sens. Ainsi en va-t-il aussi, forcément, de l'art du *toreo**.

À rebours peut-être de toute l'histoire du *toreo**, le style de ce grand torero que fut Antonio Bienvenida ne brillait pas tant par l'immobilité ou le lié de son exécution que par la grâce de sa mobilité et l'élégance vétilleuse avec laquelle il semblait distiller ses figures éparses, souvent inattendues. C'est pourtant à lui que l'on doit cette réflexion banale mais profonde selon laquelle il faut toujours penser à la passe suivante en exécutant la précédente. On ne saurait mieux dire. Il faut penser la passe comme élément d'une série : ce qui ne signifie pas forcément « lier sur place » ou enchaîner immédiatement : il y a de nombreuses façons de mettre en relation des éléments, selon les styles, selon les circonstances. Cela signifie que la forme de la passe, la courbe qui stylise la fonction de l'esquive, n'est qu'une ligne en attente de dessin. L'art du *toreo**, nous assistons à sa naissance, non pas en voyant la belle exécution d'une passe, mais en entrevoyant que sa beauté même la rend grosse de la suivante. Nous apercevons, lors du dernier temps de l'accomplissement de cette passe, qu'elle annonce autre chose qu'elle-même, qu'elle n'est visiblement qu'une partie d'un tout plus vaste qui en est la *raison d'être* : totalité invisible pour l'instant, et simplement imaginable, et qu'on n'apercevra que dans l'après-coup. Le *olé* qui ponctue une passe n'est que l'espérance du suivant, tantôt déçue, tantôt comblée. L'art naît de la syntaxe, de la pensée de la série. Penser à la passe suivante. Placer son corps pour la répétition, le retour, l'enchaînement. La fin de la passe est là où devra être le début de la suivante. Où chaque mouvement est conçu non plus par sa fonction (double fonction : au sens vital : éviter la charge, ne pas se faire prendre ; au sens ludique : détourner la charger, jouer avec elle), mais par sa forme pure. Chaque geste, chaque passe, est pris dans une forme qui le dépasse. La forme de la série.

Entendons-nous : il ne s'agit pas de dire ici que la *tauromachie* consiste à enchaîner les passes – elle consiste bien plutôt à combattre un taureau en lui imposant sa volonté, jusqu'à lui imposer la mort, en tout cas dans cette tauromachie qu'est la corrida. Il ne s'agit pas non plus de dire que le *toreo** a pour finalité ou pour idéal la liaison entre les passes : il a bien d'autres normes, la maîtrise, la conduite, l'intelligence, et il repose sur bien d'autres valeurs, éthiques bien sûr, et même esthétiques : la majesté, l'élégance, l'improvisation, etc. Il ne s'agit pas de dire que le *toreo* est* un art, mais de voir ce que c'est que de le voir comme tel. Et on doit constater que l'enchaînement est bien le moteur de son histoire. C'est ce moteur-là qui, à la fois principe et conséquence de l'évolution des goûts des publics, a eu pour *effet* l'histoire de l'élevage des taureaux « braves » et l'évolution de la notion même de « bravoure ». Le *toreo** s'est constitué progressivement comme un art, non par esthétisation progressive, comme on dit parfois, ni par épuration de sa dimension violente. En réalité, la dimension esthétique du *toreo** a toujours été présente, dès le début de l'histoire de la corrida, sans doute dès la fin du XVIII^e^ siècle, où l'on célèbre déjà l'élégance, la pureté, le bon goût, et au moins depuis… Cuchares, justement ! avec qui (du moins pour ses détracteurs) l'esthétique semble déjà prendre le pas sur le fonctionnel. Mais la beauté est une chose, l'art en est une autre. Il ne s'agit pas de préoccupation esthétique, il s'agit d'art, qui naît d'une autre rupture – c'est-à-dire d'un redoublement, ou plutôt d'une réflexivité, de l'exigence esthétique sur elle-même.

La raison en tient à l'art lui-même. On a pu dire que l'histoire de la corrida est l'histoire de l'« humanisation » du spectacle, qui serait de moins en moins sanglant et « brutal », de plus en plus édulcoré et éthéré. Cette vision est discutable, car la notion de brutalité est relative, selon les moments de l'histoire de la sensibilité – et les blessures d'aujourd'hui ne sont guère moins graves ou fréquentes que celles d'hier, même si (progrès de la médecine et des transports aidant) elles sont moins souvent fatales. Ce qui est sans doute vrai, c'est que l'histoire du *toreo** est l'histoire d'une humanisation au sens précis que nous lui donnons : inscription d'une forme humaine dans une matière brute. Il s'agit d'une humanisation de la forme elle-même, prise à son tour comme matière d'une autre forme. Dans l'art, c'est la forme qui s'empare de la fonction, non pour l'anéantir, mais pour l'exalter en en dévoilant la pureté – sur une autre scène, celle de l'imaginaire, pure création humaine. Dans la corrida, la fonction consiste à toréer, c'est-à-dire à imposer sa volonté à un taureau de combat par le leurre d'une étoffe. Esthétiser la passe, c'est déjà en épurer la nature : mais la passe isolée est encore l'œuvre commune du taureau et de l'homme. Lorsque les courbes s'enchaînent au point de former, de passe en passe, un unique dessin, on dirait que le dessin précède logiquement les courbes qui le composent, que les passes ne sont là que pour former un tout et qu'elles n'ont d'autre but que de se plier à l'unité de l'ensemble dont elles font partie. Mirage de l'art.

N'est-ce pas là le suprême triomphe de la forme, c'est-à-dire ici de la volonté humaine sur le sensible et de la raison sur la matière ? Car bien sûr, en réalité, les courbes se dessinent une par une, une charge vient après l'autre, puisque c'est le taureau qui charge! Mais c'est comme si on assistait, à l'inverse, au *développement* progressif des parties d'un tout préexistant : comme si ces charges étaient en fait non seulement *conduites* par l'homme (parce qu'il les courbe), mais *conçues* par lui ; comme si ces courbes ne faisaient que réaliser, petit à petit, une figure qui avait d'abord existé dans la tête de l'homme : le torero devient ainsi leur unique auteur, alors que, pour chaque passe isolée, il en partage les droits avec son partenaire, le taureau. Et c'est comme si, par là même, c'est-à-dire par l'art, le torero toréait au suprême degré, puisque, sur cette autre scène imaginaire où nous le voyons désormais, le taureau ne se contente plus d'obéir à la loi de l'étoffe ou du geste, mais actualise, à chaque charge et à son corps défendant, un dessein global conçu par la seule volonté de l'homme.

*Terminaisons*

L'assaut de l'animal est donc d'abord dénaturé, rendu vain : c'est l'esquive ; la matière, déjà, perd de sa substance en étant dépossédée de sa fonction (attraper, blesser, tuer). Et puis, inclinée, courbée, la charge commence à prendre forme humaine. Ensuite, de courbe en courbe, elle *semble* perdre complètement sa fonction destructrice pour devenir pure forme, déjà dessin. L'apparence est trompeuse, bien sûr : car le taureau comprend, et la corne menace, en fait, de plus en plus. C'est pourquoi il faut bien à un moment, surtout pas trop tard, quitter la série, et donc risquer de retrouver l'animal, le fauve, derrière le dessin de la charge ; il faut que le torero, si « artiste » qu'il soit, renoue avec le combattant – qui ne l'avait en fait jamais quitté… Mais comment faire, sans perdre le fil de l'art ? Mieux : comment faire, non seulement pour ne pas rompre avec la Forme qui courbe la matière de la charge, mais pour *achever* en même temps de lui donner forme ? Tel est l'objectif formel de la « terminaison » (*remate*) de la série : finir de faire d'un ensemble un tout, donner son unité à la suite de passes en la refermant sur elle-même. Mais cet objectif formel de modelage de la charge doit se fondre dans l'objectif fonctionnel de la passe, l'évitement de la corne. C'est à ces deux finalités opposées que répondent les inventions de la demi-véronique (à la cape) et de la passe de poitrine (à la muleta).

La première est l'œuvre – encore – de Belmonte, et d'autant plus géniale qu'elle résout artistiquement un problème technique. Le rond ne mène à rien, c'est là sa beauté, la difficulté est d'en sortir, il faut bien *vivre*. Comme l'explique Jean-Pierre Hédoin : « Dans cette suite de véroniques [celles du 11 avril 1913, par exemple, voir ci-dessus], il ne s'agit plus de rompre, le plus prestement et le plus élégamment possible – devant un assaut inopiné ou provoqué –, mais de mettre un terme à une succession. La question est alors de savoir ce qui va mettre un terme à la série de véroniques ; ce terme va-t-il survenir, naturellement, par l'extinction momentanée du potentiel offensif, par épuisement des répétitions, ou bien va-t-il être imposé au taureau par une décision du torero ? » (*Clarín*

*Taurino*, Bilbao, 2004, p. 36). En fait, l'enchaînement en courbe, où l'animal est repris dans les plis de l'étoffe aussitôt qu'il a cessé de *manquer* son objectif, conduit à un jeu de plus en plus serré où l'espace de l'homme se réduit et où le cercle de l'animal se referme sur le torero, devenu « comme prisonnier de son mode d'exécution », et pour ainsi dire de son œuvre propre. À ce problème posé par l'Art à la Technique, il fallait une réponse qui satisfît celle-ci sans trahir celui-là. Il fallait, en d'autres termes, trouver à se libérer du fauve tout en continuant de « faire œuvre » de sa charge. À ce problème, une habile esquive, un petit saut de côté, une pirouette salvatrice aurait résolu le problème fonctionnel, mais invalidé la Forme. Le problème, c'est que l'art et la technique semblent s'opposer, et même deux fois. Première contradiction des exigences formelles (l'art de modeler la charge) et des contraintes vitales (le combat contre l'animal) : arrêter le taureau en fin d'une série de passes en lui *dissimulant* le leurre, sans cesser par ce leurre de *conduire* sa charge. Et deuxième contradiction : opposer au *taureau* la ligne droite et continuer d'imposer à sa *charge* la ligne courbe. Ce fut l'invention de la demi-véronique belmontienne, solution dialectique des contradictions antérieures, aussi techniquement efficace qu'artistiquement heureuse. Jean-Pierre Hédoin la décrit ainsi : « Corps solidement appuyé sur la jambe de sortie [de la passe : la jambe gauche, par exemple, si le taureau passe sur la gauche du torero], avancée dans un parfait symbole du *toreo* croisé [où l'on appelle son œil droit avant de faire passer le taureau à gauche] et changé [où la jambe de sortie est d'avance placée sur le trajet de la charge naturelle – augmentant les risques et *obligeant* à conduire le taureau en courbe autour du corps], l'autre jambe en élégante tension sur la pointe du pied, le buste légèrement penché sur le taureau, menton volontaire enfoncé dans la poitrine [attitude souvent adoptée encore aujourd'hui par les meilleurs artistes de la cape], le mouvement complémentaire de la ceinture et de la hanche qui s'entoure le taureau autour du corps et le tracé coordonné et harmonieux des deux bras, le bras intérieur qui s'incline vers le sol et l'extérieur qui détourne puis, par un très subtil retournement du poignet, ramène le trajet du taureau vers l'intérieur, derrière la hanche, la demi-véronique de Belmonte constitue un ensemble dynamique et plastique unique. »

Solution du problème fonctionnel : le torero « sort » de la ligne de charge en ôtant au taureau toute cible visible. Mais solution artistique : le torero sort de cette ligne, sans bouger lui-même, par un simple mouvement de bras s'imposant au taureau, d'un bras qui dessine les courbes sans solution de continuité avec celles des véroniques* qui précèdent. Le corps, dans sa volute immobile et son apparent déséquilibre, reproduit statiquement le mouvement même du taureau autour du corps de l'homme. Génie de l'artiste. L'emphase de l'expression et de la torsion sont baroques, mais l'invention de l'idée est on ne peut plus classique : c'est la forme plastique qui résout un problème technique (d'équilibre, de continuité) et même fonctionnel (ici vital) tout en dérobant ce problème au regard. Sous la demi-véronique belmontienne, la nécessité vitale de sortir de la figure pour se sauver n'apparaît plus, elle est comme aspirée dans le pli de l'étoffe : le torero se « sauve » lui-même sans se sauver de la passe, il demeure où il était, il continue à dessiner, et ce faisant il s'en sort…

Les terminaisons de séries, courbes comme la poésie, sont la résultante des exigences imposées par l'art à la prose droite du combat. Dès lors, la série fera bien un tout, déjà un bout d'œuvre, grâce à ce point d'orgue qui ponctue la phrase, à ce contour qui donne son unité aux dessins qui précèdent. À la muleta, ce peut être parfois le paraphe inattendu d'une *trincherilla**, vers le bas, ou la majesté d'une passe de poitrine*, vers le haut. Celle-ci s'est imposée comme la solution ordinaire pour configurer l'ensemble de passes qui précèdent et lui donner un air de tout achevé. Il arrive à cette passe de poitrine*, libératrice d'une série de naturelles*, d'atteindre à la puissance formelle de la demi-véronique belmontienne. Le problème technique est un peu différent et différente aussi la solution imaginée par l'art pour donner forme à la matière. À la cape, le leurre est tenu des deux mains et à hauteur de ceinture : quand on enchaîne les passes, c'est-à-dire quand on reprend la charge dans les plis de l'étoffe dès que l'animal revient sur sa proie manquée, le problème consiste à trouver un moyen « artistique » de dissimuler l'étoffe au taureau – à quoi répondait la demi-véronique belmontienne. À la muleta, tenue d'une main, lorsque l'on enchaîne les passes par le bas, il est possible de sortir du cercle en finissant par le haut : c'est la passe de poitrine*. Elle peut être courbée et perpétuer ainsi le dessin qui précède. Elle peut être droite, mais c'est à condition, pour l'artiste, de s'incliner poétiquement vers l'intérieur, la main se refermant sur le corps tout en montrant la sortie. On se souviendra longtemps par exemple des interminables passes de poitrine torsadées de Javier Conde, où le mufle du taureau semblait toucher au ciel après avoir frôlé le sable, un jour d'inspiration à Séville (24 avril 2004, taureau de J.-P. Domecq). On se souviendra aussi d'une extraordinaire passe de poitrine donnée par Enrique Ponce (Bilbao, 24 août 2006, « Zalduendo ») en fin de *faena**, lente, lente et longue, toute en courbe vers l'intérieur, de très bas à très haut, et qui s'acheva alanguie, comme à regret, sur l'épaule du torero. On se rappelle aussi tant de passes de poitrine décisives de José Tomás, comme autant de points d'exclamation concluant une série d'affirmations irréfutables…

C'est donc quatre fois, au moins, que la charge animale prend forme humaine. Elle est d'abord vidée de sa fonction meurtrière. Elle est aussi, dans le même temps, courbée contre sa propre nature. Et puis la succession des courbes la réduit à une ligne qui va, qui vient, et qui dessine des figures refermées sur elles-mêmes par le sceau d'une terminaison qui en assure l'unité.

## *Donner forme à une matière dans le temps*

### *Unités discrètes*

Le *toreo** est donc un art plastique qui donne forme dans l'espace à une matière brute. Mais il y a une autre manière de donner forme à la charge. Et le *toreo** n'est pas seulement un art de l'espace, c'est aussi un art du temps.

Or il n'y a pas d'art du temps sans unités sensibles distinctes. Soit l'exemple de la musique. « La musique est l'art des sons », sans doute. Mais les sons, à de rares exceptions près, n'existent pas tout faits dans la nature. En effet, les « bruits » constituent un matériau dans lequel l'individuation et l'identification de différentes unités demeurent impossibles. Peut-on *compter* les bruits dans la nature ? Peut-on y distinguer ce qui vaut pour *un* son et ce qui vaut pour un *autre* ? Difficile, si l'on fait abstraction de ce qui les produit. On ne pourrait affirmer, sans arbitraire, combien de sons produit le tigre qui rugit ou le verre qui se casse en tombant. En revanche, dès que l'on passe des bruits de la nature aux sons musicaux, tout change. Des sons distincts sont identifiables, quelles que soient la culture ou l'époque qui les a produits, quels que soient le genre ou le style musical dont ils relèvent. Des notes sont individualisables : leurs durées sont commensurables entre elles au moyen d'une mesure ; et leurs hauteurs relèvent d'une échelle fixe. Et même s'il n'y a pas d'échelle universelle, toute musique suppose universellement une échelle : au continuum sonore naturel se substitue un ordre des hauteurs discontinues et ordonnées. Tels sont deux des universaux caractérisant tout univers musical : « l'art des sons » suppose un ordre des durées et une *organisation* des hauteurs des sons par opposition au chaos indistinct des bruits naturels. Tout se passe comme si la matière sensible (sonore) ne pouvait devenir un matériau pour un art qu'à condition d'être déjà rationnelle.

Il en va de même de l'art du *toreo**. La charge du taureau est un chaos indistinct, un assaut brutal et désordonné. La tauromachie aussi. Mettez l'homme le plus vaillant face à la violence décousue d'un *toro bravo*. Dotez-le d'un chiffon pour esquiver les assauts de l'animal, et supposez-le très malin et très adroit – un peu chanceux aussi. Sans doute verrez-vous notre Hercule esquiver avec habileté les assauts répétés de ce monstre furieux au moyen de son leurre de tissu et peut-être même se défaire avec assurance et puissance de l'impétueuse bête ! Vous assistez à de la tauromachie. De la vraie. Nul art là-dedans. Car, pas plus que vous ne pourrez dire où commence un son et où finit l'autre dans un bruit, vous ne pourrez, dans ces assauts continus et désordonnés de la bête, distinguer clairement une *charge* puis une autre, puis encore une autre ; et pas plus que vous ne pourrez compter les sons dans le rugissement continu du tigre, vous ne pourrez dire combien exactement votre Thésée a fait de *passes* dans son combat. Mais, dans l'art du *toreo**, ce qui fait de l'assaut du fauve une charge discrète, c'est *l'unité de la passe.*

Des esquives avec un chiffon, il y en a mille. Non pas : une infinité ; autant que de bruits dans le continuum de la nature. Toutes les positions possibles de votre corps, toute attitude des jambes, tout port des bras, toute orientation du leurre, peuvent valoir comme esquives, et c'est comme un cri qu'on jette : il suffit que vous évitiez d'être attrapé et que vous fassiez rempart de votre chiffon. Le courage, la dextérité, la fortune ou l'entraînement feront le reste. Mais, dans le *toreo**, il ne s'agit pas de crier, il faut chanter. Et si l'on crie dans le continuum sonore, qui semble riche mais qui est en fait insignifiant, on chante sur une échelle discontinue de quelques notes, infiniment riches de sens parce qu'elles se distinguent et s'opposent. Des *passes* avec le leurre, tenu à deux mains comme une cape ou d'une seule main comme la muleta, il n'y en a pas une infinité, comme autant d'esquives possibles, à peine deux ou trois dizaines. Et encore ! deux ou trois suffiraient, les plus simples. À la muleta, par exemple, les plus grands artistes ont construit quelques-uns de leurs chefs-d'œuvre sur les deux passes les plus dépouillées : la naturelle* de la gauche, toute simple, où vous faites face au taureau, où il tourne autour de votre cuisse gauche et par laquelle vous pouvez en enchaîner une autre, distincte, c'est là votre *dominante* ; et puis la passe de poitrine*, passe « changée », où vous lui tournez légèrement le dos pour l'éloigner enfin de vous en finissant par le haut, c'est là votre *tonique*. Car on ne peut pas rester longtemps sur une note dominante sans revenir, tôt ou tard, à la tonique – ce qui évidemment *apaise la tension*.

Il n'y a pas d'expression *humaine* possible sans un lexique d'éléments discrets et opposables les uns aux autres. Le répertoire des passes, dans sa limitation, est la condition de l'inscription de la forme dans le temps chaotique de l'assaut. Il faut des naturelles* (ou ses variantes) pour l'aller, et des passes « changées » pour le retour (la passe de poitrine* et ses variantes), comme il faut des voyelles opposables aux consonnes pour faire des syllabes audibles. Dans la tauromachie sauvage d'Hercule ou de Thésée, on ne peut pas compter les passes, tout est tohu-bohu. Mais, dans l'art du *toreo**, on *pourrait* compter les passes, comme dans la musique on pourrait compter les notes (c'est mauvais signe lorsque cela arrive, dans un cas ou dans l'autre). Compter, c'est pouvoir distinguer : rationaliser le sensible. Ce n'est pas de l'art, c'est sa condition. Et ce qui compte, en outre, dans le *toreo**, où l'on est deux pour faire de l'art, c'est que cette unité élémentaire de la passe, c'est-à-dire du geste exécuté par l'homme, donne son unité et son individualité à la charge du taureau : car celle-ci resterait sans elle indistincte, comme elle le redevient, parfois, lorsque le torero perd tout contrôle, lorsque le taureau attaque un débutant, ou lorsque tout rebascule dans le bruit et la fureur d'avant la naissance de l'art.

Mais qu'est-ce qui permet à la passe, à chaque passe, *élément* à la fois spatial et temporel de l'art du *toreo**, de découper le continuum taurin en unités discrètes ? C'est que la passe, atome de l'art, tient son unité d'elle-même. Elle a nécessairement un commencement, un milieu, une fin distincts. On appelle, immobile, le taureau, du lieu et selon la distance choisis, et ce premier temps s'achève lorsque la charge atteint le leurre ; il se fond alors dans le second – climax de la passe et tension maximale de la *note* (*crescendo*) – pendant lequel le leurre *conduit* la charge autour du corps de l'homme ; et ce second temps s'achève dans le troisième, *decrescendo*, lorsque le poignet de l'homme indique la sortie du leurre et replace le taureau – fin de la note (*y ¡olé!*).

On objectera qu'il arrive justement, dans certaines grandes *faenas**, que s'estompe la ponctuation entre les passes, que celles-ci cessent d'être des unités discrètes, ayant chacune leur commencement et leur fin, pour se fondre l'une dans l'autre, dans une seule série, un seul mouvement ininterrompu. N'est-ce pas la réfutation de l'idée que l'art du *toreo** repose sur des unités bien différenciées, les passes, qui se substituent au continuum chaotique des assauts et des esquives « naturels » ? Nullement. C'est, si l'on veut, l'exception qui confirme la règle. Car, dans ce cas, l'œuvre d'art (et l'émotion qu'elle provoque) naît, non pas de passes qui ne seraient pas encore distinctes, dont les contours demeureraient flous et vagues en sorte qu'on n'y percevrait qu'un amas confus, mais elle naît à l'inverse d'une série dans laquelle on peut encore, en filigrane, percevoir les limites des passes (là où chacune *devrait* commencer, où chacune devrait finir), mais dont la pluralité, encore imaginairement perceptible, est en train sous nos yeux de disparaître dans une unité d'ordre supérieur. Ordinairement, en effet, le passage à l'art du *toreo** se fait par un changement de ponctuation : les points de suspension qui séparent les passes isolées sont remplacés par des conjonctions de coordination (deux pas en avant ou en arrière, pour se retourner par exemple), ou même par des virgules (un simple petit pas, tout en demeurant en place) pour les toreros qui privilégient la liaison entre les passes. Tel est l'effet de la ponctuation : la phrase coule, mais les propositions sont distinctes. Toutefois il arrive que ces virgules elles-mêmes s'estompent, non par indistinction, mais au contraire selon une figure qui souligne l'absence de coordination par la présence sous-jacente des éléments distincts. C'est la figure de style nommée en littérature « asyndète » – et dans le *toreo** elle se produit dans deux types de circonstances opposées. Il arrive à certains artistes (Ojeda, Castella) qui cherchent à atteindre la limite des possibilités de la liaison entre des passes *originairement distinctes*, de parvenir à enchaîner des séries en rond, dans le même terrain et dans l'immobilité la plus complète des pieds, qui n'admettent plus que la rotation sur place : par exemple les trois séries liées entre elles de « circulaire de la droite-droitière inversée-passe de poitrine » d'Ojeda (Nîmes, 19 mai 1986, « Sepulveda »). On peut dire qu'il y a aussi asyndète lorsque, à l'inverse, face à un taureau extrêmement brave et vif qui semble pouvoir à chaque instant déborder le torero, celui-ci parvient à *résister* à ce déchaînement, au prix d'une conduite si serrée, si précise et elle aussi si puissante qu'il n'y a plus d'espace ni de temps pour ponctuer la phrase, et qu'il convient seulement de pouvoir l'achever, d'un bloc. Ainsi, par exemple, le célèbre corps à corps de Paquirri avec « Buenasuerte » de Torrestrella (Madrid, 24 mai 1979) ; ainsi, plus récemment, au cours du magnifique combat de puissance à puissance de El Juli contre le taureau « Ligante » d'El Pilar (Bilbao, 23 août 2006), les deux séries de droitières, au centre de la piste, furent exécutées dans l'unité d'un seul assaut déchaîné de l'animal, et pour ainsi dire dans un même souffle de passes. Dans les deux cas, l'asyndète du virtuose ou celle du belluaire, cette figure de style du *toreo** ne nous renvoie pas à l'illettrisme de celui qui ne sait pas ponctuer, mais à la maîtrise de qui le sait si bien qu'il peut aller jusqu'à ne pas ponctuer du tout pour mieux mettre en évidence la *syntaxe logique* de la phrase. Il demeure donc vrai, dans tous les cas, que ladite syntaxe exige fondamentalement des unités discrètes.

Considéré comme art du temps, le *toreo** consiste pour l'homme à inscrire sa marque dans la charge naturelle en la constituant, par la passe, en une unité discrète, rationnelle, avec son début (l'appel), son milieu (l'évitement – le point où elle *manque* sa fonction naturelle, le moment de sa dénaturation) et sa fin (la sortie). Il en va de même, *mutatis mutandis*, que dans le *toreo** considéré comme art de l'espace. Le fondement de l'inscription d'une forme dans une matière spatiale, c'est la courbure de la charge. En arrondissant un trajet naturellement rectiligne, l'homme la plie à son image, il la dénature, il la dépouille de sa fonction. La courbure de la ligne droite, humanisation de la géométrie, est le pendant dans l'espace de la rationalisation de la durée, humanisation du temps.

Mais une courbe n'est pas dessin, mais seulement son annonce. Il y faut la série. De même, une unité de temps discrète, une note, n'est pas mélodie, mais seulement sa condition. Il faut une pluralité, un rythme.

*Rythme*

Il y a au moins deux traits universels communs à toutes les musiques du monde : la constitution d'une échelle rationnelle de hauteurs discrètes dans le continuum des fréquences (les « hauteurs » des sons) ; la constitution de repères rationnels (la mesure) dans le continuum de la durée. Pour que le *toreo** soit un art du temps, il faut donc des unités discrètes (les passes) et une mesure de leur enchaînement. Car une suite de notes répétées n'a rien de musical s'il y manque la mesure et le rythme, c'est-à-dire la rationalisation du continuum de la durée. La passe individualisable, élémentaire, avec son unité interne, donne son unité et sa rationalité à la charge. C'est la condition du découpage du temps. La beauté temporelle peut naître avec la passe, dans l'écoulement lisse de ses trois temps. Mais l'œuvre du temps commence lorsque ça *recommence*. C'est la deuxième passe qui semble prouver la réalité de la première. L'œuvre fugace naît, tantôt doucement, tantôt brusquement, lorsque, grâce à la longueur et à la précision du dernier temps de la passe, grâce à cet imperceptible mouvement du poignet qui l'achève, grâce aussi à la position et à la distance adéquates du torero, le taureau revient sur l'objectif qu'il a manqué, et que le torero impose ainsi la passe suivante, semblable et différente, et puis encore une autre, répétant la précédente, et puis une autre dans un seul mouvement ininterrompu, mais scandé par les ponctuations régulières de la charge qui va et qui vient – et des *olés* qui montent. C'est alors le temps lui-même qui semble découpé par cette scansion de l'œuvre naissante.

Il en va du temps comme de l'espace. La courbe est une forme imposée à la matière, le dessin qui unit les courbes dans la série est une forme imposée à la forme – forme au deuxième degré et condition de l'art plastique. De même, le *rythme* de la série est une mise en forme de l'unité de la passe : c'est donc la forme imposée dans le temps à la forme de la passe et la condition de l'art temporel. Mais, dans le cas du rythme, il y a peut-être aussi quelque chose de plus, qui est au cœur de l'art du *toreo** – quelque chose de secret et de propre à cet art, quelque chose que l'on confond souvent avec le *temple** et qui se confond en effet parfois avec lui. Le rythme n'est sans doute pas l'ingrédient essentiel du *toreo** mais, à l'inverse, cet art exprime peut-être l'essence même du rythme – et plus directement encore que d'autres arts du mouvement et du temps. Car qu'est-ce que le rythme ? Non pas, comme on le croit parfois, la répétition à intervalles régulier, d'un même battement. Ce n'en est que l'effet – et le plus fruste : tout le monde sait bien que Beethoven ou Duke Ellington sont plus rythmés que les marches militaires. Un texte de Marcel Mauss permet d'approcher cette notion difficile. Le rythme est l'effet d'une rythmisation active. Mais surtout il est l'effet d'un accord à plusieurs, effet d'une consonance qui s'établit entre divers sujets en mouvement, ou diverses activités disjointes. « Le rythme, faculté d'ensemble, vient directement d'une action faite ensemble» (Marcel Mauss, *Œuvres*, Minuit, 1969, t. II, p. 254). Le rythme est donc originellement lié au rite, chanter, danser ensemble, il est le «résultat d'une association; les forces individuelles n'auraient jamais rien produit de pareil si elles étaient restées isolées. Le rythme vient du rite, il est la création active et commune de deux forces qui s'accordent». On ne saurait mieux dire ce qui arrive dans le *toreo** – lorsque la série embarque les deux adversaires dans un même mouvement, lorsque s'élève leur chant choral et que s'accorde leur pas de deux, levant et soulevant au passage notre émotion. On comprend alors pourquoi le rite tauromachique, en ses répétitions obsessionnelles, est peut-être le plus apte, aujourd'hui, à recueillir en son art propre l'héritage de l'essence du rythme. Car le *toreo** permet de voir, et surtout d'entendre, la *naissance* même du rythme puisque les deux forces qui s'accordent dans le *toreo** sont justement, au départ, des forces en désaccord. Leur position commune naît de leur opposition première. C'est bien sûr parce que taureau et torero sont deux forces adverses : mais cet accord-là, dont on reparlera, est moins l'œuvre du rythme que du *temple**. Le rythme, lui, naît d'une différence de phases, d'une opposition de *tempi*. Le *tempo* propre au taureau est celui d'un mouvement vital, fait pour atteindre sa *limite* en s'achevant dans le corps de son adversaire. S'il revient sur sa cible manquée, ce n'est pas pour recommencer, c'est pour s'en débarrasser une bonne fois, pour de bon. À cette temporalité rectiligne qui est faite pour s'achever chaque fois, le torero impose le *tempo* de la répétition, la ronde des « encore ». Et cette ronde, au sens littéral de la danse, au sens figuré du recommencement perpétuel, au sens aussi de l'accord enfin trouvé dans le mouvement, cette ronde, c'est le rythme, qui est une « certaine façon d'être ensemble dans le temps » (G. Didi-Huberman, *Le Danseur des solitudes*, p. 160). Le rythme est donc la création du seul torero, à partir d'une temporalité, celle du taureau, qui lui est par nature rebelle. C'est encore l'imposition de la forme – celle de la répétition – dans une matière – celle de la limite.

Les artistes du rythme sont les grands classiques – et d'abord ceux des années 1950 et 1960 : Antonio Ordoñez, Paco Camino. Celui-ci avait un rythme rapide mais parfaitement régulier qui lui permettait de dominer sans heurt et sans accroc les taureaux les plus difficiles et les plus vifs. Aujourd'hui, c'est sans doute Enrique Ponce le meilleur rythmicien ; au point qu'il parvient parfois à mobiliser un animal engourdi ou inerte, et même, pour finir, à le faire charger avec aisance et noblesse*, par la simple répétition, régulière et cadencée, d'un même mouvement parfaitement ajusté du leurre : ce mouvement semble identique, et pourtant, comme dans ces chefs-d'œuvre de la musique dite répétitive ou minimaliste (chez Steve Reich, ou peut-être plus exactement, s'agissant de Ponce, chez John Adams pour la majesté timbrale et la liberté créatrice), il n'est jamais exactement le même que le précédent, il est toujours un peu décalé, un peu plus près de la ligne d'une charge qui ne s'épanouit pas encore ; ce mouvement s'allonge insensiblement, il allonge progressivement la charge du taureau qui commence à se rendre, il finit par lui insuffler une vigueur et même un *tempo*, lui aussi lent et uniforme, qui provient tout entier de l'*ostinato* du torero.

Le rythme est pour la série le pendant dans le temps du dessin dans l'espace. Il n'est donc pas étonnant que les artistes de la liaison soient rarement ceux du rythme. En tout cas ceux qui cherchent à tout prix à faire un seul dessin de leurs courbes se soucient rarement du *tempo* – du moins du *tempo* de la série : ce n'est guère le problème d'Ojeda ou de Castella (même s'il leur arrive, comment le nier ?, de toréer en rythme). Et ceux qui cherchent à tout prix la pureté de l'exécution de chaque passe, dans son unité, la ponctuation la plus nette entre les passes et la régularité rythmique de leurs enchaînements se soucient rarement d'immobilité sur place et de liaison sans solution de continuité : ce n'est pas faire injure à l'art d'Enrique Ponce de dire que, en général, ce n'est pas son obsession. Il ne cherche pas par tous les moyens à enchaîner des passes dans un minimum de terrain. Certes, dans les chefs-d'œuvre de tous les grands artistes, du moins des artistes classiques, s'établit finalement un équilibre entre enchaînement dans l'espace et rythme dans le temps, et on pourrait bien sûr citer quelques *faenas** qui parviennent à cet idéal du classicisme. Pourtant, il y a sans doute, sous-jacente, une alternative entre deux voies, deux manières de faire une totalité d'une diversité : par la liaison d'un dessin ou par la pulsation d'une cadence. La raison en est peut-être mathématique. Le rythme exige une ponctuation forte et l'obstination de la répétition régulière : l'unité de la pluralité est donnée par la reproduction, à l'identique, d'une même cellule – c'est une pensée de la rationalisation par le dénombrement ; l'ordre est arithmétique, c'est l'art de compter, le plus régulièrement possible. La liaison suppose une ponctuation faible et l'obsession de la limitation de l'espace : l'unité de la pluralité est donnée par la commensurabilité des figures ; l'ordre est géométrique, c'est un art de mesurer le plan – et souvent de le réduire le plus possible.

*Causalité*

La courbe spatiale et l'unité temporelle de la passe imposent la première forme, à laquelle la série, enchaînée dans un unique dessin ou rythmée dans un unique tempo, impose une forme au second degré. Et le dessin s'achève dans la terminaison de la série qui en fait une totalité achevée. Qu'est-ce qui, dans le temps, joue ce rôle ? Qu'est-ce qui donne son unité à la série et en fait un tout ?

Le rythme est une condition nécessaire. Mais il n'est pas suffisant. On le constate souvent : il arrive qu'une passe, puis une autre, puis encore une autre, même enchaînées de façon régulière, ne fassent pas une unité et ne distillent que l'ennui. Pourtant rien ne manque, semble-t-il : la passe et son unité, la série et sa répétition cadencée, sans rupture. Le *tempo* lui-même est bon. Mais on bâille. Point d'art à l'horizon, rien que des passes ! Que manque-t-il ? La *phrase*, ou plutôt ce qu'on appelle en musique le *phrasé*, c'est-à-dire la façon d'exécuter la phrase musicale qui fasse entendre qu'elle forme un tout, qu'elle exprime une seule idée. En d'autres termes, la *nécessité* interne.

Dans son ancienne manière, celle d'avant 2005, Morante de la Puebla était un grand artiste du rythme, alors qu'il semble, depuis, plus inquiet du dessin. Mais, à ce rythme, il ajoutait une incroyable dose d'énergie qui faisait de ses œuvres des unités dynamiques autonomes. C'est ainsi, par exemple, que, dans une *faena** mémorable (Séville, 14 avril 1999, taureau de Guadalest), il s'impose à un taureau « réservé » en quatre séries courtes, rythmées et très intenses dans lesquelles chaque passe, et même chaque série, semble *déterminer* inévitablement la suivante. Le terrain resserré sur lequel tout cela se joue ajoute à la force dramatique de l'œuvre. À quoi tient-elle ? L'observation de certaines *faenas** plus académiques permet peut-être d'approcher ce mystère. Ainsi, la puissance émotive du *toreo** d'El Cid semble tenir à cette force de nécessité interne grâce à laquelle chaque passe de ses séries, en particulier gauchères, semble être non seulement la suite cadencée de la précédente (car c'est un artiste du rythme), mais *son effet inéluctable* (par exemple Nîmes, 19 septembre 2004, Victorino Martin). Il est malaisé de dire précisément de quelle machinerie technique dépend cet effet subjectif ; car il y a, dans sa production, une part importante mais difficilement évaluable qui tient au caractère du taureau : sa « présence », sa force propre de « transmission », notamment dans les retours, son type de bravoure singulièrement intrépide (et c'est pourquoi El Cid réussit particulièrement bien avec des taureaux puissants, imposants mais nobles de Victorino Martin). L'art propre de ce torero consiste à allonger loin et longtemps le voyage du taureau, et à se décaler lui-même dans le temps où le taureau se retourne, en sorte de refermer chaque fois un peu plus l'angle d'appel de la passe suivante – toujours en rythme, bien sûr. En cette nouvelle position et de ce nouvel angle, le taureau ne peut que revenir sur le leurre qu'il n'a pour ainsi dire pas quitté des yeux, et se laisser emporter dans une autre passe « naturelle* », elle-même longue et pure, qui ne répète pas la précédente comme si elle en était sœur, mais semble engendrée par elle, comme si elle en était fille, ressemblante mais « décalée ».

La causalité vient donc s'ajouter à la succession rythmée. Il y a cette passe présentement parce qu'il y *a eu* cette autre. Bien sûr, la force dramatique du *toreo** provient du fait que, au moment où cette précédente se produisait, son effet actuel dans la suivante, qui semble à présent nécessaire, demeurait alors imprévisible. Il faut à la fois que ce qui se passe paraisse déterminé par ce qui précède sans laisser en rien deviner ce qui suit, qui apparaîtra pourtant, l'instant d'après, comme déterminé par ce qui l'a précédé. Car, dans le *toreo** comme dans tout art du temps, deux types de procédés opposés risqueraient d'inhiber toute puissance dramatique : lorsque ce qui précède paraît la cause de ce qui suit et le rend donc prévisible (c'est la platitude), et inversement lorsque ce qui suit ne semble pas l'effet de ce qui précède et paraît donc aléatoire ou gratuit (c'est la médiocrité). Regardez les génies de l'improvisation : jadis l'art d'un Diego Puerta, plus tard celui d'un Luis-Francisco Esplá, aujourd'hui encore El Juli (ce sens du geste juste et inattendu l'habitait plus encore dans ses premières années), Morante aussi, ou même, de plus en plus, Sébastien Castella. Un retour inopiné du taureau semble devoir les surprendre ? Voilà une *trinchera** pleine de grâce, qui naît comme un prodige de cette rencontre. Nul n'aurait plus le prévoir, bien sûr. Mais lorsqu'il se produit, ou plutôt dès qu'il *s'est* produit, il s'impose avec l'évidence de la vérité. C'est comme si c'est la *trinchera** elle-même qui avait pu déterminer l'assaut imprévisible du taureau. L'inopiné devient rétrospectivement inéluctable.

Il en va ainsi dans tous les arts du temps, la musique ou le théâtre, dont c'est le secret ressort. La succession des événements (sonores ou dramatiques) ne suffit pas à faire un tout (un mouvement, une action, un récit) : « ceci *puis* cela », ça ne fait pas un ordre. Il faut une relation entre les événements sinon tout serait chaotique – il faut donc un ordre qui ne soit pas seulement temporel mais causal. Ce qui vient avant *détermine* ce qui vient après. Mais, ainsi mis en ordre, les événements seraient entièrement déterminés, tout s'enchaînerait automatiquement, il n'y aurait plus de drame, mais seulement le morne déroulement d'une mécanique connue. C'est donc toujours après la manifestation de l'effet que la cause doit apparaître comme l'ayant déterminé. Tel est l'art du drame. C'est par le conteur ou le dramaturge, le compositeur ou le torero, que les événements qui se succèdent trouvent leur place appropriée, la seule, la leur, dans le déroulement uniforme du fil du temps. Ce qui apparaît sur le moment comme pouvant se produire apparaît rétrospectivement, dans le récit ou sous les doigts du torero, comme n'ayant pas pu ne pas se produire. Dans les grandes œuvres du *toreo**, tout ce qui est inattendu semble arriver inévitablement. Et pourtant l'inattendu est là, justement, il est présent dans cet art plus que dans tout autre, il rôde *vraiment* en permanence, en chair et en os. D'un accident soudain, le torero fait un événement voulu. D'un effarement, il fait une chance, et parfois un miracle.

## *Donner forme à une matière dans le mouvement*

On peut voir le *toreo** comme un art de l'espace ou comme un art du temps. On peut le voir aussi, et peut-être avant tout, comme un art du mouvement. Certes, en évoquant la série dans l'espace (la liaison) ou dans le temps (le rythme), en présentant l'unité de la pluralité dans l'espace (la terminaison) ou dans le temps (la nécessité interne), on parlait déjà du mouvement. Pourtant il reste deux éléments du *toreo** qui sont propres à son caractère dynamique et qui ne tiennent qu'indirectement à sa dimension plastique ou temporelle. Il faut donner forme au mouvement du taureau par rapport à celui du torero, ce sera le rôle du point fixe ; et donner forme au mouvement du taureau par rapport à lui-même, autrement dit régler sa vitesse, c'est ce qu'on appelle le *temple**.

### *Point fixe*

Comment inscrire une forme humaine dans une matière en mouvement ? Il faut certes *dénaturer* la charge, la priver de sa fonction en infléchissant son trajet : tel est le rôle de la courbe. Mais, surtout, cette charge à sens unique, tout entière orientée vers sa limite (qui serait de s'achever, enfin, sur sa cible), il faut, avons-nous noté, l'entraîner dans la ronde de l'illimité : car, cette fin, elle ne l'atteint jamais, mais elle s'épuise en vain, et en rond, à la poursuivre. Voilà le taureau pris dans le cercle de son propre mouvement, au propre et au figuré.

À ce cercle, il faut un centre, et à ce mouvement, animal et vain, il faut un point fixe, humain et nécessaire. C'est en ce centre en effet que se tient l'homme. Dans le *toreo**, art du mouvement, l'homme est paradoxalement immobile. Ou presque. L'important n'est pas les mouvements qu'il est amené à faire (avancer sa jambe, rectifier sa position, reculer son corps, récupérer de l'espace, faire un pas ou deux de côté, changer de terrain, etc.), mais le repère *fixe*, ou plutôt inflexible, qu'il tend à être. L'idéal de cet art, c'est une immobilité qui serait à elle seule le moteur de la charge mobile. Un centre moteur parce que dominant. Un centre *actif*, mais qui ne fait rien, ou presque, et d'autant plus efficace que le mouvement qu'il commande est illimité, aussi rond que vain. Tel le « premier moteur immobile » aristotélicien, le dieu, ou le soleil copernicien : le torero est ce centre fixe qui agit par son immobilité sur l'astre passif qui lui obéit en lui tournant autour. Du moins depuis que le *toreo** est devenu un art : plus il s'est affirmé tel, depuis le début du XXe siècle, plus l'homme s'est évertué à jouer ce rôle d'astre fixe et à assumer cette dynamique de l'immobilité. La trop belle légende veut même que l'auteur de cette révolution, qu'on peut bien appeler copernicienne, fût un Belmonte que ses jambes atrophiées obligèrent à inventer l'art de mouvoir sans se mouvoir, à transformer son impotence naturelle en puissance artistique, comme un Greco fit d'un défaut de vue son art visionnaire, ou comme d'autres parviennent à faire de leur folie une œuvre. Jadis art martial défensif, tout en jambes et en mouvement, le *toreo** devint un art *actif parce que immobile*, un art tout court, tout en bras. Mettre une forme humaine dans la matière en mouvement, c'est ici mettre l'immobilité où se trouvait le mouvement.

Tout art a besoin d'un point fixe qui sert de repère à la représentation. Tout art, convient-il peut-être de préciser, lorsqu'il atteint son apogée classique : pensons à l'unité d'*action* dramatique, point fixe du théâtre, théorisée dans l'Antiquité et reprise à l'âge classique. Dans la peinture, c'est le point de fuite ; en musique, c'est la tonique. Lorsque, à la Renaissance, la peinture est devenue un art autonome, affranchi des contraintes de l'illustration religieuse, il fallut trouver un moyen technique pour faire entrer l'espace dans le plan (le tableau), ou plutôt pour donner l'illusion de la troisième dimension en usant seulement des deux dimensions. L'invention de la perspective répond à ce problème en créant cette apparence pour le spectateur fixe de la fenêtre verticale du tableau. Le point de convergence des lignes parallèles, dit « point de fuite », était le corrélat objectif (c'est-à-dire dans la représentation elle-même) de la nécessité de la fixité de l'observateur. La constitution de l'art dans sa pure fonction représentative impliquait qu'un sujet donné eût une vision totale, la plus objective possible, du représenté. La peinture était désormais faite pour montrer et simplement pour être vue – et admirée. Il en va de même, *mutatis mutandis*, en musique. Le problème qui se pose à la musique est la transposition, pour le temps, du problème qui se posait à la peinture pour l'espace. Comment représenter, dans le discours musical, la dimension qui manque au temps dans lequel il s'exprime ? Le plan manque d'une dimension, la troisième, il faut la faire entrer dans le tableau. La linéarité du temps musical manque d'une dimension, la permanence. À l'invention de la perspective en peinture répond l'invention de la tonalité en musique. Il faut en musique un point de repère fixe, la tonique, qui continue de se faire entendre implicitement, pour un auditeur donné, à tout moment du discours musical, selon les lois de l'attraction de la tonalité. Ainsi se résout, dans le discours lui-même, le problème de la permanence. La musique a beau être fugace, l'oreille dispose d'une assise fixe, la tonique, vers lequel tend à tout instant le discours, et plus particulièrement lorsqu'il passe par la dominante.

Il en va de même pour le *toreo**, dès lors qu'il s'est constitué en art, et particulièrement en art du mouvement. La conquête de l'art, ce fut, pour le *toreo**, la conquête de *son* point fixe, un point de plus en plus fixe. Ce fut d'abord le point fixe au cours de la passe, le maintien par le torero d'une seule position pendant l'unité d'un assaut du taureau – point sans doute déjà conquis à l'époque de Joselito (années 1910). Puis ce fut la conquête du point fixe au cours d'une série, qui fut une quête ininterrompue depuis Belmonte (avec, pour étapes principales, Manolete, El Cordobés, D. Gonzalez, P. Ojeda, J. Tomás). Et il y a aussi la tendance asymptotique mais constante du *toreo** à s'approcher de son point idéal : le maintien en un seul point au cours de l'ensemble de la *faena**. On peut bien dire que quelques œuvres historiques de José Tomás, dans lesquelles le point fixe du torero se situe, tout au long de la *faena**, au centre géométrique de l'arène circulaire, constituent jusqu'à présent le point de non-retour de cette lente conquête.

(Rappelons, s'il en est besoin, qu'on ne soutient pas ici que cette immobilité du torero soit une valeur absolue dans la corrida. D'admirables combats, de formidables *faenas** dérogent à cette norme, en raison notamment de la charge désordonnée du taureau ou de l'évolution de son comportement. Malgré tout, lorsqu'un torero quelconque, même habitué au corps à corps, tout en jambes ou peu enclin à sacrifier à l'élégance des formes ou au culte des Muses (un Ruiz-Miguel, un Fundi, un Padilla…), parvient finalement, au bout d'un combat difficile face à un taureau dangereux et retors, à lier, ne serait-ce que trois naturelles* *sur place* (s'assurant ainsi un triomphe), ne prouve-t-il pas par là que tout public aujourd'hui, y compris les amateurs d'empoignades, et lui-même aussi, vaillant guérillero, reconnaissent la valeur en soi de cette fixité *conquise* ?)

On pourra se demander ce que signifie ce point fixe. Il a plus d'un sens. Au sens éthique, il est l'incarnation de ce que nous avons appelé la vertu de « résistance » du torero (voir chapitre 4). C'est évidemment l'essentiel : il est plus « méritoire » de rester immobile face à la charge que de se sauver ! Cette raison morale est la plus profonde, mais elle n'est pas unique. Si l'on voit la corrida « comme un combat », on soutiendra que ce point fixe est la condition de la maîtrise la plus longue, et donc la plus complète, du torero sur la charge du taureau. C'est en partie vrai, mais on peut objecter qu'une mobilité à bon escient, un *toreo** de jambes, des changements de terrain, permettent souvent une meilleure emprise sur le taureau, notamment *manso**. On le voit tous les jours. Il y a donc une raison purement artistique, une exigence propre au *toreo** « vu comme un art ». Elle seule permettrait en tout cas d'expliquer pourquoi c'est la tendance *interne* inéluctable de l'histoire de cet art. En fait, il y en a même deux et elles sont liées, comme pour le théâtre, la peinture et la musique : une raison qui tient au rapport à l'observateur, une qui tient au contenu de la représentation, deux faces d'une même nécessité.

Au théâtre l'unité d'action, en peinture le point de fuite, en musique la tonique, assurent la meilleure façon pour le spectateur, l'observateur ou l'auditeur d'embrasser la totalité de ce qui est *représenté par l'œuvre*, au-delà de ce qui peut, de fait, être *montré dans l'œuvre*. Il y a là deux exigences complémentaires. La première est la suivante : lorsqu'un art atteint son autonomie, il tend à constituer une syntaxe qui adopte le point de vue de celui qui va contempler l'œuvre : spectateur, observateur, auditeur. (On pourrait le montrer par la manière dont le cinéma s'est constitué en art.) On saisit mieux un drame, si complexe en soit la trame, lorsqu'il développe une seule et même action ; on admirera d'un seul regard le tableau s'il tend à se concentrer en un point ; on entendra d'autant mieux l'unité d'une phrase musicale si elle aboutit à la note même vers laquelle elle tendait à tout instant depuis le début. De même on embrasse mieux, de toutes parts, le double mouvement d'affrontement de deux êtres, taureau et torero, mouvements destinés non seulement à être vus (d'un coup d'œil), mais aussi suivis (dans leur déroulement), compris (dans l'évolution de leur relation), contemplés (admirés), si l'un des deux êtres est immobile – et si un seul est en mouvement; surtout si le spectateur est partout alentour, si la multiplicité des points de vue sur ces doubles mouvements est circulaire. Le cercle des regards, concentrés en un point, devient lui-même focal. Cette raison, apparemment toute pratique (quoique constitutive de tout art), n'est que l'autre face d'une raison qui tient à la *représentation*. Il ne convient pas de trancher ici la question de savoir si le *toreo** est ou non un art représentatif. Posons, par hypothèse, sommaire et provisoire, que, sur le sable où se déroulent le rite de la corrida et le combat tauromachique, il y a *en outre* la représentation artistique de la *domination* de l'homme sur le taureau. Or tout point fixe, en art, permet d'appréhender le représenté au-delà de ce qui est montré : le point de fuite permet au spectateur d'apercevoir la dimension de la profondeur spatiale, au-delà des limites du plan, la tonique permet à l'auditeur d'entendre la continuité temporelle en deçà de la succession des notes, de même l'immobilité du torero permet de *saisir* la domination qu'il exerce sur la charge du taureau en faisant de celle-ci le seul élément mobile de leur relation changeante. La domination de l'un sur l'autre se manifeste d'autant plus à l'évidence que l'un (dominant) est immobile et que l'autre (dominé) est condamné par lui à se mouvoir (en vain). Celui-ci tourne sans fin autour de l'autre. La domination est relation ; la *représentation* de la domination, dans un art du mouvement, doit montrer quelle limite maximale peut atteindre cette relation entre deux êtres mobiles : lorsque l'un peut, d'un même point fixe, devenir la cause unique du mouvement indéfini de l'autre, et ce jusqu'à la mort, alors la différence entre eux est infinie. Et plus l'homme atteint à l'immobilité tandis que corrélativement l'animal est mis par lui en mouvement depuis cette immobilité même, plus la représentation de la domination est puissante, conforme aux exigences de l'art. Le point fixe occupé par l'homme immobile, au centre du rond de la charge, et même parfois au centre du rond de l'arène, est alors l'image de la position du dieu qui meut le monde autour de lui, et lui offre ainsi quelque temps la vie avant de disposer de sa mort. « Le monde en le voyant eût reconnu son maître… » (Racine).

Sans sa recherche, inquiète et illimitée, d'un point fixe, on ne pourrait pas voir le *toreo** comme un art du mouvement. Ce point d'arrêt donne forme par contraste à la matière du mouvement du taureau. Le *toreo** n'est art du mouvement que si l'artiste lui-même tend à s'immobiliser. C'est à cette condition qu'il pourra se faire plus évidemment le maître du mouvement de la *charge* du taureau – s'il est vrai que, dans le *toreo** vu comme un art, la matière dans laquelle il s'agit d'insuffler la forme, c'est la charge, non la bête.

*Harmonie*

Reste à savoir comment se réalise, en acte, cet art du mouvement par lequel un des acteurs devient à lui seul cause du mouvement de l'autre. C'est l'œuvre de ce qu'on appelle le *temple**, notion aussi évidente à percevoir que difficile à expliquer.

Quiconque écrit sur la corrida, notamment sur le *toreo** et surtout sur son art, se doit de consacrer son morceau de « bravoure » (n'est-ce pas le cas de l'écrire ?) à la notion de *temple**. C'est la tirade attendue, et redoutée. Il faut alors mêler aux considérations les plus techniques sur les « trois temps » de la passe quelques développements lyriques, voire vaguement religieux, sur l'« énigme » et le « miracle » du *temple** – à la fois vertu de certains toreros (les rares élus qui « *ont* du temple* »), et qualité de certains mouvements (ceux qui « se font avec temple », sorte de grâce efficace). Malgré une littérature déjà bien lourde sur le sujet, on ne peut se dispenser ici d'un tel développement, parce que le *temple** est bien, de fait, un des ingrédients de la transformation du *toreo** en art. Mais on doit d'abord sacrifier à un passage obligé : la confrontation des deux définitions classiques, supposées incompatibles, du *temple**.

Selon la première, le *temple** désigne avant tout l'accord du mouvement du leurre à la vitesse de la charge de la bête tout au long de la passe. « Avoir du *temple** », c'est pour l'homme savoir à chaque instant accorder son propre mouvement du bras à la charge du taureau, et ainsi garder, entre le leurre et les cornes, une distance à la fois constante et minimale. Minimale, afin de conduire le plus sûrement la charge et de l'orienter précisément. Constante, c'est-à-dire sans jamais l'accroître – risquer de se découvrir et d'offrir son corps à la corne – ni la diminuer – faire accrocher le leurre et « aviser » le taureau : dans les deux cas, détruire l'harmonie du mouvement. Techniquement, le *temple** ainsi défini complète le *mando**, la conduite de la charge : conduire, c'est contrôler le tracé ; « templer », c'est contrôler la vitesse. Le *temple** est donc d'abord une qualité cardinale du combattant avant d'être une vertu propre à l'artiste.

Selon la seconde définition, le *temple** désigne non seulement cette faculté d'harmoniser les mouvements, mais la lenteur avec laquelle le torero fait passer le taureau et accomplit ses gestes ou son œuvre. On ne parlera pas de *temple** pour un *toreo** qui, quoique accordé à la vitesse de la charge, demeure trop rapide, la lenteur étant une qualité conquise par le torero sur la vitesse de déplacement du taureau. Techniquement, le *temple** ainsi défini achève aussi le *mando** : conduire complètement, c'est décider du tracé et partant modifier la ligne de charge naturelle ; « templer » complètement, c'est décider de la vitesse et partant modifier la vitesse de charge naturelle, par conséquent la ralentir. Même ainsi défini, le *temple** demeure donc une qualité du combattant, et non le privilège des artistes.

Posée en ces termes, la querelle des deux *temples** apparaît largement verbale, puisque la seconde définition n'est en fait qu'une spécification de la précédente et qu'elle la complète – exactement comme le *temple**-ralentissement complète parfois le *temple**-harmonie, qui en est pourtant la condition nécessaire. Ce qui est important, c'est ceci : l'harmonie n'est pas une simple vertu de *soumission* à la vitesse naturelle du taureau, c'est aussi son contrôle actif permanent. Et la lenteur n'est pas une vertu en soi : un taureau qu'on traîne parce qu'il se traîne naturellement n'est pas toréé avec *temple**, mais avec torpeur. Ce qui compte, là encore, c'est l'inscription d'une forme dans la matière, c'est donc l'effet *causé* par le torero sur la vitesse de la charge : ce n'est pas la lenteur, mais le ralentissement qu'on appelle *temple**. Dans ses deux définitions, le *temple** est une vertu *active* de contrôle ou de modification de la vitesse de la charge, non une simple adaptation passive à ce mouvement.

On voit pourquoi le *temple** est une des conditions essentielles qui permettent de voir le *toreo** comme un art. Il y a bien sûr une simple, mais très puissante raison esthétique. Toréer sans accroc, garder la cape ou la muleta lisse, déplacer le leurre sans heurt et mouvoir le taureau sans à-coups, c'est la condition fondamentale de l'alchimie du *toreo** : métamorphoser le vil plomb d'un assaut sauvage en or fin de la beauté pure. Car c'est la garantie d'une harmonie qui, étant celle d'un mouvement unique issu de deux forces contraires, est une harmonie dynamique, autant musicale (temporelle) que plastique (spatiale). « C'est, comme l'écrit George Didi-Huberman (*op. cit.*, p. 146), l'accord de tous les mouvements produits par deux êtres en lutte par le voile qui les sépare et les attire en même temps. »

Mais l'essentiel est ailleurs. Ce qui compte, pour qui veut comprendre comment on peut voir le *toreo** comme un art (et non seulement comme une esthétisation de la violence ou une sublimation de la peur – ce qu'il est sans doute aussi), c'est de saisir quelles formes il imprime dans la matière de la charge. Et de ce point de vue, le *temple** est simplement l'équivalent pour la vitesse de ce qu'est la courbe pour le tracé. La charge a deux qualités : une qualité statique, sa ligne ; une qualité dynamique, sa vitesse. Elle doit donc être « formée » de deux manières : géométriquement par la courbe, dynamiquement par l'harmonie. Dans les deux cas, c'est l'apprivoisement d'une force de destruction naturelle, l'inscription d'un dessein humain dans un matériau qui lui est rebelle. « Faire que la sauvagerie du taureau s'amenuise et se métamorphose en acquiescement » (Jacques Durand, *Chroniques taurines*, pp. 253-254). Il n'y a là nul mystère, seulement une règle de l'art. À condition d'ajouter que tout art est un faire, une transformation active destinée à « ôter au monde extérieur son caractère foncièrement étranger », comme dit Hegel. Tel est bien le *temple**. Car il n'est pas seulement accord, c'est un accord conquis par le torero sur le désaccord de la charge. Ce n'est pas l'harmonie préétablie (comme s'il s'agissait de deux amants qui dansent ensemble une valse consentie), c'est l'harmonie imposée par le torero, exigée par lui, et qui soumet la charge. C'est l'accord en train de naître, en train de se développer. Le *temple** n'est pas un état ; c'est un acte. Le *temple** n'est pas lenteur (il arrive aux taureaux d'être mous), mais lenteur acquise, ou plutôt conquise sur la vitesse naturelle du taureau. C'est parce qu'il s'oppose à la qualité initiale de la charge que le *temple** est artistique. Celle-ci est fonctionnellement rapide et s'accélère naturellement pour atteindre sa cible. En baissant doucement la main qui leurre, en basculant progressivement le bras vers l'arrière, le torero prolonge longuement l'instant où la bête devrait frapper ; la voilà désormais qui court tête baissée dans le vide, au lieu d'attraper son adversaire ; et plus le bras s'abaisse, calmement et en rythme, plus l'élan peut s'adoucir (peut-on courir longtemps ainsi ployé après une proie qui recule sans cesse ?). Le *temple** doit se soumettre à la charge pour pouvoir la soumettre. Il s'adapte d'abord à la vitesse pour la contrôler ensuite et la contrarier enfin. Il en va de même que pour le tracé. La courbe de la charge naît de la droite de l'assaut. L'art transforme visiblement un assaut naturellement rectiligne en charge humainement courbée. De là le fait qu'il est presque impossible de toréer « avec art » lorsque, par sa position initiale, le torero entreprend sa courbe dès le début de la charge. Non seulement la passe aura moins de « mérite » (le torero se sera mis d'emblée hors de la ligne de charge), mais elle sera aussi moins « artistique » : le torero n'aura pas laissé la charge s'exprimer naturellement avant de la transformer. La valeur esthétique rejoint la norme éthique. Comme art du mouvement, le *toreo** est le *processus* de sa mise en forme, non son résultat. De là la vertu du *temple** qui est l'équivalent dans le mouvement de ce qu'est la courbe dans l'espace : l'accord et la lenteur naissent d'une charge naturellement désaccordée et accélérée. Car, de même que la ligne droite est l'image fixe de la finalité vitale (parce qu'elle est le plus sûr moyen d'atteindre une cible), de même l'accélération est l'image mobile de cette finalité (parce que c'est ainsi qu'on assaille un adversaire menaçant) ; et de même que la courbe est le dessin que le *toreo**, art plastique, impose à la droite pour la détourner de sa finalité destructrice et l'épurer de sa fonction vitale, de même l'harmonie ou le ralentissement conquis sur la violence initiale de l'assaut sont les *créations* propres du *toreo**, art cinématique : convertir une attaque en un mouvement gratuit, lent comme le repos, serein comme le loisir, tranquille comme le jeu, un mouvement qui trouve désormais en lui-même, dans son activité indéfinie, sa seule raison d'être.

De cette créativité, on a les témoignages de quelques chefs-d'œuvre des maîtres du *temple** : El Viti (l'austérité du *temple**), Curro Romero (la majesté du *temple**), Antoñete (le dépouillement du *temple**), Rafael de Paula (la douleur du *temple**), Dámaso Gonzalez (l'opiniâtreté du *temple**), Joselito (la simplicité du *temple**), et aujourd'hui José Tomás (la tragédie du *temple**) Morante de la Puebla (le tourment du *temple**), Enrique Ponce (la science du *temple**), El Juli (le *temple** dominateur), etc. On a aussi la confirmation de ses créateurs, El Viti par exemple : « C'est plus que de la lenteur, dit-il, car on ressent l'impression d'arrêter le taureau... » Cette confidence de l'acteur rejoint une impression de spectateur : « On avait le sentiment que le temps s'arrêtait », répète-t-on parfois, après un chef-d'œuvre de *temple**. Les lieux communs agacent. C'est dommage, car ils recèlent souvent des vérités profondes. Il faut savoir les débusquer derrière le cliché.

D'où vient en effet ce sentiment paradoxal, mais éprouvé par tout un chacun, que pendant quelques instants, cinq passes, deux séries, rarement plus, « le temps s'est arrêté » ? L'anecdote, mille fois contée, veut que la montre du critique taurin Gregorio Corrochano, qui se proposait de chronométrer la lenteur des passes de réception d'un torero gitan, célèbres pour leur lenteur, se soit arrêtée pendant la corrida. Il expliqua dans son article du lendemain que les véroniques* de Gitanillo de Triana avaient le pouvoir d'arrêter le temps. L'histoire est devenue légende puis poncif. D'où vient donc cette impression, assez rarement confirmée par les horloges, du *temple** qui arrête le temps ? Tentons d'en faire un peu la « phénoménologie ». Que faut-il, en général, pour qu'on ait le sentiment du temps ? Un « mouvement » (on le sait depuis Aristote), et rien d'autre. Il faut qu'un mouvement c'est-à-dire, au sens large, un changement quelconque, se produise. Supposez donc un instant (c'est le cas de le dire) que, brusquement, plus rien ne change dans le monde alentour (une sorte de « glaciation » soudaine et absolue) et surtout que plus rien ne change en vous, pas même l'état de votre conscience – et donc le contenu présent de votre mémoire : il n'y aurait plus de *sentiment* du temps. Et un mouvement nous donne d'autant plus ce sentiment, celui d'un temps qui s'écoule inexorablement, que les changements auxquels nous assistons ou les mouvements que nous percevons sont *orientés* : une aiguille qui tourne, un train qui passe, etc. ; ou mieux encore, un de ces mouvements naturellement orientés parce qu'ils sont irréversibles : une pomme qui tombe de l'arbre (elles y montent rarement), par exemple. Concentrez toute votre attention sur ce mouvement naturel, en sorte que votre conscience en soit saturée. Elle n'a pas d'autre objet, pas même vos états internes : vous ne voyez rien d'autre, vous n'imaginez rien d'autre, vous ne pensez à rien d'autre qu'à ce taureau qui charge et dont le mouvement s'accélère naturellement au cours de l'assaut. Le temps, ce n'est plus alors pour vous que cette charge, vous n'avez plus d'autre repère. Supposez alors un maître du *temple**, un de ces artistes rares, un Morante de la cape ou un Curro de la muleta. Parvenue au leurre, la charge est happée, aspirée, absorbée, amortie, et c'est désormais la mince étoffe qui, ayant dépouillé le mouvement de sa vigueur, semble le tirer doucement, de plus en plus posément, paisiblement, par *inversion* de son processus naturel : l'accélération s'est muée en son contraire, le ralentissement. Vous pensiez, vous attendiez, vous prévoyiez que le taureau serait déjà au sortir de la passe (c'est là, oui, là que, d'après l'accélération qui était la sienne avant le leurre, il devait se trouver) et il est encore au milieu de la passe. Avez-vous rêvé ? Mais non, vous étiez éveillé, vous étiez même tout regard, focalisé sur ce seul mouvement. Le temps s'est donc « arrêté ». Il n'a pas seulement ralenti, comme la charge, puisque son *tempo* initial, le seul qui semblait inéluctable, en tout cas ordinaire, était celui d'une accélération vitale. Lorsqu'il va jusqu'à inverser pour nous l'accélération que nous prêtions à la charge, le *temple** il peut arrêter « quelque temps » notre horloge vitale. Cet instant de bonheur se dilate. Une durée sans mouvement. *Nunc stans*, un maintenant perpétuel – comme l'éternité, un moment entrevue.

Voilà pour la phénoménologie du *temple**, une phénoménologie que Jacques Durand appelait de ses vœux (*Chroniques taurines*, p. 253). On peut tenter de la compléter par une ébauche d'analyse. L'alchimie du *temple** consiste, avons-nous dit, à pouvoir transformer un mouvement qui est inéluctablement orienté vers sa fin – vitale –, c'est-à-dire vers son but – mortel –, en un mouvement dépourvu de fin, de but et donc sans limite. La passe (qui est cette privation du but) pourrait donc bien continuer, on la voudrait d'ailleurs plus longue, et plus longue encore (comme le *olé* qui l'accompagne). Le *temple** transforme le « mouvement » (l'assaut) en une « activité », accomplie sans but, pour le plaisir de la chose même. Une « activité » (comme voir, comme vivre, comme jouer…) qui trouve en elle-même sa raison d'être. Du moins c'est l'impression que nous donne alors la *charge*. Non le taureau, bien sûr, qui, lui, attaque. Mais sa charge, elle, est vaine, c'est là sa beauté, elle est un mouvement sans fin, c'est là sa forme, la forme artistique que lui donne le *temple**, la forme de la vie et du jeu. Le taureau, lui, combat et meurt.

Le taureau lutte pour sa vie, mais sa charge est la matière de l'art. Le torero combat jusqu'à la mort, mais l'artiste en lui modèle la charge et lui donne forme humaine. Voir le *toreo** comme un art, c'est être attentif à cette mise en forme et à ses variantes. Artiste plasticien, le torero infléchit la ligne droite, il lie ses courbes en gerbe et les entoure d'une envolée terminale. Artiste musicien, il scande ses passes, les enchaîne en rythme et les ceint du lien de la nécessité. Artiste du mouvement, il s'immobilise en un point, accorde les mouvements du taureau et ralentit ses assauts. Voilà sans doute ce qu'on voit lorsqu'on voit l'art dans la corrida. Le malheur – ou plutôt le vrai bonheur –, c'est qu'il est impossible de voir la corrida, ou même le *toreo**, *seulement* comme un art. On le voit toujours aussi, en même temps, comme un combat. À chaque instant notre vue bascule et chavire, comme entre lapin et canard, entre la corrida-combat et le *toreo**-art. Les deux *vues* semblent incompatibles, mais nous savons qu'il faut les réunir et que notre émotion de toute façon les unit, parce que le combat sans art serait barbarie et que l'art sans combat serait vide de sens. La preuve en est facile à administrer, une simple expérience de pensée y suffit. Supposez une bête en tout point semblable au taureau, mais sans cornes et donc sans danger véritable, du moins sans risque des vraies blessures, les pires, celles qui pénètrent et parfois mutilent, celles qui tuent : le *toreo** ainsi décrit *comme un art* aurait-il le moindre intérêt ? Ces courbes, ces séries, ces figures, cette cadence, cette immobilité, cette harmonie, toute cette débauche de formes aurait-elle une signification ? Ce serait joli peut-être, ou peut-être estimable. Ou peut-être ridicule. Rien là-dedans ne ressemblerait, au juste, à l'intensité d'un combat. Mais surtout, il n'y aurait rien de la profondeur et de la gravité d'un *art*, justement. Le paradoxe est là : à voir le *toreo** seulement comme un art, on ne peut pas l'élever à la hauteur et à l'exigence des arts. Il faut, pour qu'il prenne cette place, lui conserver sa dimension de combat : il faut rendre sa charge au taureau, remettre les cornes à leur place, quelque part entre la tête baissée de l'animal et le corps de l'homme, à la *limite* entre la défense de la vie de l'un et le risque de la mort de l'autre. Car la profondeur et la gravité du *toreo** vient du fait qu'il est en même temps un combat à mort.

Le *toreo** est un art vrai parce qu'il n'est pas purement un art. Parce qu'il est aussi un combat, c'est un art à la limite. Ce qui signifie doublement qu'il est lui-même toujours à la limite de l'art et que, inversement, tous les autres arts sont de l'autre côté de cette même limite, avec laquelle ils flirtent eux aussi. Le *toreo** est art à la limite, non parce qu'il ne produit pas d'œuvre, mais plutôt parce que ses œuvres (éphémères, comme beaucoup d'autres, la question n'est pas là) sont à chaque instant de leur construction menacées de s'écrouler, et que c'est sur cette menace même qu'elles se construisent. Car cette courbure du tracé, ce rythme de la série, ce *temple** de la passe, toutes ces formes ne sont jamais inscrites pour de bon ni *définitivement* dans une matière – telle est la différence avec tous les autres arts. Tout artiste qui vainc la matière (plastique, musicale, dramatique, etc.) y inscrit une forme et y imprime son style. Mais le torero a beau imprimer maintenant sa forme dans la matière de la charge, cette forme est déjà, l'instant d'après, prête à se perdre. Elle n'est jamais définitivement acquise ni irréversiblement inscrite. La forme est une conquête de chaque instant – et c'est cette fragilité qui fait sa profondeur. Dans le *toreo**, l'art lui-même est un combat – et pas seulement contre le taureau. Il est combat contre sa propre défaite, alors même qu'il ne peut exister sans ce risque de se briser toujours. Il y a, à chaque instant, le danger que le mince voile qui sépare l'art de l'accident, et l'œuvre du chaos, se déchire. Cette limite menace l'existence de l'œuvre et en même temps la garantit. Ce qui la menace, c'est la rupture – en ses trois degrés : l'anicroche (muleta accrochée), le désarmé (leurre arraché), la blessure (corps brisé). La corne touche la muleta, c'est la rupture du *temple** : fin de l'art. (C'est comme la voix de la *soprano* qui vacille.) La corne désarme l'homme, c'est la rupture de l'emprise, la maîtrise est perdue: fin du jeu. (La voix s'est brisée.) La corne touche l'homme, c'est la rupture du combat, le corps est fracassé. L'art, le jeu, le combat ont chacun leur fin. L'artiste qui torée avec *temple** est toujours à la limite de ces trois ruptures. Sans elles, où seraient la grandeur et le sens du *toreo**? Les menaces qui pèsent sur lui peuvent à tout moment le mettre à mort, et c'est bien ce qui le rend à tout moment vivant. Mais, lorsque l'art du torero se met à vivre, c'est d'une vie *active*, concentrée tout entière à se maintenir par la mobilisation de toutes les forces qui s'opposent à sa mort. Voilà ce qui fait la puissance propre à ses œuvres. Les œuvres des beaux-arts ont une vie peut-être éternelle, mais passive : elles vivent une fois pour toutes de la vie mise en elles. Les œuvres du *toreo** ont une vie fugace, mais c'est une vie où l'existence est conquise à chaque instant sur l'inexistence, une vie d'effort pour ne pas se perdre, pour tenir et se maintenir encore, pour persévérer dans l'être.

Le *toreo** est bien comme la colombe kantienne : l'air qui lui résiste et contre lequel elle lutte est cela même qui porte son vol. Que faut-il en conclure? Que le *toreo** n'est pas un art? Pas exactement. Qu'il est à la fois plus et moins, on l'a dit. Il est bien les deux *à la fois*. Il est moins qu'un art, puisqu'il est un combat *réel* qui met l'œuvre en péril et l'empêche le plus souvent d'éclore. Et il est plus qu'un art, puisqu'il est un combat *réel* contre lequel s'édifie l'œuvre et qui lui permet quelquefois d'éclore. Et, ce faisant, il indique peut-être l'horizon visé par tous les autres arts, mais qui leur demeure inatteignable. Si, comme on n'a cessé de le répéter avec Hegel, l'origine de l'art est le besoin humain d'apprivoiser un monde hostile, alors le *toreo** est bien l'art essentiel, ou du moins originaire. Car c'est dans la victoire contre son propre matériau qu'il inscrit activement ses formes : courbes contre droites, séries contre dispersion, unités discrètes contre continuum insignifiant, rythme contre désordre, harmonie contre chaos, ralentissement contre accélération… Lui et lui seul humanise une matière en la combattant. Le *toreo* est l'unique art vivant qui fait revivre sous nos yeux cette naissance de l'art.

Ne faudrait-il pas en conclure aussi que tous les autres arts, les vrais, sont en manque de ce réel, de ce risque en tout cas, de ce combat peut-être, eux qui ne peuvent souvent que les « représenter » – quand ils ne choisissent pas de les renier au profit de la forme vaine ?

# Chapitre 6

## *Toreo*, art classique, art impur

L'art du *toreo** est né en même temps que l'« art moderne ». Cinq ou six ans à peine après *Les Demoiselles d'Avignon*, Juan Belmonte fonde les canons esthétiques du *toreo**et en définit les formes créatrices. La coïncidence de date entre sa fameuse série de véroniques* à Madrid au printemps 1913 et l'exécution du *Sacre du printemps* de Stravinsky à Paris (voir p. 211) est le genre de hasard auquel se plaît parfois l'histoire. Certes, les spectateurs des arènes de Madrid ou les auditeurs du Théâtre des Champs-Élysées, si sidérés qu'ils fussent par la force créatrice de ces nouvelles harmonies, par cette folie rythmique et ces débordements de limites formelles qu'ils imaginaient intangibles, n'avaient pas l'impression d'assister à la naissance d'un art nouveau. C'est l'Histoire qui, comme toujours, repère rétrospectivement les dates de naissance et attribue les paternités ; c'est elle qui borne les débuts des révolutions dont nous sommes les héritiers, là où les contemporains ne percevaient que des phénomènes sans lendemain, ou plus souvent ne voyaient rien du tout, aveuglés – assourdis – qu'ils étaient par la singularité de l'événement.

Ces mêmes années 1910 voient aussi la naissance d'un autre art nouveau, le cinéma. Les historiens se plaisent en effet à voir dans l'œuvre de D. W. Griffith, et en particulier dans sa *Naissance d'une nation*, tourné en 1914 et sorti en 1915 (années fondatrices du *toreo** belmontien), la frontière qui sépare l'attraction foraine des frères Lumière de la constitution du septième art. Le *toreo**, quant à lui, se détache alors définitivement de la fête païenne traditionnelle (qui, comme le cinéma, flirtait parfois au XIX^e siècle avec le divertissement de cirque), pour entrer dans l'histoire de l'art. Au cours de ces années, Griffith codifie les principes du langage cinématographique : montage alterné, variation des points de vue, insertion des gros plans dans les scènes éloignées, champ-contre-champ, flashback, etc. Il invente ainsi la syntaxe narrative qui permet à un spectateur, fixe dans l'espace et le temps, de saisir dans le temps linéaire du discours cinématographique la logique du développement dramatique et la relation entre les divers plans spatiaux et temporels sur lesquels il se déroule. Belmonte, quant à lui, invente la courbe, la série (à la cape), la demi-véronique, et ce que nous avons appelé le « point fixe », qui est la pierre de touche de l'éthique de la corrida moderne (« résister ! ») et surtout le pilier sur lequel s'est construit la syntaxe du *toreo** : repère intangible pour le regard des spectateurs de l'arène circulaire et centre de la représentation de la domination du taureau. Le parallèle cinéma/*toreo** pourrait sans doute être approfondi…

À cette comparaison parallèle, on joindra un rapprochement orthogonal. Au moment où la peinture rompt avec les lois de la représentation classique (langage géométrique, et surtout introduction dans l'œuvre de la multiplicité des points de vue, voir *Les Demoiselles d'Avignon*) – rupture qui l'ouvre à l'art dit « abstrait » ou non figuratif–, le cinéma invente un nouvel art de la *représentation* (en l'occurrence dramatique plutôt que plastique), qui réintroduit l'unicité du point de vue du spectateur. (Le rapprochement pourrait être fait aussi avec l'invention progressive par Schönberg, à partir du *Pierrot lunaire* – 1912 –, d'un langage qui, abandonnant les lois de l'attraction tonale, rompt aussi avec une conception de la musique centrée sur les *attentes* d'un auditeur.) Le cinéma devient ainsi le grand art *classique* du XXe siècle, obéissant aux canons esthétiques et à la syntaxe expressive de tout art de la représentation. Mais le cinéma n'est peut-être pas le seul art classique inventé par le XXe siècle. Il faut y ajouter le *toreo**. Reste à voir quel rôle singulier il a joué dans ce XXe siècle – et continue de jouer aujourd'hui : classique par ses normes esthétiques, moderne par son histoire, contemporain par son caractère hybride, et pour tout dire « impur ».

## *La corrida, une esthétique du sublime*

La plupart des beaux-arts traditionnels ont progressivement abandonné l'idéal classique qui normait l'exigence créatrice (celui de l'Antiquité, repris à la Renaissance, développé à l'âge classique) : la beauté. Quel critique de musique savante ou d'art contemporain pourrait déclarer, sans plus, sans rire et sans risquer le sarcasme : « Ah, c'est beau ! » ? Le mot est désuet, le jugement est court, la valeur est tarte. Mais le jugement taurin ne s'embarrasse pas. On trouve une passe, une série, une *faena** belles. Et on les juge telles parce qu'elles le *sont*. Et elles le sont parce qu'elles *visent à* l'être, parce que la beauté est une des valeurs esthétiques dominantes du *toreo**. Et pourtant la corrida elle-même ne vise pas la beauté.

En effet, oublions un instant l'art du *toreo**. Oublions la *faena** et ses canons (domination, beauté). Oublions aussi tout ce que nous savons. Regardons simplement la corrida « comme un *spectacle* ». Et regardons-la innocemment, « à la manière d'un Huron », sans juger, et donc aussi, en partie, sans comprendre. Tentons de retrouver les impressions de la « première fois », s'il y en a eu une, c'est-à-dire si cette « première fois » n'était pas déjà contaminée par les images, les discours, les croyances – ce qui est sans doute difficile, la corrida (son nom, son renom, son idée) ayant toujours déjà eu un *sens* pour nous malgré nous, aussi loin que nous remontions dans notre passé. Ne jugeons pas, surtout pas. N'écoutons pas les commentaires savants. Laissons-nous guider par les sensations brutes qui émanent du spectacle brut et par les affects bruts qu'elles provoquent : soleil, bruits, couleurs, la fête, la foule, le cérémonial ; et soudain le taureau noir qu'on aperçoit sortant du noir, ses cornes, la frayeur, le taureau qui se plante au milieu de la piste, magnifique, qui charge sur tout ce qui bouge, ses cornes, l'effroi, des hommes qui s'agitent avec des capes roses et jaunes, leurs courses (préméditées ? affolées ?), des hommes montés sur des chevaux caparaçonnés, la surprise, le taureau qui fonce dessus, la pique, le sang, le trouble, le taureau qui renverse l'équipage, des hommes qui se précipitent, la panique ou le calme on ne sait, d'autres hommes qui arrivent avec des bâtonnets colorés, leur dextérité, les blessures, le trouble encore, et puis aussi l'apaisement, le chiffon rouge, un face-à-face, des virevoltes étranges, une sorte de danse sauvage ou peut-être une lutte, l'adresse de l'homme (est-ce le même que tout à l'heure ?), son sang-froid, les cornes encore, toujours évitées on ne sait comment, l'enivrement qui monte, la répulsion qui taraude, l'épuisement du taureau, et soudain l'épée dans le silence, le sang encore, mais on n'a rien vu, le taureau qui fléchit, terrassé, mort peut-être, et la foule qu'on entend de nouveau, qui n'avait sans doute jamais cessé de se manifester, les cris, les gens qu'on reconnaît, le trouble encore.

Voilà pour la corrida dans sa nudité sensible. Les sensations et les affects qu'elle suscite en nous, en ce « nous » imaginaire immémorial, ne sont peut-être pas éloignés de ceux que pouvait provoquer la course de taureaux vécue au XVIII^e siècle et jusqu'au milieu du XIX^e siècle, en dépit de la différence considérable d'ordonnance des spectacles et de sensibilité des spectateurs. Ce spectacle, dépouillé des valeurs éthiques du *combat*, n'est pas admirable. Privé des valeurs esthétiques de l'art du *toreo**, il n'est pas *beau*. Il ne vise pas la beauté. Il est sublime. Du moins, puisqu'il lui arrive le plus souvent de manquer ce but, il *vise au sublime*, c'est sa finalité secrète, qui ne se manifeste que lorsqu'on tente de retrouver ses premières impressions ou lorsque, de loin en loin, telle corrida réveille en nous cette mémoire enfouie. À condition bien entendu d'entendre par « sublime » non pas une valeur synonyme ni une spécification de la beauté (comme dans la langue courante, où « sublime » est un simple superlatif de « beau »), mais une catégorie distincte de la beauté et qu'on peut même lui opposer. Entre elles, c'est le jour et la nuit. Car « le jour est beau, la nuit est sublime » (Kant). Le beau, c'est la mesure ; le sublime, c'est la démesure. Le beau, c'est la disposition de toutes les parties en un tout ; le sublime, c'est l'excès de toutes les parties sur le tout ; le beau, c'est la forme admirable s'imposant à la matière brute ; le sublime, c'est la puissance, c'est l'effroi, c'est la matière éclatée, bouleversante, étourdissante…

Le XVIIIe siècle invente l'« esthétique », l'étude de nos sensations et du plaisir singulier qu'elles nous donnent lorsqu'elles sont délivrées de tout jugement moral ou de tout intérêt vital, le pur plaisir du spectacle, de la contemplation visuelle ou auditive. Ce plaisir, la nature parfois nous l'offre lorsque nous sommes saisis par ses tableaux admirables (c'est l'immensité des Alpes ou de l'océan qu'à cette époque on se met à contempler) ; d'autre fois, ce sont les créations humaines, les beaux-arts, les spectacles, le théâtre, la musique, la danse, la peinture. Cependant le XVIIIe siècle, notamment Burke ou Kant, théorise et oppose deux grands types de catégories esthétiques, le beau et le sublime. C'est aussi le moment où l'anarchie tauromachique fait progressivement place aux courses de taureaux formalisées, où la corrida se donne ses règles et ses canons, qui en contiennent le désordre apparent – où l'on va donc aux corridas pour le *spectacle*, pour l'extase esthétique qu'il provoque.

Il faut ici prévenir un contresens : le sublime n'est pas la splendeur du chaos ou de la frénésie dionysiaque – la « domestication artistique de l'horrible », comme disait Nietzsche de la tragédie. La jouissance du sublime, telle qu'on l'entend au XVIII^e siècle et à l'époque romantique, n'a rien non plus de la délectation cruelle. C'est l'*admiration* troublée devant la grandeur absolue, le saisissement bouleversant devant une puissance démesurée. Car il y a deux types de sublime, selon Kant : le sublime de grandeur, « ce qui produit l'impression de quelque chose de grand absolument, à quoi rien ne se peut comparer, ni mesurer » (certains toreros, certains jours, n'éveillent-ils pas cette impression ?) et un sublime dynamique, le spectacle d'une force naturelle sans bornes (certains taureaux, certains jours, ne provoquent-ils pas ce saisissement ?). « Des nuées orageuses s'amoncelant dans le ciel et s'avançant parcourues d'éclairs et de fracas, des volcans dans toute leur violence destructrice, des ouragans semant la désolation, l'océan sans limites soulevé en tempête, la chute vertigineuse d'un fleuve puissant, etc., réduisent notre faculté de résistance à une petitesse insignifiante comparée à leur force », écrit Kant (*Critique du jugement*, § 23). On pense à d'autres images. On est à Pampelune, une des arènes qui, de loin en loin, vous mènent au sublime. C'est le 11 juillet 1987. Le deuxième taureau sort en piste, de l'élevage de Pablo-Romero, il s'appelle Chivito, il est gris foncé, il pèse 651 kg de muscles, cornes acérées, un monstre de puissance. Aussitôt en piste, il sème la panique : il saute la barrière et chasse tout le personnel du couloir, il revient en piste, rien ni personne ne peut l'arrêter, nul ne peut le leurrer ou le diriger, c'est une puissance nue et libre ; les chevaux entrent, Chivito se précipite trois fois contre les caparaçons et renverse tout l'équipage, deux fois le picador de service, puis aussitôt le picador de réserve, par trois fois la tonne s'écroule d'un coup comme une montagne, « petitesse insignifiante comparée à sa force », puis Chivito ressaute la barrière, nouvelle panique, revient en piste, nouveaux assauts contre les équipages caparaçonnés, et, à la cinquième pique, nouvel écroulement de la forteresse montée, le picador Caneva tombe sur les cornes et en réchappe ; mais qui donc arrêtera cette « violence destructrice » ? À la neuvième pique, il se calme un peu, on sonne le changement de tiers*, banderilles sauve-qui-peut, et José-Antonio Campuzano se retrouve seul enfin face à l'ouragan… « Mais leur spectacle, continue Kant, n'en devient que plus attirant dès qu'il est plus effrayant, à la seule condition que nous soyons en sécurité ; et c'est volontiers que nous appelons sublimes ces phénomènes, car ils élèvent les forces de l'âme au-delà de leur niveau habituel et nous font découvrir en nous une faculté de résistance d'une tout autre sorte qui nous donne le courage de nous mesurer à l'apparente toute-puissance de la nature. » Ambiguïté des sentiments et trouble du sublime. D'un côté, la *frayeur* devant cette puissance ; d'un autre côté, l'*absence de peur*, car nous sommes face à la nature comme à la corrida, nous y sommes au spectacle.

Le sublime effraye sans faire peur : il suffit que « nous *imaginions* le cas où nous voudrions lui opposer quelque résistance et qu'alors toute résistance serait vaine » (Kant). *Un effrayant réel, mais vu comme au théâtre* : telle est bien la corrida. Et ce spectacle nous grandit, car nous sentons que nous pourrions, non pas *nous*, nous ne pourrions pas vraiment, mais nous voyons bien qu'il serait possible à *un homme* de se mesurer à cette toute-puissance, et nous sentons donc en nous aussi la possibilité de cette force qui de fait nous dépasse nous-même. Quelque chose en nous pourrait être Campuzano. « Le caractère irrésistible de la force de la nature [*ce taureau déchaîné*] nous fait reconnaître, à nous êtres naturels [*nous autres pauvres humains*], notre impuissance sur le plan physique, mais d'un autre côté, il nous révèle en même temps une faculté de nous juger indépendants par rapport à cette force irrésistible ainsi qu'une supériorité sur la nature [*car voici, en Campuzano, une humanité possible*] ; cette supériorité fonde une conservation de soi d'un tout autre ordre que celui qui s'offre aux attaques de la nature extérieure et à ses menaces. Ainsi l'humanité en notre personne reste-t-elle invaincue *[puisque la voilà imaginairement sur le sable de l'arène*] bien que l'homme dût succomber face à cette puissance de la nature [*mais il peut aussi en triompher*]. Notre jugement *esthétique* [*car nous sommes au théâtre, ne l'oublions pas*] ne considère pas que la nature [*la nature réelle, mais vue des gradins*] est sublime parce qu'elle provoque la crainte [*elle effraye, nous n'avons rien à craindre*], mais parce qu'elle mobilise en nous notre force [...] laquelle nous permet alors de considérer comme petits les objets de notre préoccupation (bien, santé et vie) ; par conséquent de ne pas tenir la force de la nature [...] pour une puissance telle que nous fussions obligés de nous y soumettre [*car cette toute-puissance physique est humainement, moralement, vincible*]. Ainsi nous appelons sublime la nature simplement parce qu'elle élève l'imagination à la capacité de présenter ces situations où l'esprit peut prendre conscience du caractère véritablement sublime de sa destination, supérieure même à la nature » (Kant, *Critique du jugement,* § 28).

Le plaisir du sublime est donc toujours mêlé de peine, jamais pur. « Le beau entraîne directement un sentiment d'épanouissement de la vie [...], mais le sentiment du sublime est un plaisir qui ne jaillit qu'indirectement, parce qu'il est produit par le sentiment d'un arrêt des forces vitales pendant un bref instant, immédiatement suivi par un épanchement de celles-ci d'autant plus fort » (*ibid.*, §23). La puissance sans bornes nous épouvante, la grandeur nous accable. « Le premier effet du sublime est d'accabler l'homme ; et le second, de le relever. L'effroi s'empare d'abord de nous à cet aspect [*celui du taureau à la sortie du toril*], bien qu'aucun danger personnel ne puisse alors nous atteindre [*nous sentons bien le confort de nos gradins inconfortables*] ; mais quand toute la fureur de la nature se manifeste, l'homme se sent une énergie intérieure qui peut l'affranchir de toutes les craintes, par la volonté ou par la résignation, par l'exercice ou par l'abdication de sa liberté morale ; et cette conscience de lui-même le ranime et l'encourage » (*ibid.*).

La grandeur seule est parfois sublime : c'est celle du torero frappé, blessé, sanglant, qui reste en piste, debout, livide, pour terminer sa *faena** et s'évanouit au moment précis où le taureau s'écroule : comme si son corps, en défaillant, s'était enfin imposé à sa force d'âme, comme si son *être* de torero s'échappait de lui pour lui signifier la fin de son office. On songe aussi à certains corps à corps épiques, Domingo Valderrama face à des Miuras qui le dépassaient d'une tête, c'est lui qui était grand. Ou les combats, de puissance à puissance, de César Rincón à Madrid, au début des années 1990 : a-t-on déjà vu corps si vulnérable au service d'une âme si généreusement résistante ? Ou encore Nimeño II, dans les arènes de Nîmes, le 14 mai 1989, resté seul face à cinq Guardiola terribles, dont l'un a déjà envoyé son compagnon Victor Mendes à l'infirmerie : et voici Nimeño, face à ce taureau criminel qui manque le tuer, puis face aux quatre autres, capes, banderilles, muleta, épée, et lui toujours aussi frêle et toujours plus grand de taureau en taureau. Ce n'est plus de la corrida, c'est de l'épopée et elle est réelle, là, sous nos yeux. L'humanité peut donc atteindre cette grandeur ? Seul le spectacle d'un *combat* peut nous en donner l'image. C'est bien ce que confirme Kant, le grand « humaniste » et l'homme du « projet de paix perpétuelle ». Est-il allé aux arènes ? se demande-t-on à le lire. Il n'est pas sorti de Königsberg (aujourd'hui Kaliningrad), au bord de la Baltique : la région n'est guère taurine, on le sait. Mais, réfléchissant à l'esthétique du sublime, il réinvente sans le savoir le concept de corrida. « En effet, demande-t-il, quel est l'objet de la plus grande admiration des hommes ? Un homme qui ne s'effraye pas, qui n'a pas peur, qui restera ferme devant le danger et qui, en même temps, fera fermement ce qu'il a à faire en y appliquant toute sa réflexion. Même au niveau le plus policé, le guerrier reste un objet de considération privilégié ; simplement on exige en outre qu'il fasse preuve de toutes les vertus propres à la paix, donc de douceur, de compassion [...], et même qu'il fasse preuve pour sa propre personne d'un soin convenable, précisément parce qu'on y reconnaîtra que son âme est inaccessible au danger. [...] Lorsqu'elle est conduite avec ordre et dans le respect sacré des droits civils, la guerre elle-même est en quelque manière sublime, et elle rend du même coup la manière de penser du peuple qui la conduit ainsi d'autant plus sublime qu'il s'est exposé à de nombreux dangers auxquels il a su faire face courageusement» (*ibid.*, § 28). Quel meilleur portrait du torero ? Un homme qui ne s'effraye pas... qui reste ferme devant le danger et qui, en même temps, fait fermement ce qu'il a à faire (vertu éthique) en y appliquant toute sa réflexion (vertu intellectuelle)... Un guerrier qui fait preuve de toutes les vertus propres à la paix, ça n'existe pas dans les vraies guerres, où l'inhumanité la plus grossière le dispute à la cruauté gratuite, mais c'est ce qu'on voit tous les jours dans le combat de l'arène. Un guerrier qui fait preuve pour sa propre personne d'un soin convenable : mais où a-t-on vu, ailleurs qu'à la corrida, des combattants impeccablement mis et soignant jusqu'au détail de leur toilette ? Et quel meilleur tableau (involontaire) du combat de l'arène ? «Une guerre conduite avec ordre et dans le respect absolu» de l'adversaire : telle est bien l'éthique agonistique de la corrida. Où voit-on une réalité qui corresponde à cette image sinon dans la corrida qui en réalise sous nos yeux l'idéal ? Et voilà bien aussi ce qui la rend sublime.

Il arrive que la grandeur absolue du torero et la toute-puissance du taureau se mêlent, et que la nature elle-même s'en mêle. Rencontre sublime de ces trois manifestations du sublime, la grandeur de l'homme, la puissance de la force animale, et la nature furieuse unissant puissance et grandeur. C'est le 14 juillet 1973 à Pampelune. Les taureaux sont du redoutable (à l'époque) élevage de Miura*, c'est la corrida de clôture de la féria, et le matador Antonio-José Galán a triomphé, sans gloire, au troisième taureau, dans un style populiste et épais, qui lui a valu deux oreilles généreuses. Au cinquième taureau, le ciel se fait menaçant : « des nuées orageuses s'amoncelant dans le ciel et s'avançant parcourues d'éclairs et de fracas »… comme dit Kant. Et puis soudain, l'orage éclate quand sort le sixième taureau, d'une rare bravoure. Il se nomme « Inoportuno » : c'est le présage de l'exception. L'orage se fait immense, mais le taureau est sorti, la corrida ne peut plus s'arrêter, il faut aller au bout. Les capes se débattent déjà dans la boue. La pluie redouble, le taureau prend les piques en grand brave qu'il est. Le ciel est noir à présent. La foule a presque déserté les gradins. On s'est réfugié tant bien que mal dans les balcons. Le tonnerre et la foudre se déchaînent pendant les banderilles, on se demande d'où tant d'eau et de frénésie peuvent venir. Dans cette nuit rayée de lueurs et de hurlements, le torero au sourire benêt prend la muleta et l'épée : comment va-t-il faire pour se débarrasser de l'inlassable assaillant dans ce déluge, se demande-t-on ? Mais justement, il ne le « liquide » pas, car tout est déjà bourbeux, sauf les deux adversaires, restés solides et plus braves que jamais. Galán se met donc au combat. Et voici le petit homme vulgaire qui avance la main gauche, presque désarmée, et qui se met à résister vaillamment à toute cette puissance, celle du ciel qui nous tombe dessus et celle des cornes qui foncent sur lui ; il est maintenant pieds nus, il n'y a plus de sable sous lui, seulement une vague mer dans laquelle le taureau va et vient ; mais le petit homme reste planté là debout dans sa grandeur au milieu des flots qui lui viennent de toutes parts ; et puis le voilà, lui, le clown grotesque tel le Mozart de Miloš Forman, qui se met à dessiner des séries de naturelles* de rêve, les plus distinguées et élégantes du monde, pour narguer le ciel, dirait-on, dont la fureur décuple. On hurle ou l'on reste coi, nul ne sait, tout se brouille, on rit et on pleure. Pourtant, on n'a encore rien vu : au sublime de puissance succède le sublime de grandeur. L'épée de mort en main, notre Achille tente un premier assaut, mais il glisse, il rate. Alors, l'héroïque farfadet balance à l'eau sa muleta et ce qui lui reste d'instinct vital pour n'être plus qu'une âme nue – plus de corps. Et c'est sans chiffon et sans défense qu'il s'élance dans le vide, entre les cornes, derrière son épée. Il retombe dans la mer, mort peut-être. Mais non, c'est l'autre héros, « Inoportuno », qui s'écroule ; Galán, lui, se relève d'un bloc, il est déjà au paradis, il vient d'un autre monde ; ce n'est pas son *Requiem* qu'il vient d'écrire, mais sa *Messe du couronnement*. Il n'a pas même le temps de regarder son œuvre qui gît à ses pieds dans le fleuve bourbeux que, l'orage soudain calmé, l'arène est envahie, on porte le héros, les deux oreilles et la queue en mains (qui a dit qu'il avait jamais été vulgaire ou petit? c'est le plus grand et le plus noble des toreros!) tandis que la dépouille d'« Inoportuno » est acclamée par une foule revenue brusquement de partout et qui a tout vu, dit-elle : « C'était sublime. » Oui, sublime, il n'y a pas d'autre mot. Mais qui peut savoir (pauvres profanes!) que ce bouleversement de tous les sens existe et que la corrida peut aller jusque *là*? C'est le seul spectacle où la démesure du réel peut être vue avec autant d'évidence. Où peut-on être ainsi saisi de cet effroi et de cette admiration pour la puissance de la nature hors de l'homme et pour la grandeur de la nature en l'homme?

## *Le* toreo, *art classique*

La corrida est rarement sublime, parfois elle est belle, souvent elle ennuie. Mais dans son essence, le spectacle vise au sublime. Le *toreo**, lui, est rarement beau, parfois il est admirable, souvent insipide. Mais, selon les canons de son *esthétique* (et bien sûr il ne se réduit nullement à elle), cet art vise à la *beauté*. Il n'est pas sûr que, de toutes les émotions que peut vouloir susciter la corrida (peur, effroi, admiration, enthousiasme, exaltation, extase, etc.) – ne disons rien de celles qu'elle ne veut pas susciter (la fatigue ou le dégoût, parfois) –, l'émotion esthétique soit prépondérante. Il n'est pas sûr que, parmi les émotions esthétiques qu'elle peut faire naître, celle de beauté soit dominante ; il s'y mêle aussi, comme dans beaucoup d'autres formes d'expression ou de création, de la laideur, du grotesque, de la grandeur, du tragique, du pathétique, et évidemment du sublime. Mais l'art du *toreo** lui-même, indépendamment de toute considération de style, et même chez les toreros qui ne passent pas pour des artistes ou des stylistes, a pour finalité esthétique la beauté et obéit à ses canons. Il y a là quelque chose qui devrait étonner et qui est pourtant indéniable.

Il ne s'agit pas de cette beauté extérieure à l'essence du *toreo**, celle qui inspire les autres arts, celle qui retient l'œil du peintre, la beauté de l'arène, des costumes, des hommes, celle de certains taureaux, celle qui inspire le geste du sculpteur, la beauté dynamique du groupe taureau-picador, le galbe d'un taureau de Pablo-Romero. Il s'agit seulement de la beauté interne au *toreo**, celle de ce duel stylisé que se livrent le torero armé de son leurre (cape ou muleta) et le taureau armé de ses cornes. Cette beauté-là est créée par l'*art*, et seul *cet* art peut la créer.

Contrairement à un préjugé tenace, cette beauté, non plus que toute autre, *n'est pas* « subjective », elle ne dépend pas des « goûts » particuliers de chacun – même s'il dépend de chacun de rechercher dans le *toreo** d'autres émotions que la beauté, ou de préférer Joselito à Belmonte, ou le style de tel « artiste » à celui de tel autre. On peut discuter à perte de vue pour savoir qui est le « meilleur » torero ou quelle est la « meilleure » *faena**, comme on peut se demander qui est meilleur peintre, de Velásquez ou de Goya. En fait, cette dispute mêle deux questions. Quel est le critère du « bon torero », ou plutôt quelle serait la bonne hiérarchie de critères (à supposer qu'il y en ait une) : le plus dominateur, le plus efficace, le plus courageux, le plus créatif, le plus personnel, etc. ? L'autre question est : quel est le style de *toreo** qui *m'émeut* le plus ? La première est objective et ne touche pas à la question de la beauté, la seconde est subjective et ne tranche pas la question de la beauté. On peut être un défenseur de Juan-José Padilla ou de Richard Milian, admirer leur courage, vanter leurs recours, applaudir leur métier, mais il ne viendrait à l'esprit de personne de louer la « beauté » de leur *style*, si ce n'est par abus de langage. Et nul ne pourra contester que le style du *toreo** de Manzanares père ou fils (qu'on peut ne pas goûter) est plus « beau » que celui d'Espartaco ou d'Eduardo Davila-Miura (qu'on peut porter aux nues), pas plus qu'on ne pourra nier qu'une toile de Titien est plus *belle* qu'une toile de Goya – ce qui n'empêchera personne d'être plus touché par le *Tres de mayo* que par *L'Homme au gant*, ou de considérer le maître espagnol comme « un plus grand peintre » (si cela a un sens). En fait, à considérer la beauté, elle seule, on devra convenir que c'est peut-être la plus objective de nos catégories esthétiques, la moins dépendante de nos préférences.

Mais il y a un autre sens dans lequel la beauté peut être tenue pour une valeur objective et nullement subjective du *toreo* en général* – et de ce point de vue le *toreo** est un art différent des autres. C'est que, quels que soient le style du torero ou le concept de son *toreo** (domination, puissance, engagement, expression, dramatisme, etc.), les fondements de celui-ci sont essentiellement, qu'il le veuille, qu'il le sache ou non, les canons de la *beauté* classique – ceux que Belmonte inventa pour le *toreo** en les redécouvrant dans les autres arts – à l'heure même où ceux-ci semblaient les abandonner définitivement. Oui, Padilla, Milian, Espartaco ou Davila-Miura, eux aussi toréent selon ces mêmes *principes*, même si, par leur style, leur personnalité ou leur concept de *toreo**, ils les illustrent moins évidemment que ceux qui visiblement *cherchent* la beauté – Manzanares, Ortega-Cano ou Morante.

*Économie*

Les canons de la beauté classique ne sont peut-être rien d'autre que la réalisation sensible de quelques règles logiques. On pourrait alors se régler sur les principes généraux de la raison, tels qu'ils furent énoncés à l'âge classique, notamment par Leibniz, et les appliquer à la sphère esthétique. Ainsi en va-t-il du principe de « maximisation » : le « minimum de causes doit concourir au maximum d'effets ». En mathématiques, par exemple, une « belle démonstration », c'est celle qui infère les conséquences les plus considérables ou les plus inattendues du minimum de prémisses : ainsi les célèbres démonstrations de l'infinité des nombres premiers ou de l'irrationalité de $\sqrt{2}$, propositions vertigineuses qui se déduisent très simplement de quelques propositions évidentes. Au jeu d'échecs, de même, on accorde unanimement des « prix de beauté » à ces parties dans lesquelles, après une cascade de « sacrifices » de pièces lourdes, la poussée d'un simple pion mène à un mat imparable : ce genre de combinaison audacieuse fait pleurer d'émotion esthétique les amateurs. Le torero, de même, cherche à obtenir le plus d'effets possible sur son adversaire en utilisant le minimum de moyens : minimum de leurre, de temps, d'espace, de mouvements, etc. Ce principe d'économie – « le plus par le moins » – est le premier secret de la beauté plastique du *toreo**, que ce soit au niveau du geste, de la passe, de la série, ou de la *faena** tout entière.

Dans la « conduite du combat » (la *lidia**, comme on dit), il arrive que la beauté d'un geste surgisse au moment le plus imprévisible. Regardons : le moment est ingrat, presque vide, c'est une phase apparemment technique : il s'agit pour le torero de déplacer l'animal d'ici à là, d'un bout de l'arène, où l'on détournait son attention pendant l'entrée des chevaux, jusqu'au picador désormais en place – « mise en *suerte* », dit le jargon. Inopinément, voici l'éclat du beau, un joyau, un cadeau : en une unique passe de cape, un simple geste, un geste tout simple, le torero, l'air de rien, lance sous l'œil du taureau sa cape tenue d'une seule main (une *larga**) et l'amène d'un mouvement du poignet quinze mètres plus loin, là, comme ça, juste où il faut, devant le cheval… C'est la beauté en personne, aussi nue que la vérité. Supposez que, un instant plus tard, le torero doive retirer le taureau du cheval (*quite**) contre le caparaçon duquel il s'acharne. Là encore, il accomplit cette manœuvre d'un seul mouvement, mais cette fois c'est d'une passe *afarolada*, dans laquelle on lance pour finir la cape au-dessus de la tête, en se jouant. La beauté prend alors un tour distingué, presque aristocratique, comme un sourire s'ajoute à la raison : « Voyez, semble dire l'intelligence à la matière, je peux sans effort vous plier d'un geste, et ce geste m'amuse, il me plaît, je m'en divertis. »

Car la passe est, en son fond, fonctionnelle : une esquive. Il n'y a pas d'art là-dedans, sinon peut-être la gratuité du jeu : provoquer le danger pour pouvoir l'éviter. Mais la première dimension formelle qui s'ajoute à la fonction, c'est l'économie : la recherche de la simplicité des voies dont dépend l'élégance de l'exécution. Le jeu n'est plus alors avec l'animal, mais avec les moyens employés, actions, espace, temps. Le chemin de la beauté, pour la passe, c'est donc forcément la ligne droite ou l'arc de cercle. La ligne droite, c'est le maximum de mouvement du taureau provoqué par le minimum de mouvement du torero : ainsi, l'homme attend, immobile, profilé et, sur un frémissement du leurre, le taureau fonce de loin, droit dessus, la muleta se relève au passage, à peine une impulsion du poignet : c'est la beauté élémentaire de la passe dite « statuaire ». L'arc de cercle, c'est plus beau, car ce n'est pas seulement le maximum de mouvement du taureau grâce au minimum de mouvement du torero, c'est le maximum *d'effet* sur le mouvement naturel du taureau grâce au minimum de *cause* dans le propre mouvement du torero. Il ne s'agit plus seulement de mouvoir le taureau, il s'agit de mouvoir son mouvement. À chaque instant, le taureau est contraint à courber son voyage, mais l'inclinaison est continue, l'arc est parfait : et le corps du torero, pointe plantée du compas, en est la cause immuable. Le canon de la beauté plastique rejoint ici le principe constitutif du point fixe, par lequel se définit tout art. La sémantique de la beauté rejoint la syntaxe de l'art. Ce qui fait la belle passe, ce n'est pas cette *cause*, ce geste à peine esquissé du torero, car, s'il n'était pas exécuté devant le taureau mais devant un miroir, il serait élégant mais vain. Ce qui fait la belle passe, ce n'est pas cet *effet* sur le taureau, ce changement de son mouvement qui ne cesse de s'incliner et de ralentir, car s'il était provoqué par une agitation fiévreuse du torero, ce même effet serait lourd. Ce qui fait la beauté, c'est la puissance du *rapport* entre la modestie de cette cause et l'ampleur visible de cet effet.

La beauté d'une série obéit au même principe. Le torero occupe un espace minimal sans jamais paraître s'y *déplacer*, tandis que le taureau se déplace dans un espace maximal sans jamais paraître pouvoir l'*occuper*. Voilà ce qui fait le styliste : il fait un pas, un seul, juste, là où le lourdaud piétine. Le beau style, c'est celui du skieur qui dévale droit et véloce, enchaîne les virages sans dévier de sa propre ligne droite ; il semble commander à la pente au lieu de la subir puisque la gravitation demeure sans effet sur sa vitesse, toujours uniforme ; tout est contrôlé, la pente, la neige, le relief, et pourtant il ne fait rien, semble-t-il, à peine un léger déplacement régulier des genoux, le reste ne se perçoit pas, tout est uni, sans peine, rien que du plaisir, rien en lui qui pèse ou qui pose. Certains créateurs parviennent ainsi, à force de dépouillement de leur propre attitude (minimum) et de maîtrise de la conduite du taureau (maximum), à transformer une arabesque de passage ou un simple geste technique en une passe essentielle et profondément *belle*. Paco Camino transforma ainsi la passe de cape dite *chicuelina**, toute en étoffe et en volte-face, où le taureau passe à côté sans rien voir, en une figure apaisée où le corps pivote doucement, où tout le geste guide le taureau avec l'efficacité d'une véronique*, sans tissu qui en déborde. José Tomás sut retrouver la sobriété dramatique et l'esprit du créateur de la *manoletina**, bien loin de la frivole virevolte qu'elle était devenue. Et après Enrique Ponce, plus jamais le « changement de main par-devant », passe fonctionnelle comme son nom l'indique, ne sera comme avant : il n'y a plus deux mains, il y a un seul geste complètement fondu, où c'est le passage du taureau qui semble assurer le passage du leurre, en un mouvement continu du corps entier de suprême élégance et d'effacement de soi. Et le miracle de la beauté, c'est ici encore qu'elle ne se sépare pas de l'efficacité : le taureau est embarqué avec la même sûreté que dans la plus ferme des passes naturelles*. Dans les trois cas, ce qui a permis à de grands artistes de transfigurer des passes anodines, c'est la réduction des moyens (gestes, mouvement, étoffe, déplacement, attitude), corrélative d'un élargissement des fins (conduire plus longtemps, plus longuement, plus puissamment). C'est ainsi qu'on transforme le plomb en or. Tous les grands toreros, sans exception, quel que soit leur style, sont parvenus à cette économie. C'en est la marque.

Toute beauté plastique obéit au principe de « maximisation ». C'est à lui qu'est dû chez le spectateur un sentiment d'équilibre. Mais, dans le cas du *toreo**, il y a quelque chose de plus : car l'équilibre – et donc la beauté – y naît de son opposé. Le *toreo**, dans sa définition, suppose un contraste initial : l'apparente force du taureau, l'apparente faiblesse du torero. L'alchimie de la beauté transforme ces apparences en leurs contraires, la puissance du torero, l'impuissance du taureau : tel est le principe de « maximisation » appliqué singulièrement à l'art du *toreo**. Plus les moyens de lutte de l'homme semblent réduits, tandis que ceux du taureau paraissent grossis, et plus la transformation pourra être belle. Car la beauté ne naît que si – et quand – cette disproportion initiale se mue en son opposée : la richesse de l'utilisation que l'homme fait de ses moyens comparée à celle, dérisoire, que l'animal fait des siens. *La beauté est l'acte de cette transmutation.* On l'entrevoit dans la beauté intrinsèque de la passe naturelle* – la passe la plus simple, et donc la plus difficile : l'étoffe et le geste sont réduits à la largeur du bâton (*palo*), alors qu'à droite l'étoffe est agrandie par l'épée, tandis que le voyage du taureau est allongé au maximum.

Le grand artiste, dans tout art classique, donne l'impression de ne rien faire. Il se contente d'être. Ni effort, ni difficulté, pas de *soin* même. Être là, simplement. Et faire, d'un rien, comme si de rien n'était. Le grand torero s'efface, ou plutôt il n'agit pas, il cause, il est une causalité sans activité. (C'est l'inverse chez certains agités, anti-artistes. Ils agissent, ils s'activent, sans véritablement « causer » quoi que ce soit.) Ce qui faisait ainsi la beauté si sereine du *toreo** d'Antoñete, c'était qu'il toréait apparemment sans *rien* faire et sans rien faire *apparemment* – ce qui est, dans tout art, le plus difficile et le dernier degré de l'expertise : la main gauche s'avance, la jambe gauche est déjà là, clairement dans l'axe de charge, mais sans s'avancer ni se montrer avançant –, au contraire de ces toreros appliqués qui « chargent (trop visiblement) la *suerte** », comme dit le jargon, et veulent ainsi prouver qu'ils « font bien tout comme il faut ». Et puis la main d'Antoñete revient le long du corps, toujours aussi légère et pourtant empesée cette fois de toute la charge de l'animal. On pouvait voir la même épure servie par un autre style, plus fantasque mais plus auguste, chez un autre créateur de beauté, Curro Romero. Ainsi dans une de ses *faenas** de muleta (Saint-Sébastien, 17 août 1973, Mercedes Perez-Tabernero), admirable miniature, l'étoffe est si réduite dans les « naturelles* » que le torero donne l'impression de toréer sans leurre, à nu, avec son seul corps pourtant presque immobile, qui semble conduire lentement la charge où bon lui semble, c'est-à-dire là où il faut. Curro, c'était cela, une impériale façon de ne rien faire lui-même et de faire faire le reste au taureau : c'est ainsi qu'on se représente un souverain de droit divin. Dans ses trop rares grandes œuvres, il était tout *attitude*, jamais *mouvement*. La charge du taureau semblait se plier à ce que l'omnipotente statue du commandeur lui ordonnait de faire. Rafael de Paula, c'était la même beauté au service d'une expression inverse : la souffrance baroque. Dans une série de véroniques* (Madrid, 1979), la charge du taureau se fait plus violente à chaque passage tandis que la largeur de la cape se fait toujours plus réduite, le long de la jambe. La beauté enfle, plus intense, mais aussi plus déchirante, on la sent prête à se briser. C'est ce qui arrive au cinquième passage, la charge est trop violente, le leurre est trop étroit, la beauté est trop forte – et c'est la grave blessure. Deux ans plus tard, dans ces mêmes arènes, la même beauté, celle qui diminue ses moyens pour augmenter la puissance de ses effets, s'est brisée à nouveau : le torero Pepín Jimenez fut victime lui aussi d'un *excès* du beau, si l'on ose dire. La disproportion entre cet homme démuni (il est dans l'axe, posément, il avance le bras, simplement, il attend, calmement) et l'arrogance des moyens du taureau (il fonce droit) atteint sa limite extrême : elle ne peut que se rompre. La fragilité de l'homme, la force du taureau apparaissent alors à nu, solitaires, rendues à elles-mêmes, sans le mince fil de beauté pure qui les unissait. Alors on comprend (aussi clairement qu'à l'écoute d'un *Impromptu* de Schubert) que la plus grande beauté, *quand elle est la plus simple,* est proche de la plus grande souffrance. Y a-t-il un autre art que le *toreo** où cette souffrance soit prise au propre et non seulement au figuré ? Car, dans le *toreo**, elle est bien les deux, réelle comme l'angoisse ou la blessure du torero, et métaphorique comme notre angoisse, lorsque nous voyons sourdre cette beauté de la peur qui l'emmurait.

*Perfection*

Le principe de maximisation ordonne la beauté à une règle quantitative : le plus possible par le moins possible. Mais ce principe est insuffisant s'il n'est complété par une règle qualitative d'optimisation ou d'*unité*, sans laquelle la beauté se réduirait à une admirable économie de moyens ou à un simple calcul de rendement. On peut appeler ce second principe la « règle de perfection », en l'entendant au sens des théoriciens de l'art (ou des théologiens) de l'âge classique : « autant de variété qu'il est possible, mais avec le plus grand ordre qui se puisse, c'est le moyen d'obtenir autant de perfection qu'il se peut» (Leibniz, *Monadologie*, 58). Plus simplement : «l'accord (*consensus*) dans la plus grande variété» (Christian Wolf, *Ontologia*, 503).

La perfection, en ce sens, c'est déjà, négativement, l'absence de faille ou de scorie. Il n'y a pas de rupture du mouvement ou d'écart incontrôlé, pas d'accrochage de la cape ou de la muleta, tout est lisse, tout coule. Ni défaut, ni excès : rien de trop. Ni ce déséquilibre dans la position du corps, ni cet écart excessif des jambes, ni cette cambrure trop appuyée, ni cet allongement démesuré du bras. La série, la *faena**, ni trop courte, ni trop longue. Ni temps mort, ni précipitation. «De là vient notre habitude de dire, en parlant des œuvres bien réussies, qu'il est impossible d'y rien retrancher ni d'y rien ajouter, voulant signifier par là que l'excès et le défaut détruisent la perfection, tandis que la médiété (la juste mesure) la préserve» (Aristote, *Éthique à Nicomaque*, II, 5) ; car «si la médiété paraît quantitativement un milieu entre deux extrêmes, elle est qualitativement un sommet» (*ibid.*, II, 6).

Mais la perfection n'est pas seulement l'absence d'imperfection, ni l'équilibre quantitatif entre excès contraires, c'est aussi l'équilibre qualitatif entre forces opposées. Les deux adversaires justement : leurs deux corps antagoniques (verticalité brillante, sombre horizontalité) coalisés en une seule masse et unis dans un *même* mouvement, celui de la passe, de la série, de la *faena**. L'homme est tout en bras, le taureau est tout en jambes, et ensemble ils font un seul mouvement. Le torero est immobile : la Raison ne saurait changer. Le taureau est mobile : la Nature ne saurait rester en place. Mais ensemble ils composent une même activité réglée qui imite l'immobilité. L'animal est emportement, mais le *toreo** l'humanise. La beauté exclut tout retour de l'animalité : de la part du taureau, comme de la part du torero. Toute ingérence du corps du torero (un automatisme, un réflexe, l'instinct), toute intrusion de son émotion (la peur, la frayeur, l'effarement), et la beauté se rompt avec l'unité : revoilà deux mécaniques adverses au lieu de cette unité organique qui semble mue par une seule volonté.

Le torero est un combattant qui a besoin d'un ennemi à abattre. Mais l'artiste qu'il est a besoin de connivence, car la beauté est concorde, toute dissension est bannie. Dans tout art, la beauté naît du sentiment d'une unité gagnée sur la diversité et de la détente des tensions antagoniques (lignes de forces plastiques, attentes musicales, etc.). Mais où, ailleurs que dans une arène, peut-on voir aussi clairement que la beauté est la réalisation en acte de cette réconciliation des contraires ? À voir toréer l'artiste, on comprend (aussi clairement qu'à la contemplation d'un tableau du Caravage ou à l'écoute d'une symphonie de Beethoven) que la plus grande beauté, *quand elle est la plus harmonieuse*, est proche de la plus grande discorde, parce qu'elle naît de sa pacification. Y a-t-il un autre art que le *toreo** où cet apaisement soit pris au propre et non seulement au figuré ? Car, dans le *toreo**, il est aussi réel que le combat et aussi métaphorique que notre tension lorsque nous voyons sourdre cette beauté de son contraire.

La perfection, c'est aussi l'ordre compatible avec la plus grande variété, l'unité de la diversité. *Unité* d'action – au sens du théâtre classique. Le *toreo** est par définition une seule action, un seul récit, toujours le même : « Un taureau sort, il lutte, il meurt. » Autrement dit, ce à quoi se résume toute l'histoire, c'est ceci : « Un homme affronte un animal sauvage et en triomphe. » Et la beauté du *toreo** consiste à faire de cette action unique une unité d'action. Ainsi José Tomás : il va au centre du monde, il y combat, il en revient. *Unité* de temps. Le *toreo** a par définition une limitation temporelle : une *faena** de muleta, c'est une dizaine de minutes au maximum, après quoi il *faut* tuer. Mais la beauté du *toreo** consiste à faire de ce temps limité une unité de temps : une intensité croissante, comme dans certaines *faenas** d'Enrique Ponce, ou une tension permanente, comme dans certaines d'El Juli. *Unité* de lieu. Le *toreo** se déroule dans un espace clos, et l'art consiste à en faire voir l'unité ; c'est à quoi tient souvent la beauté d'une *faena** : elle se déroule dans un seul terrain, elle est tout entière ramassée sur elle-même, elle est donc entièrement *compréhensible* – au double sens du terme : appréhendable par l'intelligence et l'imagination. Et si en outre ce terrain est le centre de l'arène, il semble lui-même obéir au principe de maximisation : d'un centre unique, pris comme moyen, dominer un espace immense, considéré comme fin ; à la beauté se joint la grandeur. À la fin des années 1980 et au début des années 1990, le matador José Ortega-Cano construisit ainsi quelques solides édifices classiques (à Santander, à Séville), merveilles d'équilibre et de dépouillement, tout entiers bâtis sur un espace réduit, à mi-chemin des planches et du centre. Une dizaine d'années plus tard, dans un style très différent, moins théâtral et plus dramatique, José Tomás édifia, en plein centre (Barcelone, Madrid, Puerto de Santa Maria), quelques chefs-d'œuvre où l'intensité paraissait entièrement contractée en un point.

*Nécessité*

À ces deux principes, quantitatif et qualitatif, il faut sans doute joindre un principe qui les unisse. Il est facile de l'inférer de ce qui précède : la maximisation est un principe d'économie des moyens ; encore faut-il que ceux-ci fassent un tout, grâce au principe de perfection ou d'unité. Mais qu'est-ce qui fonde *en réalité* l'unité des contraires, sinon la volonté de l'homme qui commande aux deux ? Pour que les déplacements de l'homme et du taureau ne forment qu'un mouvement, il faut que l'homme se commande à lui-même (à son corps, à sa peur), comme au taureau (à sa charge, à ses écarts). Il faut qu'on perçoive la passe, la série et même la *faena**, comme issues d'une unique volonté qui commande, prévoit, ordonne. C'est la condition de ce qu'on appelle une « œuvre », en quelque domaine que ce soit. La beauté naît de là. Ou plutôt, la beauté, nous la voyons dans l'œuvre quand, grâce à cette volonté unique, la *nécessité* d'une action vient prendre la place de la contingence des événements. Dans l'œuvre belle, il n'y a pas seulement économie de moyens, unité du tout, mais aussi, surtout, nécessité de chaque détail ou de chaque moment. Telle touche de couleur n'aurait pas pu être autre ni être ailleurs, ce *si* bémol n'aurait pas pu ne pas se produire. C'est le sentiment que donne toute beauté, l'impression qu'il y a là quelque chose qui, même fortuit comme l'arc-en-ciel, se produit exactement comme il faut. Quand elle surgit, la belle passe se déroule d'une manière qui exclut tout accident de parcours, et *la suivante ne pouvait pas suivre autrement*, et la série tout entière se déroule comme elle doit. Non pas que l'imprévisible ait disparu (il est toujours là qui rôde et menace justement – c'est le propre de la corrida), mais tout se passe comme s'il avait été maîtrisé. Chaque chose arrive en ses lieu et temps, comme si elle ne pouvait pas ne pas arriver, comme si, depuis toujours, il était certain que cela se passerait ainsi. Dans les grandes *faenas**, tout semble avoir été conçu de toute éternité et s'improviser dans l'instant. Les séries, nous ne les prévoyons pas, mais nous croyons voir à chaque instant qu'elles étaient prévisibles puisqu'elles semblent produites, *créées*, comme par nécessité d'une volonté souveraine. Même les temps morts deviennent des respirations indispensables, les enjolivements semblent des passes fondamentales, et la mort du taureau apparaît comme la fin inéluctable de l'œuvre. Tout art classique, lorsqu'il vise au beau, exclut le hasard ; toute œuvre belle est porteuse d'une nécessité interne, sans autre fin qu'elle-même. Mais il y a une différence entre le *toreo**et tous les autres arts classiques, une supériorité peut-être : c'est que le *toreo** construit sous nos yeux, « en temps réel » comme on dit, cette nécessité de l'œuvre avec son contraire, l'accidentalité, celle de la vie, du vivant, du sauvage, de l'instinct. À voir toréer l'artiste, on comprend (aussi clairement qu'au spectacle d'une tragédie classique) que la plus grande beauté, *quand elle est la plus nécessaire*, est proche du plus grand désordre, parce qu'elle fait de l'anecdote une fatalité et de l'histoire un destin. Y a-t-il un autre art que le *toreo** où ce domptage du hasard soit pris au propre et non *seulement* au figuré ?

Quel est le secret de cette transformation ? C'est le ressort de tout art classique. Tout art classique est *mimèsis*. Il « imite la nature » – au sens vrai du terme. On a souvent pris cette formule aristotélicienne pour un programme de duplication. « Imiter la nature », cela semblait signifier faire des représentations qui copient l'apparence naturelle, faire des œuvres qui soient le plus possible « ressemblantes » aux objets réels, leur double. Cela avait un sens, peut-être, en peinture, plus difficilement en poésie, mais ce n'en avait guère en musique. Que pourrait-ce signifier dans le *toreo** ? En réalité, « imiter la nature », ce n'est pas ce que fait, encore moins ce que doit faire l'œuvre (celle qui « re-produit » les apparences), c'est ce que *fait* l'art, ce qu'il fait *nécessairement* dans son processus créateur. Il *reproduit* le mouvement de la nature lorsqu'elle *produit*. L'art *fait* ce qu'il a à faire comme la nature ferait si elle avait à le faire. Et de ce point de vue, la musique, et le *toreo** plus encore, sont des arts qui « imitent la nature ».

Le *toreo** est bien un art classique : la beauté n'y est que la quintessence de la technique. Un art classique repose sur un savoir-faire : celui-ci fait ce que la nature ne peut faire, mais il le fait comme la nature pourrait le faire. L'artiste classique est bien une sorte d'artisan, à ceci près qu'il ne fait jamais deux fois la même chose (il fait des « œuvres » plutôt que des produits), et que ses œuvres sont destinées au plaisir de la contemplation plutôt qu'à l'utilisation pratique. Mais ce savoir-faire s'apprend et se transmet (savoir dessiner, savoir composer). Ainsi en va-t-il du *toreo**, technique qui se transmet dans les « traités », les *Tauromachies*, et qui s'apprend sous la conduite de maîtres dans les écoles taurines, comme jadis le dessin dans les ateliers. Et la beauté dans cet art classique, ce n'est rien d'autre que le meilleur produit de la technique si bien possédée et assimilée, si incorporée dans le corps et les gestes de l'artiste, le torero, qu'elle ne se laisse plus voir, qu'elle ne se laisse même plus analyser, pas même par l'artiste lui-même. Tout semble alors facile. Tout va de soi. La beauté de l'art naît de la technique, elle en est la fleur. Lorsque la technique se fait invisible et devient pour ainsi dire « nature », la beauté devient possible. Le torero, lorsqu'il « torée beau », imite la nature, parce que ses gestes, ses attitudes, ses mouvements, semblent naître de la nature même de son propre corps ou plutôt de son humanité (sa verticalité, sa maîtrise de soi), sans jamais paraître forcés par la nature de l'animal ni contraints par la situation du combat – et surtout parce que les mouvements de l'homme et du taureau se fondent au point de ne faire qu'un seul mouvement dicté par leur nature commune : la belle passe, la belle série, semblent « imiter » le mouvement ou la suite de mouvements que ferait naturellement le corps du taureau s'il était déterminé par la seule nature de la volonté de l'homme. Animal *bifrons*, minotaure inversé : corps de taureau à tête d'homme –

une seule nature. De ce point de vue, le *toreo** est comme tous les arts classiques : la nécessité interne du déroulement de l'œuvre paraît l'opposé de la contrainte externe et semble le simple effet des lois de la nature. Tel est le *jeu* de la nature et de l'art, lorsque celui-ci obéit librement aux canons classiques : la nature y est « jouée ». L'artifice ne se laisse jamais voir, il va pour ainsi dire « de soi ».

Mais il y a quelque chose de plus dans le *toreo** : c'est que cette imitation de la nature, en quoi consiste la *beauté* du *toreo**, se conquiert *contre* la nature, parce que telle est la finalité même du *toreo** en général. Dans le beau *toreo**, la nature est « jouée », mais c'est que, dans le *toreo**, elle est d'abord *déjouée* pour pouvoir être jouée en beauté. Le *toreo** consiste, on l'a dit, dans le fait d'imposer une forme humaine à une matière brute et de contrarier la finalité naturelle de la charge du taureau ; la rendre vaine, lui imposer la courbe contre la droite, l'ordre contre le désordre, le ralentissement contre l'accélération, etc. L'art consiste à dénaturer la charge naturelle du taureau. Mais il s'agit de le faire en beauté, si l'on peut dire, et donc de la *dénaturer le plus naturellement* possible. De lui imprimer un dessin, un rythme, un mouvement qui va contre la nature du taureau, mais qui imite ceux dont *la* nature userait pour accomplir cette dénaturation même. Voilà pourquoi, une fois encore, la beauté produite par le *toreo* a beau être parfaitement classique, « naturelle », elle est pourtant paradoxale, parce qu'elle est toujours menacée et à chaque instant conquise sur son contraire, qui est ici la nature même.

## *Art contemporain, canons classiques*

L'art du *toreo** obéit donc, comme tout autre art classique, à l'exigence de beauté. Art naissant au début du siècle dernier, il a réinventé pour lui-même les canons de la beauté, en les adaptant à sa propre syntaxe ; le cinéma en fit de même à la même époque. Ces canons, c'est le principe quantitatif de maximisation (minimum de causes pour maximum d'effets), le principe qualitatif de la perfection (unité de la diversité), et le principe de nécessité interne (imiter la nature). Mais il y a quelque chose de singulier dans la manière dont le *toreo** illustre ces trois canons – et qui en fait un art à la fois exemplaire (le plus art des arts) et paradoxal (le plus précaire des arts). Son œuvre, la beauté, le *toreo** ne se contente pas de la montrer, il montre comment elle est *conquise* sur son contraire – et c'est en quoi c'est un art exemplaire. Pourtant, dans le *toreo*, la beauté n'est jamais vraiment entièrement *donnée* ni définitivement *acquise*, car ce contraire dont elle naît ne cesse de la menacer – et c'est en quoi c'est un art paradoxal. Ainsi en va-t-il de l'alchimie de la maximisation : alors que les (autres) arts se contentent d'illustrer la maximisation et nous donnent la beauté pour ainsi dire toute faite, le *toreo** nous montre comment elle se forme : il faut que le dénuement du torero – l'économie de ses moyens – se mue en toute-puissance pour que la puissance du taureau se mue en impuissance et que la beauté puisse en naître. C'est alors qu'on voit la beauté *in statu nascendi*. Mais c'est justement ce qui la rend si fragile : à chaque instant, la force et la malignité du taureau menacent ce fragile dépouillement. Ainsi en va-t-il, aussi, du principe de perfection. Alors que, dans les (autres) arts, l'unité de la forme de l'œuvre embrasse la plus grande variété d'éléments en un tout, dans le *toreo** ces éléments sont non seulement divers mais opposés : le taureau et le torero, combattants l'un *contre* l'autre, unis *dans* la même œuvre. Le *toreo** est ainsi plus art que tous les autres : dans le *toreo**, mieux que partout ailleurs, on peut voir que la beauté réconcilie les contraires. Mais c'est justement pourquoi, là encore, cette beauté est précaire : on voit bien que cet apaisement (dans le *temple** par exemple) est momentané, et l'on craint à tout moment que cette union des adversaires ne soit qu'une apparence, une illusion, et qu'elle redevienne ce qu'elle est et n'a sans doute pas cessé d'être : un combat à mort. Ainsi en va-t-il, enfin, du principe de nécessité. Dans une œuvre d'art classique, tout semble nécessaire : on le voit plus encore dans le *toreo** puisque cette nécessité, celle de chaque passe dans le *temple**, celle de leur enchaînement inéluctable, en rythme, ne cesse d'être conquise sur l'accident toujours possible (l'accrochage, le désarmé, la blessure). Car le *toreo** imite la nature, plus que tout autre art et pourtant plus difficilement, puisque cette nature, il doit d'abord la contrarier, la plier, pour pouvoir l'imiter et qu'elle risque donc toujours de reprendre ses droits. C'est donc un art *classique*, sans doute, mais c'est un art impur, contaminé par le réel qui le hante. Plus et moins qu'un art, encore une fois.

Mais il y a un point commun, essentiel, entre ce plus et ce moins. Quelque chose, en lui, l'empêche de se hisser au niveau d'un art et, semblablement, le place au-dessus de tout autre art. C'est qu'il est *vrai*. Le *toreo** touche à un réel dont les autres arts ne font au mieux que rêver. Il ne parvient jamais à l'immuabilité des œuvres des « vrais » arts et à la pureté des créations imaginaires, justement parce que ses œuvres sont vraies et donc vulnérables, parce qu'elles sont entachées de l'impureté du réel : le sang, la mort. Il semble échouer à produire une vraie représentation, voué qu'il est à la présentation du vrai : un vrai danger, une blessure béante, la mort. Mais, en même temps, il va au-delà du rêve, il installe la scène de la représentation sur le sable de la réalité. Sa force, il la tient de là. L'autre scène, celle de l'Art, est par lui ici-bas. L'autre monde est en celui-ci. Il est déjà là. Lorsque, parfois, pendant quelques minutes, il s'installe sous nos yeux aux arènes, et que nous croyons rêver éveillés, lorsque tout bascule d'un coup et que le vrai devient œuvre, lorsque la frontière entre présentation et représentation se brouille, alors on voit bien de quoi est fait l'art et ce que visent peut-être tous les autres arts, sous leurs airs d'apparence : parvenir là, à ce point, devenir aussi *réels* que cela, sans cesser d'être apparents.

On pourrait dire de cet art impur qu'il est la « transfiguration du vital », au sens où Arthur Danto a pu parler de « transfiguration du banal » à propos du geste artistique par lequel Marcel Duchamp, vers 1913, transforma l'objet quotidien (égouttoir, pelle à déneiger…) en œuvre – en le soustrayant à la vie quotidienne pour l'exposer aux regards (le *ready-made*). On voit souvent dans cet acte « transgressif » de Duchamp l'origine de ce qui, par-delà l'art « moderne », allait devenir aujourd'hui l'« art contemporain », celui des « performances », des « installations », du *body art*, etc. L'art contemporain héritier de Duchamp est un art de la *présentation* – qui a rompu avec toutes les formes de la *représentation*. Or, l'invention de l'art du *toreo** par Belmonte est non seulement contemporain de la naissance de l'art moderne, elle l'est aussi du geste de Duchamp. Et de celui-ci, elle est l'exact pendant. Car ce n'est pas le « banal » qui devient œuvre d'art en étant dérobé à la vie la plus quotidienne pour être *présenté*, c'est le vital (le moins quotidien, le plus rare, le plus grave) qui devient œuvre d'art en étant *représenté*. Et alors que Duchamp fonde l'« art contemporain » en tournant le dos aux canons de la beauté classique (l'urinoir) et en rompant avec les conventions de la représentation, puisque c'est ce qu'il y a de plus banal dans la réalité qui est *présenté* – et non plus reproduit –, Belmonte fait l'inverse : il fonde un nouvel art classique qui *présente* à nu ce qu'il y a de plus vital dans la réalité (le combat, la blessure, la mort), mais qui le transfigure en le *représentant*, en en faisant une œuvre conforme aux canons de la beauté classique. D'un combat gratuit, d'un défi à la mort, il fait un nouvel art, au moment même où les vieux arts de la représentation semblent avoir épuisé tous leurs possibles. D'un spectacle qui, toujours en proie à l'excès et au désordre, touche parfois au sublime, Belmonte fait un nouvel art du beau, un art de l'ordre et de la mesure. Car ce n'est pas seulement contre le réel toujours menaçant (le taureau, être vivant, sa charge imprévisible, l'accident possible) que la beauté du *toreo** post-belmontien dut s'édifier, un réel qui lui résiste, c'est aussi contre la démesure du spectacle, sa grandeur sauvage, sa puissance indomptée : la beauté du *toreo** est conquise sur le réel qui, le tirant vers le bas, si l'on peut dire, risque de le réduire à néant, et elle est aussi conquise sur le sublime qui, le tirant vers le haut, le projette vers l'indéfini et risque tout autant de le perdre. La beauté du *toreo** doit vaincre le réel et domestiquer le sublime.

L'art du *toreo** garde de cette double origine sa marque originale et hybride ; il est à la fois un art de la présentation et un art de la représentation. Ce qu'il montre est bien réel, ce n'en est pas une reproduction : le taureau est vivant et le torero n'est pas « en représentation » ; ce qu'il joue, c'est sa vie. Comme tout art contemporain, il est donc « performance », avec sa part de contingence et d'aléatoire ; improvisé, il paraît « sans œuvre », puisque celle-ci s'épuise dans sa réalisation. Le combat réel est parfois sublime, mais le combat sublimé, lui, obéit aux canons de la beauté. Et comme tout art classique, peinture, sculpture, littérature, il doit être aussi un art de la représentation.

Cela peut paraître étrange : le *toreo** « représenterait » donc quelque chose ? N'est-il pas simplement le spectacle (la « présentation ») d'un combat réel d'un homme contre un taureau ? Oui, mais ça, c'est la corrida – qui en effet ne « représente » rien, et n'a ni sens « transcendant » ni signification extérieure à ce qu'elle montre. Mais le *toreo**, l'art d'esquiver la charge des taureaux avec art, *représente* bien quelque chose. Quoi donc ? Observons : un homme brave un autre vivant menaçant sa vie, gratuitement, par jeu, et il esquive par une passe le danger de mort, comme si de rien n'était, de la façon la plus *belle* et la plus naturelle possible. Le *toreo** est la « mise en jeu » de la vie et une mise en jeu pour la beauté du geste. Que représentent donc le *cite**, les passes, les enchaînements, la *faena** ainsi créés, sinon la vie elle-même *mise en jeu*, autrement dit représentée : menacée à chaque instant, elle est à chaque instant conquise librement sur l'adversité et reconquise sur la mort, au lieu d'être simplement et passivement vécue, comme nous la vivons sans cesse, indifféremment, sans même avoir conscience que *vivre est un acte*. Le *toreo** représente donc ce qu'il semblerait ne faire que présenter : la vie. Ce qu'il *présente*, peut-être, c'est la mort, car il l'exhibe, et bien plus réelle, sans doute, que dans tout autre art ou spectacle. Mais la vie, il la *représente*, du moins la vie au sens le plus fort du terme, c'est-à-dire le vivre, *l'acte* de vie, la vie dans son actualisation même. Vivre tout court, sans contenu, sans représentation, comme pure forme vide du vivre et du vouloir-vivre. Pendant la passe, durant la *faena**, on voit le « vouloir-vivre » s'effectuer. C'est la conquête *de chaque instant* sur la mort, puisque le vivre ainsi représenté n'est rien d'autre que l'« ensemble des forces qui résistent à la mort » (Bichat). Le jeu du torero, au sens où l'on dit de l'acteur en représentation qu'il joue, c'est le jeu du vivre. Provoquer et esquiver la possibilité de la mort, c'est reconquérir la vie durant le temps de l'œuvre. À chaque instant, tout pourrait se perdre, et c'est ce que le *toreo** nous *montre* : il est bien l'art de la transfiguration du vital en représentation. Le *toreo** est donc plus et moins qu'un art. Il est plus qu'un art, puisqu'il est *vrai*, et c'est pourquoi il ne sera jamais tout à fait un *art* : ce qu'il présente, la réalité de la mort, menacera toujours ce qu'il prétend représenter, le vouloir-vivre.

# Chapitre 7

# L'alchimie singulière du plaisir taurin

Ce qui est fou, c'est qu'il y ait encore des toreros, écrivait-on ci-dessus. C'est le mystère de la passion taurine, l'*afición*. L'autre face de ce mystère est l'*aficionado*. Voilà un homme – ou une femme – qui pourrait rester tranquillement chez lui – chez elle – à lire d'excellents livres ou à cultiver son jardin, qui pourrait aller comme tout le monde au stade, au cinéma, au théâtre, au concert, et qui décide de payer plus cher que tout cela pour assister à un spectacle, souvent décevant, dans des conditions d'inconfort que le plus éméché des hooligans refuserait avec horreur... L'*aficionado* (j'en suis!) m'est un mystère insondable. Après quel secret ravissement court-il ainsi ? Quel précieux et unique cadeau lui donne la corrida, qu'il n'échangerait pour rien au monde? La réponse à cette énigme réside sans doute dans la composition singulière du plaisir taurin. Quels en sont les ingrédients? L'analyse alchimique doit se porter au secours de l'introspection.

Commençons par les premiers plaisirs, les plus extérieurs au spectacle. Il y a d'abord ceux de la fête, car « le taureau est une fête », comme il l'a toujours été, il rompt la monotonie des jours et la lourdeur des tâches : les férias en tout genre, toujours jubilatoires, la *sevillana*, la folie des *san-fermines* de Pampelune, l'explosion des *fallas* de Valencia, les bodegas nîmoises ou les fanfares dacquoises. (On peut aller aux taureaux en sortant du métro et du boulot, comme à Madrid, mais on est alors souvent de mauvaise humeur !) Bon, pas de taureaux sans fête, c'est entendu. Mais, sauf quelques bandes avinées qui regardent à peine la corrida, on ne va pas aux arènes *pour* faire la fête. Pas l'*aficionado* en tout cas, qui se met justement deux heures en congé de la fête pour participer à la liturgie taurine. Ne comptons pas pour rien les délices du décorum (musique, costumes, couleurs, etc.) ni les charmes de la mise en scène (défilé des quadrilles, rituel, mouchoirs, paso-dobles, *olés*) : ils ont leur part considérable dans les premiers émois taurins, les découvertes de l'enfant ou celles du spectateur occasionnel. Pour l'*aficionado*, tout cela n'est qu'assaisonnement. Il les remarque à peine tant il focalise son attention sur le rapport de l'homme et du taureau. Passons donc aussi rapidement sur toutes les menues satisfactions par lesquelles il prolonge son plaisir de l'arène : les discussions où il revit la course, les éternelles polémiques où il refait le petit monde taurin, les longues soirées d'hiver où il feuillette ses souvenirs, ses livres, ses collections diverses. Pénétrons dans l'intimité de sa jouissance proprement taurine.

Deux ingrédients sont incontestablement constitutifs de cette jouissance. Et ils sont opposés. Une satisfaction intellectuelle, lorsque le regard se focalise sur les gestes de l'homme, et un saisissement physique, lorsqu'il se porte sur le combat du taureau. Le plaisir intellectuel consiste à *comprendre* ce que fait le torero (et même souvent le taureau), à tenter de prévoir ce qu'il pourrait faire ou à juger ce qu'il devrait faire : abréger le tiers* ou prolonger l'épreuve des piques, allonger la passe ou avancer la jambe, prendre la main gauche plutôt que la droite, « citer* » de plus loin, « toquer* » plus tard, ou plus haut ou plus doucement, baisser la main, changer de terrain, interrompre la *faena**, prendre l'épée, etc. Même si les plus grandes émotions taurines nous laissent interdits, même si les *faenas** les plus géniales touchent forcément à l'irrationnel (on n'y comprend plus rien), l'entendement a sa place dans le plaisir ordinaire de l'arène : sans cette composante intellectuelle, faite d'un peu de compréhension des causes et d'un minimum d'anticipation des effets, on ne pourrait pas interpréter ce que fait l'homme, en bien ou en mal, ni apprécier ce qui se passe sur le sable, il n'y aurait pas de continuité de la *faena** ou du combat. Pour certains *aficionado*s (comme le Doctos du prologue), tout le plaisir consiste justement à s'estimer intelligents d'avoir su comprendre comment le torero a pu dominer son adversaire, ou pourquoi il n'a pas su le faire. Pour d'autres au contraire, il n'est pas de plaisir plus intense que de pouvoir simplement s'émerveiller de l'intelligence de l'homme qui a su trouver le lieu adéquat (le *sitio**), la bonne distance, le rythme, qui a pu contraindre le taureau *manso** au combat ou convertir l'adversaire en collaborateur. Tout *aficionado* aime comprendre, même s'il aime aussi être subjugué. Car le plus grand de ces plaisirs intellectuels, c'est l'admiration.

Un autre plaisir se concentre sur l'animal. Il est aussi organique que le précédent est cérébral. C'est le plaisir brut devant le déchaînement des forces de la bravoure. (C'est un des plaisirs que revendiquait notre Athlos.) Le fauve qui sort du toril pour en découdre ou se plante au milieu du rond pour défier tout intrus, celui qui fonce sur tout ce qui bouge, charge avec impétuosité le picador, recharge avec obstination, combat au mépris de sa propre souffrance, suscitent en tout *aficionado* une excitation muette mêlée de respect. C'est la sidération qu'on éprouve devant la puissance irrésistible de la nature. Ce sentiment d'ébahissement face à une grandeur qui nous dépasse, c'est ce que nous avons appelé le plaisir esthétique du *sublime*. Mais, face au taureau, il y a plus. Ce n'est pas la simple satisfaction de ressentir une terreur sublimée. Il s'y mêle une vraie admiration « éthique » devant la bravoure du taureau, si proche des vertus humaines : car cette bravoure est une puissance vitale, non une simple violence naturelle, elle sert une lutte à mort, non une agitation vaine et désordonnée ; elle est une énergie irrésistiblement tendue vers son but. C'est cette extraordinaire force de vie que le grand torero est capable d'exprimer et de faire sourdre de l'animalité elle-même. Pour notre plus grand plaisir.

Il y a donc d'un côté cette force qui va, et d'un autre côté cette intelligence qui la trompe. Mais ces deux ingrédients indispensables au plaisir taurin n'en constituent pas encore l'essentiel. Car ils ne sont que marginalement suscités par le *rapport* du taureau et du torero. C'est de leur rencontre que naît le plaisir proprement taurin, celui qui fait venir Sacerdos tous les jours aux arènes. Le plaisir de voir que l'inattendu se produit. Face à l'attaque d'une bête armée, l'instinct vous fait fuir, ou reculer. C'est la réaction naturelle. Face à la même attaque, le torero « résiste », c'est la vertu des Paco Ojeda et des José Tomás. Mieux, l'immobilité triomphe de la mobilité, la quiétude surmonte la violence, la ruse nue triomphe de la force brute. *¡Olé!* Évidemment, la tauromachie, c'est plus que cela. Mais c'est *d'abord* cela. Et le plaisir taurin est d'abord là. Car vous, assis sur votre siège, vous oscillez entre la *tension* physique de la charge et la *détente* apaisante de son détournement, les deux temps de toute décharge de jouissance. Le plaisir surgit de cette oscillation cadencée entre effroi et admiration. Il y a là les deux constituants du plaisir tragique, celui de la *catharsis* des émotions : la « crainte » (devant l'animal) et l'« empathie » (pour l'homme). Et là, ce n'est pas du théâtre. C'est *vrai*. Voilà qui change tout. Le héros tragique est joué par un acteur. Mais l'arène est ce théâtre unique où l'on joue pour de vrai une pièce qui raconte toujours la même histoire et dont le drame n'est pourtant jamais écrit. On y admire des héros intrépides qui se hissent au-dessus des mortels en consentant à mettre leur vie en jeu – au nom d'une liberté plus forte que toutes les nécessités, celle qui pousse l'homme du commun à fuir face au danger, ou celle qui enjoint tout être vivant à extérioriser ses émotions.

Le torero, lui, ne fuit pas, ne manifeste rien, ni peur ni peine. Il semble détaché – donc libre. Dans le torero, l'instinct vital lui-même est sous le contrôle de la liberté. Voilà ce que nulle part ailleurs vous ne pourrez voir. Au cirque, le trapéziste, dites-vous ? C'est vrai, il y a là aussi « tension-détente ». Le spectateur du cirque qui tremble délicieusement pendant les roulements de tambour avant le triple saut ressemble bien au spectateur de corrida lorsque le torero s'agenouille face à la cage du fauve avant son entrée en piste (*a porta gayola*) : mais pourtant, dès que le taureau est sorti et que la première passe de cape (un *farol*) est exécutée, le plaisir taurin redevient singulier, comparable à nul autre. Car le danger cette fois n'est plus un vide, un trou béant : c'est une *autre* force de vie qui, elle, est enchaînée à son désir de vivre.

On se gardera d'omettre un ingrédient essentiel : le plaisir proprement esthétique. Le torero ne joue pas seulement de son intelligence pour exciter la nôtre, ni de son courage pour apaiser notre peur, il crée de la beauté. C'est elle que recherche notre Callimaque : équilibre des lignes et des volumes en tension opposée, comme dans l'œuvre plastique, harmonie des événements consonants ou disjoints, comme dans l'œuvre musicale, noces du hasard et de la nécessité comme dans toute performance unique. Dans la grande *faena** artistique, tout est improvisé et pourtant tout semble survenir miraculeusement quand il faut et parce qu'il le faut. D'une force chaotique, imprévisible, parce qu'elle est vitale, l'artiste fait une forme prévisible et pour ainsi dire rationnelle, qui obéirait sans effort à sa volonté et d'où toute imperfection, celle des êtres réels, et tout accident, ceux de la vraie vie, semblent avoir disparu : l'Idée même réalisée dans le sensible.

A-t-on achevé l'analyse du plaisir taurin ? Oui et non. Oui, en un sens, car il ne comporte rien d'autre, sans doute, que ces quatre éléments constitutifs : le plaisir intellectuel de comprendre ce que fait l'homme, le plaisir organique de voir s'exprimer la puissance de l'animal, le plaisir charnel de la tension-détente face au rapport physique de l'homme et de l'animal, et le plaisir esthétique de la beauté des formes créées par le torero à partir des charges du taureau. Oui encore, parce que, avec ces quatre ingrédients, vous pourrez retrouver les plaisirs divers dont vous parlent vos amis *aficionados*, ces frères si dissemblables ; oui toujours, parce que ces quatre ingrédients, différemment dosés, composent les plaisirs si différents que nous donnent individuellement les différents toreros. Ce n'est pas qu'à chaque torero corresponde exclusivement tel ou tel type de plaisir – pour tous, il y a forcément mélange –, mais c'est plutôt que, selon leur style, c'est telle ou telle épice qui domine le goût que leur *toreo** nous laisse en bouche : certains, comme Ponce, à force d'intelligence vous rendent intelligents ; d'autres, comme El Fundi, montrent si fort la toute-puissance de leur adversaire qu'on oublie que c'est eux qui nous la donnent à voir ; d'autres, comme Rincón ou El Cid, apaisent à chaque instant une tension qu'ils font sans cesse renaître ; d'autres, comme Manzanares ou Morante de la Puebla, nous font entrevoir des formes pures d'où toute tension, toute matière même, semble s'être absentée. Oui, nous avons fait le tour du plaisir taurin, parce que nous pourrions sans doute plus ou moins classer les *aficionados* en quatre catégories selon que nous les soupçonnons d'être plus sensibles à tel ou tel de ces plaisirs, même si les « bons *aficionados* » recherchent – et ressentent – les quatre plaisirs : le meilleur *aficionado* est, dit-on, celui qui a le plus de taureaux et de toreros dans la tête, mais c'est parce qu'il éprouve la corrida dans toutes ses dimensions et le plaisir taurin sous toutes ses formes.

Pourtant, on n'a pas dit l'essentiel, c'est-à-dire ce que le plaisir taurin a d'unique. Ce n'est ni l'émotion physique de la peur apaisée, ni l'émotion esthétique de la beauté contemplée, c'est justement leur rencontre, leur synthèse singulière. Car ces deux émotions sont contraires. Leurs plaisirs sont normalement incompatibles, ou du moins opposés. Et ce que nous allons chercher aux arènes, ce que nous ne pouvons trouver que là, ce n'est exactement ni l'un ni l'autre, c'est leur union improbable.

Et même apparemment impossible. Car le propre d'une émotion esthétique « normale », du moins lorsqu'il s'agit de *beauté*, c'est qu'elle est suscitée par un objet, un état de choses, une œuvre (un tableau, une musique, un poème, etc.) d'où nous semble avoir disparu toute pression vitale. Pour voir la beauté d'une chose quelconque, il faut en considérer la simple apparence, se satisfaire de sa pure forme extérieure, jouir du plaisir de sa seule présence sensible ; il faut donc faire abstraction de l'utilité de la chose, cesser de se demander à quoi elle sert, ne plus se préoccuper de ses avantages ou inconvénients pratiques, être même indifférent à son existence concrète ; c'est ainsi qu'on peut en contempler la pure « représentation », l'harmonie de ses formes, de ses couleurs, son équilibre statique, dynamique, etc. Une chose utile peut être belle, mais, pour pouvoir la *voir comme* belle, il faut cesser de la *voir comme* utile. C'est là la condition de l'attitude esthétique. Elle est le luxe d'un vivant totalement apaisé, qui peut jouir de l'apparence des choses sans les désirer ni les craindre. Kant a dit cela en d'autres termes (*Critique du jugement*, § 2). On peut aussi se référer à la thèse d'Edward Bullough sur l'attitude esthétique : elle est, montre-t-il, la « mise à distance psychique » de toute considération pratique et même de tout intérêt vital. Un brouillard sur la mer, par exemple, rien de plus effrayant... quand on est en mer. Mais si tout risque pour sa propre vie ou la vie d'autrui est mis entre parenthèses, hors circuit, alors ce même brouillard peut être source, par ses simples effets sensibles, d'une émotion purement plaisante : ce jeu de couleurs brouillées et de formes mêlées, *c'est beau*. Rien de plus étranger, par conséquent, à la contemplation esthétique que le danger, rien de plus éloigné de la beauté que la peur. C'est même ce qui *plaît* dans la beauté, cette atténuation de toute tension du « vouloir-vivre » ou de la peur de mourir. La beauté dans l'art ignore la peur, et plus généralement toute émotion intéressée. C'est pourquoi l'art classique, celui qui vise la beauté, est pure *représentation*. L'apaisement que nous offre ordinairement la beauté est celui d'un autre monde, purgé de toute tension, de toute urgence.

Or c'est justement le contraire de la corrida. Car si l'émotion esthétique taurine était désintéressée en ce sens, dénuée de toute pression vitale, et notamment de peur (toute peur est en son fond peur de mourir), elle serait vide, elle ne serait plus « taurine ». Le propre de l'émotion taurine, c'est justement qu'elle allie ce désintéressement du beau à l'intérêt suprême, la vie ; c'est qu'elle produit de la beauté sur fond de risque de mort. Voilà qui est normalement impossible et que tout art soucieux de beauté interdit. L'objet effrayant, tant qu'il effraie, ne peut pas être contemplé, encore moins plaire ou être vu comme beau. C'est pourquoi la beauté taurine est si forte, si violente, si déchirante. Sa lumière éclatante se découpe sur fond de son opposé absolu, le noir de la peur, la peur du noir, et elle ne cesse de vaciller, au bord du gouffre dans lequel elle risque à chaque instant de tomber. Elle n'est jamais acquise, elle n'est jamais donnée. Vous ne pouvez jamais l'avoir, la tenir, la retenir, pour la contempler enfin. Elle semble vous échapper dans le moment même où elle vous est donnée. Et à chaque seconde où elle perdure quand même, malgré tout (malgré la peur), c'est comme un miracle, parce que cela paraît contraire à la loi qui voudrait que ça ne puisse pas durer, que ça ne puisse pas continuer d'être beau. Une grande *faena**, c'est le miracle de la création continuée. Sa beauté est conquise à chaque instant sur son émotion contraire et menacée par elle, la peur que nous avons de la mort du torero. Nous ressentons les deux, en même temps : et ces deux émotions, dans la « grande *faena** », loin de s'annuler, s'ajoutent, elles se multiplient l'une l'autre, car nous les vivons en même temps, l'une malgré l'autre, l'une contre l'autre, l'une dans l'autre. (Va-t-on à la tragédie pour pleurer à la douleur de Bérénice ou pour jouir de la beauté du vers racinien ? La question n'a pas de sens : nous jouissons de cette beauté qui porte cette douleur, et nous pleurons de leur fusion. À la corrida, le plaisir naît de la même union des contraires, qui pourtant ne sont pas les mêmes. À la tragédie, on ne meurt pas pour de vrai, et pourtant c'est une vraie souffrance. Et à la corrida, il n'y a pas de vraie souffrance, tout est jeu, et pourtant on se blesse et on meurt pour de vrai, c'est donc une vraie peur. Le plaisir de fusion entre poésie du *toreo** et peur de la vraie mort est donc bien unique.)

À la corrida, nous ne pouvons jamais vivre seulement la beauté apaisée. Elle ennuierait, fade, mièvre. Et nous ne pouvons pas non plus nous satisfaire de la peur pour le torero, sans y chercher la poésie, ou du moins la grandeur, du *toreo**. La peur seule serait insupportable. Nous vivons donc les deux, à la fois détachés de la peur pour voir la beauté du *toreo** et attachés à la vie du torero pour suivre son combat. Mais ce qui accroît encore notre plaisir, au moment même où ces deux émotions se mêlent, c'est de voir que cette *mise à distance esthétique* que nous ne pouvons jamais tout à fait achever d'effectuer vis-à-vis de la beauté du *toreo**, car *nous* avons peur pour le torero, le torero, lui, la réalise complètement : il nous montre, lui, cette mise à distance de sa propre vie que nous ne pouvons pas effectuer vis-à-vis de la sienne. Cette attitude de total détachement *esthétique* à laquelle nous, pauvres mortels spectateurs de la corrida, nous ne pouvons jamais parvenir complètement, nous la voyons réalisée dans le torero sous la forme de son détachement *éthique*. Regardez à nouveau le torero dans ses œuvres, voyez sa prise de hauteur par rapport aux vicissitudes du combat, sa mise à distance de ses propres émotions, son attitude ostensiblement « désintéressée », comme si sa vie même importait peu, pas plus que le brouillard en mer quand on n'est pas en mer. Souvenons-nous de sa vertu de « résistance », de cette citadelle intérieure, de cette liberté conquise par indifférence à lui-même. Il semble mettre son corps entre parenthèses, s'élever au-dessus de sa vie, la jouer : *présenter* sa vie au taureau pour pouvoir la *représenter* pour nous. Le détachement de sa propre vie nous permet d'entrevoir dans sa pureté la beauté sans la crainte. Sa mise à distance éthique est le pendant de notre mise à distance esthétique. C'est au fond la même : l'élévation au-dessus de la vie et de la mort. Lorsque la contemplation du *toreo** se confond avec l'admiration pour le torero, alors les deux émotions contraires, la peur et la beauté, se fondent en une seule, improbable, et plus violente que toute autre.

Cherchez donc en vous-même quand surgit spontanément le *olé* de vos entrailles : n'est-ce pas justement quand, sur fond de ce risque extrême, de cette tension absolue, surgit l'évidence du geste apparemment dénué de toute pression vitale et qui semble venu du monde apaisé de la représentation pure ? N'est-ce pas ce qu'on appelle justement le geste *torero* – geste éthique autant qu'esthétique ? Et vous, ne savez-vous pas, alors, qu'il n'y a que la corrida pour vous procurer ce plaisir unique, aussi charnel que chaste, aussi profondément physique que spirituel, aussi vital en son fond que désintéressé dans sa forme ?

# Glossaire

Ce glossaire, très sommaire, ne fait que définir quelques termes du vocabulaire taurin, ceux qui sont appelés dans le cours du texte par un *. Ils font parfois l'objet de développements dans le texte, qui sont signalés entre parenthèses. Les indications ci-dessous sont seulement destinées à faciliter la lecture sans prétendre à l'exhaustivité ou à la précision technique ; elles ne sauraient se substituer aux innombrables livres d'initiation qui se proposent cet objectif. On citera par exemple le classique de Claude Popelin, *La Tauromachie*, Paris, Seuil, rééd. 1993, ou le plus récent *La Tauromachie, Histoire et dictionnaire*, sous la direction de Robert Bérard, Paris, Robert Laffont, coll. « Bouquins », 2003.

***acoso et derribo*** : épreuve de bravoure* à champ ouvert pour les jeunes veaux. Poursuivi par des cavaliers, l'animal est renversé par l'un d'eux : charge-t-il ou s'enfuit-il ?

***aguante*** (endurance ; résistance) : qualité du torero qui tient son terrain et demeure immobile en dépit de la violence des assauts du taureau (voir chapitre 4, en particulier pp. 175-180).

**alternative** : cérémonie au cours de laquelle l'apprenti (*novillero*) tue pour la première fois en public des taureaux adultes (quatre ans et plus) et devient ainsi « matador de toros ». Il « alterne » avec un matador confirmé, son « parrain », avec lequel il échange les armes.

***bravo*** (***bravura***) : au sens général, tous les taureaux de combat sont de l'espèce *toro bravo*, par opposition aux taureaux domestiques (*manso**). Au sens particulier, un taureau est *bravo* s'il est doté de la qualité de combativité, s'il attaque sans être provoqué (notamment à la pique), s'il charge de loin, revient sur son objectif, etc. (voir chapitre 1, en particulier pp. 81-83).

***brindis*** : acte de dédier le taureau, avant le troisième tiers*, au président de la corrida, à une personnalité ou à l'ensemble du public.

**cadrer** (le taureau) : le taureau est dit « cadré » au moment de l'estocade s'il demeure immobile et les quatre pattes à angle droit : l'avancée d'un membre postérieur lui donnerait un temps d'avance sur son adversaire, l'avancée d'un antérieur fermerait la « croix », mince espace visé par l'épée, à droite de la colonne vertébrale, à l'intersection de la ligne des omoplates.

**« charger la *suerte* »** (*cargar la suerte*) : pour le torero, c'est placer son corps sur la ligne de charge naturelle du taureau, en particulier en avançant la jambe. Le torero qui « charge la *suerte* » est supposé toréer plus sincèrement et prendre plus de risques.

***chicuelina*** : passe de cape des deux mains, pendant laquelle le matador pivote sur lui-même dans le sens contraire du passage du taureau.

***cite*** (verbe : *citar*) : acte de provoquer la charge du taureau, notamment en avançant le leurre dans sa direction ; on peut aussi « citer » le taureau par un mouvement quelconque du corps ou par un appel de la voix ou du pied.

***desplante*** : attitude de défi immobile du torero face au taureau, généralement à la fin d'une série de passes, destinée à souligner une domination acquise.

***encierro*** : lâcher de taureaux dans les rues ; les jeunes gens intrépides s'efforcent de courir devant les taureaux, le plus longtemps possible et au plus près des cornes. Les *encierros* de Pampelune, particulièrement spectaculaires, ont été popularisés par Hemingway.

**états physiques** : on a coutume de distinguer trois états physiques successifs du taureau au cours du combat : *levantado* (tête haute dressée, charge impétueuse) à la sortie du toril, *parado* (tête à mi-hauteur, charge mesurée) après les piques, *aplomado* (tête basse, sans charge) au moment de la mort.

***faena*** : au sens général, ensemble du travail effectué par le matador au cours de son combat contre le taureau ; désigne particulièrement le travail de muleta, pendant le duel du troisième tiers qui précède et prépare la mise à mort. C'est aujourd'hui considéré comme la partie essentielle de la corrida.

**grâce (*indulto*)** : lorsque le taureau s'est montré exceptionnellement brave, à la demande du public, et avec l'accord du matador et de l'éleveur, le taureau peut être « gracié » par le président de la corrida : le taureau ressort alors vivant de la piste, encadré par les bœufs dressés, pour être soigné par les vétérinaires ; racheté par l'éleveur, il sera ramené au champ, où il servira de reproducteur.

***larga*** : type de passe de cape où celle-ci est tenue d'une seule main alors qu'elle est généralement tenue des deux.

***lidia*** : combat ; ensemble des choix stratégiques et des actions tactiques par lesquels le matador oriente le combat (assisté d'un de ses *banderilleros*). Parfois opposé à *toreo**, qui désigne davantage l'exécution des différentes figures que l'adéquation des actes de domination. Désigne aussi le travail du *banderillero* de confiance qui exécute les opérations tactiques sous les ordres du matador.

***limpio*** : se dit du taureau « pur », intouché, c'est-à-dire ni manipulé physiquement ou drogué, ni jamais toréé par un homme. Pour être combattu, un taureau doit être « certifié *limpio* » par l'éleveur, qui est passible de lourdes peines en cas de contravention.

***mando*** (verbe : *mandar*) : conduite ; désigne en particulier la qualité du *toreo** qui parvient à imposer, avec le leurre (cape ou muleta*), un trajet long et un tracé déterminé à la charge du taureau.

***manoletina*** : passe de muleta* inventée par Manolete dans les années quarante ; le matador est face au taureau mais tient le leurre en retrait, avec une main dans le dos, et le présente de sa main libre.

***manso*** : au sens général, tous les animaux domestiques sont *mansos* ; un taureau de combat est dit *manso* lorsqu'il refuse le combat, que ce soit en fuyant ou en se défendant sans charger franchement.

***Miura*** : important élevage andalou de taureaux, célèbres pour leur particulière dangerosité.

***muleta*** : leurre de flanelle rouge monté sur un court bâton (*palo*), utilisé au troisième tiers* par le matador.

***naturelle*** : on appelle de manière générale passes « naturelles » (de droite ou de gauche) les passes de muleta* les plus simples, dans lesquelles le leurre est présenté face au taureau et par lesquelles on torée donc de la main gauche sur la corne gauche ou de la main droite sur la corne droite. (On appelle au contraire « changées » les passes où c'est le revers de la muleta* qui est présenté à la charge du taureau.) On réserve ordinairement le nom de « naturelles » aux seules passes exécutées de la main gauche, dans lesquelles l'épée, toujours tenue de la main droite, n'élargit pas la surface de la muleta. Les mêmes passes, exécutées de la main droite, sont simplement appelées « droitières » (*derechazos*).

**noblesse** (du taureau) : qualité du taureau qui charge droit.

**passe de poitrine** : passe fondamentale de muleta*, le plus souvent utilisée en terminaison de série. C'est une passe « changée » (voir naturelle*) exécutée de la main gauche, où la corne droite du taureau frôle la cuisse gauche du torero, et qui se termine par le haut.

***querencia*** : point d'attache ; désigne en particulier une portion de l'arène vers laquelle le taureau a tendance à revenir pour se réfugier ou pour mener un combat défensif.

***quite*** : tout geste par lequel on éloigne le taureau de sa proie (un compagnon en danger, par exemple) ou par lequel on le détourne de son objectif, en particulier du cheval du picador. Par extension, le mot désigne la série de passes d'enjolivement que le torero accomplit entre chaque pique, une fois le taureau détourné du cheval.

***sitio*** (lieu) : désigne en particulier le lieu adéquat à partir duquel le matador pourra le mieux provoquer la charge et assurer son emprise sur le taureau. C'est aussi le lieu qu'il doit pouvoir « tenir » (voir *aguante**).

***sorteo*** : tirage au sort. Le jour de la corrida, les six taureaux de la corrida sont constitués en lots équivalents entre les différents matadors et sont tirés au sort entre eux.

***temple*** : accord ; désigne en particulier la qualité du *toreo** qui s'accorde à la vitesse de la charge du taureau et parvient à la tempérer (voir chapitre 5, en particulier pp. 248-256 ).

**temps réglementaire** : à partir du début du troisième tiers*, le temps est compté jusqu'à la mort du taureau, et le matador reçoit trois avertissements (généralement après dix, treize et quinze minutes). S'il ne parvient pas à tuer son adversaire dans le temps réglementaire, le taureau ressort vivant de la piste, encadré par les bœufs dressés : c'est l'humiliation suprême pour le matador ; le taureau sera achevé dans les coulisses et sa viande vendue comme celle de ses congénères.

***tienta*** : épreuve de bravoure des futures vaches reproductrices. Dans une arène privée, l'éleveur soumet au double test de la pique et de la muleta* la combativité de ses vaches (de deux ans environ) afin de sélectionner celles qu'il enverra immédiatement à l'abattoir et celles qui pourront engendrer les futurs taureaux de combat. Les produits mâles jugés de bonne lignée ne sont pas testés et combattront à l'âge adulte. Les taureaux que leur lignage ou leur harmonie physique recommandent à l'attention peuvent être testés pour être reproducteurs par une épreuve qui ne leur apprenne pas le jeu de l'arène, par exemple l'*acoso* y derribo*.

***tiers*** (*tercio*) : chaque combat est divisé en trois tiers, dont les changements sont commandés par le président et annoncés par une sonnerie de clairons : le tiers de la cape et des piques, le tiers des banderilles, le tiers du duel entre le matador et le taureau, celui de la muleta et de la mise à mort.

***toque*** (verbe *tocar*) : frémissement du leurre, au moment du *cite**, destiné à marquer le moment précis où la charge est déclenchée et à indiquer la cible vers laquelle elle est dirigée.

***toreo*** (*toréer*) : l'acte, ou la manière, de *toréer*, d'imposer sa volonté à un taureau, en particulier en le « faisant passer », c'est-à-dire en provoquant ses charges successives et en le leurrant avec une cape ou une muleta. Parfois opposé à *lidia**.

***tremendismo*** : effectisme ; désigne un style de *toreo** qui joue davantage sur la frayeur du public que sur la domination de la bête ou sur la pureté d'exécution.

***trinchera*, *trincherilla*** : passe « changée » (voir naturelle*) avec sortie basse ; la *trinchera* s'exécute de la main droite, et le taureau passe de la droite vers la gauche ; la *trincherilla* s'exécute de la main gauche, et le taureau passe de la gauche vers la droite.

**véronique** (*veronica*) : passe fondamentale, la plus simple, à la cape : tenue des deux mains tendues, elle est présentée face au taureau ; au cours de la passe, celui-ci est conduit, à gauche ou à droite, le long de la jambe du matador, qui présente la « sortie » par un mouvement du bras. Le nom de la passe dérive de l'attitude attribuée à la sainte éponyme au moment où elle présente son linge au visage du Christ.

# Table

## Histoire de la pensée

Une collection d'essais chez fayard

Mohammad-Ali Amir Moezzi et Christian Jambet
*Qu'est-ce que le shî'isme ?*
2004

Aliette Armel
*Michel Leiris*
1997

Marc Augé
*Fictions fin de siècle*
suivi de
*Que se passe-t-il ?*
2000

Marc Augé
*Pour quoi vivons-nous ?*
2003

Antoine de Baecque
*La Cinéphilie. Invention d'un regard, histoire d'une culture. 1944-1968*
2003

Marc Bloch – Lucien Febvre
*Correspondance I. La naissance des Annales*
Édition établie, présentée et annotée par Bertrand Müller
1994

Marc Bloch – Lucien Febvre
*Correspondance II. De Strasbourg à Paris*
Édition établie, présentée et annotée par Bertrand Müller
2004

Marc Bloch – Lucien Febvre
*Correspondance III. Les Annales en crise*
Édition établie, présentée et annotée par Bertrand Müller
2004

George Chauncey
*Gay New York. 1890-1940*
2003

Christian Delacampagne et Robert Maggiori (dir.)
*Philosopher 1*
1980, rééd. 2000

Christian Delacampagne et Robert Maggiori (dir.)
*Philosopher 2*
2000

Jacques Derrida et Élisabeth Roudinesco
*De quoi demain… Dialogue*
En coédition avec Galilée
2001

Georges Devereux
*Psychothérapie d'un Indien des plaines*
Préface d'Élisabeth Roudinesco
1998

Henri F. Ellenberger
*Histoire de la découverte de l'inconscient*
Présentation par Élisabeth Roudinesco,
complément bibliographique par Olivier Husson
1994

Henri F. Ellenberger
*Médecine de l'âme. Essais d'histoire de la folie*
*et des guérisons psychiques*
Textes réunis et présentés par Élisabeth Roudinesco
1995

Didier Eribon
*Michel Foucault et ses contemporains*
1994

Didier Eribon
*Réflexions sur la question gay*
1999

Didier Eribon
*Une morale du minoritaire. Variation sur un thème de Jean Genet*
2001

Didier Eribon
*Hérésies. Essais sur la théorie de la sexualité*
2003

Didier Eribon
*Sur cet instant fragile …*
*Carnets, janvier-août 2004*
2004

Lucien Febvre
*Lettres à Henri Berr*
présentées et annotées par Jacqueline Pluet et Gilles Candar
1997

François Fédier (dir.)
*Heidegger à plus forte raison*
2007

Elisabeth de Fontenay
*Le Silence des bêtes. La philosophie à l'épreuve de l'animalité*
1998

Elisabeth de Fontenay
*Une tout autre histoire*
*Question à Jean-François Lyotard*
2006

Marcel Fournier
*Marcel Mauss*
1994

Sigmund Freud
*« Notre cœur tend vers le Sud »*
*Correspondance de voyage, 1895-1923*
Préface d'Elisabeth Roudinesco
édité et présenté par Christfried Tögel
2005

Christian Godin
*Dictionnaire de philosophie*
En coédition avec les Éditions du Temps
2004

Johan Heilbron, Remi Lenoir et Gisèle Sapiro (dir.)
*Pour une histoire des sciences sociales.*
*Hommage à Pierre Bourdieu*
2004

Guy Hocquenghem
*Le Désir homosexuel*
Préface de René Schérer
2000

Marcela Iacub
*L'Empire du ventre.*
*Pour une autre histoire de la maternité*
2004

Vincent Kaufmann
*Guy Debord. La révolution au service de la poésie*
2001

Serge Leclaire
*Principes d'une psychothérapie des psychoses*
Préface et annotation par Élisabeth Roudinesco
1999

Serge Leclaire
*Œdipe à Vincennes. Séminaire 69*
1999

Michel Leiris
*Roussel & Co*
Édition établie par Jean Jamin,
présentée et annotée par Annie Le Brun
En coédition avec Fata Morgana
1998

R. Anthony Lodge
*Le Français. Histoire d'un dialecte devenu langue*
1997

Marcel Mauss
*Écrits politiques*
Textes réunis et présentés par Marcel Fournier
1997

Laure Murat
*Passage de l'Odéon. Sylvia Beach, Adrienne Monnier et la vie littéraire à Paris dans l'entre-deux-guerres*
2003

Laure Murat
*La Loi du genre*
*Une histoire culturelle du 'troisième sexe'*
2006

Gérard Noiriel
*Les Fils maudits de la République*
*L'Avenir des intellectuels en France*
2005

Simone Pétrement
*La Vie de Simone Weil*
1997

Louis Pinto, Gisèle Sapiro et Patrick Champagne (dir.)
*Pierre Bourdieu, sociologue*
2004

Élisabeth Roudinesco
*Jacques Lacan. Esquisse d'une vie,*
*histoire d'un système de pensée*
1993

Élisabeth Roudinesco
*Généalogies*
1994

Élisabeth Roudinesco
*Histoire de la psychanalyse en France*
2 vol.
1994

Élisabeth Roudinesco
*Pourquoi la psychanalyse ?*
1999

Élisabeth Roudinesco et Michel Plon
*Dictionnaire de la psychanalyse* (1997),
nouvelle édition augmentée
2000

Élisabeth Roudinesco
*La Famille en désordre*
2002

Élisabeth Roudinesco
*Le Patient, le Thérapeute et l'État*
2004

Élisabeth Roudinesco
*Philosophes dans la tourmente*
2005

Moustapha Safouan
*Dix conférences de psychanalyse*
2001

Moustapha Safouan
*Lacaniana.*
*Les séminaires de Jacques Lacan (1953-1963)*
2001

Moustapha Safouan (dir.)
*Lacaniana.*
*Les séminaires de Jacques Lacan (1964-1979)*
2005

Gisèle Sapiro
*La Guerre des écrivains. 1940-1953*
1999

Carl E. Schorske
*De Vienne et d'ailleurs.*
*Figures culturelles de la modernité*
2000

Frank J. Sulloway
*Freud, biologiste de l'esprit*
Avant-propos d'André Bourguignon,
préface de Michel Plon
1998

Michel Surya
*La Révolution rêvée. Pour une histoire des intellectuels et des œuvres révolutionnaires. 1944-1956*
2004

Emmanuel Terray
*Clausewitz*
1999

*Cet ouvrage a été composé en Garamond par Palimpseste à Paris*

Pour l'éditeur, le principe est d'utiliser des papiers composés de fibres naturelles, renouvelables, recyclables et fabriquées à partir de bois issus de forêts qui adoptent un système d'aménagement durable.
En outre, l'éditeur attend de ses fournisseurs de papier qu'ils s'inscrivent dans une démarche de certification environnementale reconnue.

Achevé d'imprimer en mai 2007
par **Bussière**
à Saint-Amand-Montrond (Cher)
pour le compte de la librairie Arthème Fayard

35-26-3619-0/01

Dépôt légal : mai 2007.
N° d'édition : 87697. – N° d'impression : 071640/4.

*Imprimé en France*